国家自然科学基金资助项目

人力资本贬值与组织管理

黄维德　柯　迪　岳林洋　编著

華東理工大學出版社
EAST CHINA UNIVERSITY OF SCIENCE AND TECHNOLOGY PRESS
·上海·

图书在版编目(CIP)数据

人力资本贬值与组织管理/黄维德等编著.—上海:华东理工大学出版社,2018.9

ISBN 978-7-5628-5574-3

Ⅰ.①人… Ⅱ.①黄… Ⅲ.①人力资源管理-高等学校-教材
Ⅳ.①F243

中国版本图书馆CIP数据核字(2018)第196662号

策划编辑/周　颖
责任编辑/徐知今
装帧设计/徐　蓉
出版发行/华东理工大学出版社有限公司
地　址:上海市梅陇路130号,200237
电　话:021-64250306
网　址:www.ecustpress.cn
邮　箱:zongbianban@ecustpress.cn
印　　刷/江苏凤凰数码印务有限公司
开　　本/710mm×1000mm　1/16
印　　张/14.75
字　　数/401千字
版　　次/2018年9月第1版
印　　次/2018年9月第1次
定　　价/48.00元

前言

“唯一不变的就是变”。当前，人类社会高速运转、科学技术不断革新，虚拟现实、人工智能、机器人技术等前沿科技的涌现，深刻改变着人们对世界的看法和认知。我们在享受社会进步所带来便利的同时，却也突然发现，自己所拥有的知识已变得如此“廉价”。知识经济时代，人力资本淘汰率大大增加，许多在工业社会有价值的知识和技能如今已一文不值；信息技术的快速发展极大地降低了知识的传播成本，人们可通过互联网，随时随地获得自己想要的信息，某些知识、技能已不再是稀缺、珍贵的资源。面对日益严峻的人力资本贬值，个人及组织该如何应对值得各方关注。

人力资本毋庸置疑是未来经济发展最重要的引擎，相关理论的出现带动了许多研究的发展，特别在其经济价值方面，学者们进行了深入、细致的探索，获得了丰硕的研究成果。相比较而言，人力资本贬值长期以来属于该领域的冷门主题，未得到足够重视，重要理论和观点的提出大多集中在20世纪70年代，此后经历了很长一段时间的研究“断档”。近年来，受人口老龄化加剧、科技进步提速等一系列因素的影响，人力资本贬值问题日益突出，给组织管理带来了新的挑战和难题，该主题也重新回归学术界的视野。

本书以知识员工为研究对象，探索新时期下的人力资本贬值问题。近年来，笔者持续关注人力资本贬值领域的发展和动向，致力于相关研究，并主持了多项研究课题。我们的科研团队就这一主题进行了尝试性的探索和挖掘，得到不少具有理论价值与实践意义的创新结论，同时也发现了许多值得进一步研究的内容。为了能更加系统地汇总及梳理近年来关于人力资本贬值研究的工作成果与发现，笔者撰写了此书，希望能为该领域的发展尽绵薄之力。

内容安排上，本书第一章首先引出人力资本

概念，详细梳理了该领域研究的发展脉络，并基于现有数据资料，从宏观视角介绍了我国人力资本贬值的现状，以加深对这一问题的理性认识。第二章分别回顾了经济学领域和管理学领域人力资本贬值的研究现状，并进行了简单评述。第三章分享了笔者所在课题组于人力资本贬值理论研究方面的新进展，包括人力资本贬值概念修订、发生机理整合与测量工具开发，为本书后续研究的开展奠定理论基础。第四章至第七章从组织管理视角提出人力资本贬值应对措施。其中，第四章从人力资源管理全局入手，辨析高绩效工作系统与人力资本贬值间内在联系；第五章至第七章分析了面向人力资本贬值的高绩效工作系统所对应的具体人力资源管理实践，包括第五章基于胜任素质的员工招聘与激励机制设计、第六章组织内非正式关系的管理和员工压力管理、第七章知识种类与媒介选择视角下的知识管理。最后一章则对人力资本贬值未来研究方向进行了展望。

本书特点主要体现在以下几个方面：第一，在视角上，从经济学转向管理学，从外部环境转向组织环境，从侧重于人力资本贬值形式转向关注人力资本贬值具体结果，探索可能对个体间人力资本贬值程度存在影响的组织因素与个人因素。第二，在思路上，从对贬值成因的分析转向应对策略的探讨，基于组织管理，以高绩效工作系统为总体框架，研究与员工招聘、激励机制、组织内非正式关系、工作压力、知识管理等有关的人力资源管理实践，较为全面地提出应对贬值问题的管理手段，帮助组织实现对人力资本贬值问题的主动干预。第三，在方法上，从管理学视角下以理论分析为主转向理论演绎与实证研究相结合，利用多层线性回归、全效应调节模型、自主重复抽样等方法，对书中提出的观点进行验证，增强了相关结论的可信度与说服力。

黄维德主持了全书的编写，同时负责全书框架的构思、研究和写作思路的设计、总体的内容安排、研究方法的确定以及第一章的编写、并对全书进行统稿；柯迪负责本书第五章、第六章、第七章与第八章的编写；岳林洋负责本书第二章、第三章与第四章的编写。本书的写作和出版受到国家自然科学基金“知识员工人力资本贬值的组织性社会因素研究：人力资源管理与社会网络的多层级视角”（编号：71372079）的资助，华东理工大学出版社为本书的出版提供了大力支持。韩国成均馆大学中国大学院助理教授李晓蓓博士对本书部分章节内容给出了指导和建议；岩山投资管理（上海）有限公司投资经理王达明参与了本书前期的准备工作，推动了相关研究的顺利开展；博士研究生王敏为本书的研究内容作出了重要贡献。在此，一并表示衷心的感谢。

由于时间、精力和水平有限，本书部分内容和观点可能不够成熟或完善，希望能够得到各位同行、专家与读者的批评指正。

作者
2018年5月

目录

CONTENTS

第一章 新经济形势下的经济与管理难题

知识经济时代，人力资本贬值问题日益严峻，它是由劳动者个体因素或外部环境变化引起的人力资本存量下降或市场价值降低。最直观的感受，便是自身的知识、技能已难以满足不断变化的工作要求。人力资本贬值较为隐蔽，不宜察觉，但其造成的影响却更加广泛和深远，且真实地发生在每个人身上。

2017 年 5 月 27 日，随着柯洁中盘负于 AlphaGo，人机大战 2.0 正式落下帷幕，结局被定格在 0∶3，围棋天才柯洁未能取得一胜，这也意味着人类最后的智力竞技高地被无情地攻破。大众在对此感到惊讶的同时，也被人工智能技术的魅力折服。从早期 IBM 深蓝机器人凭借每秒两亿步的运算能力穷举所有路数来选择最佳策略到如今谷歌的 AlphaGo 结合机器学习算法、深度神经网络等尖端技术对围棋局面进行量化评估，个人能力在技术面前似乎显得微不足道。更讽刺的是，尽管 AlphaGo 在与人类的博弈中所向披靡，但在战胜柯洁后不到半年的时间内，它便被另一位对手击败，而且打败他的并不是人类，是新一代的人工智能——AlphaGo Zero。谷歌旗下 DeepMind 团队所开发的 AlphaGo Zero 只经过短短三天的自我训练，便在 100 盘对弈中完胜它的前辈——AlphaGo，且无一败绩。也难怪柯洁在得知该消息时，不禁感叹“一个纯净、纯粹自我学习的 AlphaGo 是最强的，对于 AlphaGo 的自我进步来讲，人类太多余了”。

上述事例仅仅为时代发展对人类影响的一个缩影，但从中不难感受到，科技进步所带来的变化正逐步渗透到人类生活和工作的方方面面。“嫦娥奔月”、“隔空取物”等看似天方夜谭的想法在科学技术的帮助下被逐一实现，人们的认知和观点不断被刷新、改变和挑战。在外部环境快速变化的今天，只有不断的学习和进步，才能跟上时代发展的步伐。“一招鲜，吃遍天”已成为过去，人力资本正遭受前所未有的冲击。

麦肯锡全球研究院(McKinsey Global Institute)在 2017 年 1 月发布的报告中指出，随着人工智能和机器人技术的快速发展，到 2030 年，机器人将取代全球 4 亿个工作岗位；到 2055 年，人类的工作职责中有一半能够实现自动化，那些涉及在可预测环境中进行物理活动的工作最容易受到自动化的影响。例如，Narrative Science 等公司创建的 AI 机器人已经开始为福布斯与美联社撰写商业和体育报道，Narrative Science 公司联合创始人 Kris Hammond 预测到 2030 年，90%的新闻都将由计算机编写。近期，谷歌母公司 Alphabet 旗下的 Waymo 无人驾驶车项目已经获得亚利桑那州交通运输部的许可，这标志着该州政府允许 Waymo 的无人驾驶小型货车在当地开始运行，用户只需通过智能手机 APP 即可获得专门的货运服务，无需再单独雇佣货运司机。一个又一个的事例表明，几乎所有工作的内容、流程和形式在未来都可能发生翻天覆地的变化，一些岗位甚至不再需要人类担任。

麦肯锡的报告进一步指出，在自动化发展迅速的情况下，到 2030 年中国约有 1 亿人口将面临职业转换，约占到时就业人口的 13%。这就意味着，未来我国将有约 1 亿人口的人力资本，特别是专用性人力资本，将彻底失去效用，出现贬值。这虽是一种随历史发展必然发生的人力资本升级，但同样也是不可逆转的人力资本废弃。在此背景下，如何加速人力资本与环境间的互动与磨合，提高人力资本投资效率，减少不必要的资源浪费，降低人力资本贬值程度便成为值得关注和研究的主题，具有较高的理论和实践意义。

纵观已有文献资料，与人力资本贬值相关的研究并不丰富。目前相关研究主要有以下特征：第一，研究视角上，经济学分析居多，管理学分析较少。尽管如此，经济学分析中对人力资本回报率的关注远胜于贬值本身。虽然文献中较早引入了人力资本贬值概念，但大多笼统地将其视为导致人力资本存量减少的因素，并未深入探究。反之，管理学领域对人力资本贬值有着更加详尽的分析，但相关研究较少，大多集中在 20 世纪 70 至 90 年代，难以满足知识经济时代的背景要求。第二，研究内容上，多为成因分析，鲜有对策讨论。现有研究分别从宏观层面——技术进步、人口结构变化、经济全球化，微观层面——组织因素、个体特征，全面分析了各种可能导致人力资本贬值的具体原因和作用机理。对如何预防和应对人力资本贬值却着墨不多，使组织在处理这一问题上缺乏理论和实践指导。第三，研究方法上，多为理论分析，鲜有实证研究。主要是指管理学视角下人力资本贬值难以客观计量，故相关研究大多仅停留在理论层面，缺乏实证分析加以证明，结论的可靠性与稳健性相对不足。

对此，本书将从组织管理的角度，基于大样本调查数据，采用实证分析方法，找出组织在应对人力资本贬值问题上的切入点，提出切实可行的管理措施，为企业改善内部人力资源管理，降低人力资本贬值程度提供参考和借鉴，以期实现人力资本贬值研究从经济学向管理学、从成因分析向对策探索，从理论分析向实证分析的转变，也是对学者们呼吁探索挖掘更多人力资本贬值相关理论、模型的回应。

本章节后续内容包括：第一节将围绕人力资本展开概念性综述，包括人力资本的定义,人力资本理论产生的背景、内容、发展、理论意义与研究局限等,为更好地理解人力资本贬值奠定理论基础;第二节将从人口老龄化、人力-物质资本配比、人力资本配置、人力资本结构四个方面全方位地阐述我国当前的人力资本贬值现状,使读者能够对这一问题有着更为全面、客观、清晰的认识。

第一节 人力资本的提出与发展

进入2000年之后,人力资本和教育成为现代经济不可或缺的因素。在发展中国家吸引旧经济时代传统行业的同时,发达国家正着力于发展技术密集型产业以维持它们的世界领先地位。在此背景下,随着信息社会的快速变化,知识与信息几乎存在于所有经济活动之中,人力资本成为推动经济、社会发展的主要驱动力,对中国经济效益的提高以及地区差异的缩小具有重要的作用(Fleisher 等,2010)。

一、人力资本研究的发展历史

一般认为,英国古典政治经济学之父 William Petty 首次严肃地运用了人力资本思想,他认识到劳动力素质差异的重要性,指出国民收入的计算应包含对劳动者价值的评估,并认为这一价值可基于劳动者收入,采用货币形式进行估算。在研究中,Petty 将劳动者的工资总额作为衡量人力资本的指标,数值上等于5%乘以国民收入减去财产性收入的总和。基于上述方法,Petty 估算得到英格兰和威尔士的人力资本总量约为5.2亿英镑,每一单位人力资本为80英镑。

现代经济学之父 Adam Smith 进一步发展了 William Petty 的观点。他更为关注专业化劳动力,认为生产能力与产品质量的提升得益于劳动者本身的知识和技能,后者来源于教育和培训。因此,教育和培训方面的支出可视为对劳动者本身的投资,这为部分劳动者能获得较高的收入提供了合理的解释。Smith 的这一观点为后续人力资本理论的诞生奠定了基础。

John Stuart Mill 在 Adam Smith 观点的基础上进一步指出,技能和知识都是对劳动生产率存在重要影响的因素,强调劳动者取得的能力应当同工具、机器一样被视为国民财富的一部分。因此,教育投资能在未来创造更多的国民财富,教育方面的支出与其他公共事务支出是完全相容的。

医药统计学奠基人 William Farr 于1853年真正意义上采用了科学方法对人力资本货币价值进行了评估。他将人力资本视为个人在一生中在劳动力市场上能够取得的收入总和，通过未来收入现值减去生活成本得到净收入总和，利用生命表得到个体劳动周期，在此基础上估算得到个体人力资本总量。根据上述方法，以5%作为贴现率，Farr计算得到英国农业劳动者平均净人力资本存量为150英镑。

不同于William Farr的收入测量法，Brnest Engel在1883年提出了另一种测量人力资本存量的思路，即成本核算法——统计个人的抚养费用。Engel将人等同于“产品”，从怀孕出生到长大成人(25年)期间的所有抚养费用可视为“产品”的生产成本，26岁以后，个人不再需要抚养支出。这种方法更加简单易行，可用来统计一个国家或地区的人力资本价值，但却很难将它与人力资本所具有真正的经济价值联系起来。

受此影响，尽管许多学者意识到人力资本对经济发展的重要性，在研究中却不再尝试量化其真正价值。例如新古典经济学派主要创始人Alfred Marshal，他强调了教育投资的重要性，认为对劳动者的投资是最具有价值的，但却强烈反对人力资本这一概念，指出单从数学观点来看，人可以作为资本，但在实证分析中将劳动者当作资本是与市场的实际情况不相符合的。除此之外，许多对劳动者知识、技能真实价值的量化研究也均未取得突破和进展。之后，关于人力资本的分析在很长一段时间内淡出了人们的视线。

直到20世纪前中期，美国经济学家Irving Fisher在《The Nature of Capital and Income》一书中对资本与收入进行了全面的定义。根据Fisher的思想，任何有形或无形的资产，只要能产生收入或带来回报，则都符合资本特征。该定义拓展了资本的范畴，为学者们在新古典经济学框架内对人力资本进行分析奠定了基础。

Eugene Gorseline于1930年开展了20世纪首个与人力资本相关的定量研究，目的在于检验教育对个人收入的影响。Gorseline选取了185对拥有不同学历的双胞胎兄弟作为研究对象，并对他们进行了IQ测试，目的在于控制个人能力、性别、种族、区域、通货膨胀、家庭特征等因素的影响。数据分析显示，高学历样本组的平均年收入为2015美元，显著高于低学历样本组的1500美元，由此得到学历教育对个人收入具有正面影响的结论。Gorseline进一步指出，由于教育决策大多基于个人能力所作出，学历本身也有可能是个人能力的代理变量。

20世纪50年代末，随着现代经济增长之谜的出现，传统经济理论在解释力上遇到瓶颈。学者们在研究中发现，美国及一些国家在很长时间内经历了持续、快速的经济增长，且速度远高于资本投入；Solow(1956)在检验新古典经济增长模型时发现，资本和劳动力投入只能解释12.5%左右的产出增长，剩余87.5%便成了未解之谜。在此背景下，以Jacob Mincer、Theodore Schultz与Gary Becker为代表的学者，在Fisher早前研究的影响下，将人力资本这一概念引入了分析框架，用以解释经济增长的谜团，从而将人力资本理论正式推上了历史舞台。

Jacob Mincer 在《Investment in human capital and personal income distribution》(1958)一文中，通过数学模型，系统阐述了教育投资、人力资本与个人收入之间的关系，指出人力资本投资是个人收入增长及收入分配差距的根本原因。1960 年，Schultz 在美国经济学年会上发表了就职演说，正式阐述了人力资本理论，并在之后的研究中就人力资本的定义、性质、作用进行了深入分析。之后，Becker 继承和发展了 Schultz 的研究，进一步解释了人力资本在经济发展历史上的作用。他指出，历史上一些国家的人均国内生产总值实现了持续增长，主要原因在于政府在全国范围内进行了大规模的教育投资。而随着初、中级教育，甚至是高等教育的逐步普及，劳动者的知识文化水平快速提升，这为生产率的提高奠定了坚实的基础。虽然也有学者质疑两者间的因果顺序，认为经济发展才是教育投资的基础，但人力资本已不可阻挡地成为了学术界研究热点。

众多经济学家尝试采用不同的方法，以确定人力资本增长对经济发展的作用和贡献。Kendrick(1984)认为，根据 Schultz 的估算，1969 年美国人力资本总量已超过了有形资本之和。Edward Denison(1985)发现，劳动者平均学历的提高能够解释 1929 年至 1982 年美国人均国民收入增长的 25%，剩余部分则由健康状况的改善、在职培训等其他形式人力资本的增加所带来。Becker 等学者(1990)在研究中以家庭规模作为人力资本参数代入经济增长模型，发现其为人均收入增长的决定性因素。Mankiw 等学者(1992)拓展了索洛模型，将人力资本引入其中，在此基础上进行了实证分析，得到的结果比原模型能更好地解释经济增长的原因。Barro(1999)在对将近 100 个国家的研究中发现，20 世纪 60 年代期间的教育投资是导致这些国家后续经济增长的重要原因。诸如此类的研究不胜枚举。

综上所述，现代人力资本理论认为，正规与非正规教育都是一种对个人和社会的投资。个人基于自身所希望的收益进行人力资本投资决策；政府根据所带来的社会价值制定人力资本投资及补贴政策。教育能为个人带来更多的收入，社会也能够从劳动生产率的提高中获得经济增长。国内外诸多研究均已证实了上述观点。

二、人力资本的定义

人力资本由两部分组成：早期能力（如天赋等）与后期取得的知识、技能等。学者们从各自视角出发，对人力资本内涵进行了不同的解读。

有的学者从人力资本的内容进行定义。Thurow(1970)认为，人力资本是个人所拥有的生产技术、才能和知识。David(2001)更加具体化地指出，人力资本还包括处理经济代理人之间的交易活动和个人主观活动所需要的感知数据结构信息的能力、在普通生产过程中提供大量体力劳动服务投入的能力、基于企业市场活动的认知能力等。甚至一些学者认为，道德素质、信誉和社会关系也属于人力资本范畴。

部分学者从人力资本效能出发进行定义。Goode(1959)认为，人力资本是知识、技能、态度、才能以及个人所具备的有利于生产活动的特征总和。萨罗(1970)指出，人力资本的价值等于其直接和间接生产的用于消费的商品或服务的价值。我国学者李忠民(1999)将人力资本定义为：凝结在人体内，能物化于商品或服务，增加商品或服务的效果，并以此分享收益的价值。经济合作与发展组织(Organization for Economic Co-operation and Development，OECD，2001)也将人力资本视为体现在个人身上，有利于个人、社会和经济活动的知识、技术、能力和特征。

还有的学者基于人力资本投资视角进行定义。Shultz(1960)提出，人力资本是通过投资所形成的作为生产者和消费者的能力，在人身上体现为知识、技术、精力、经验、健康等。类似的，Becker(1964)将人力资本定义为：通过人力资本投资形成的资本，人力资本投资是指用于增加人的资源、影响未来收入和消费能力的投资。

除以上内容之外，部分学者认为，应进一步区分个体与群体间人力资本概念。他们指出，在经济学研究中，不仅要考虑个体所具备的人力资本，更需要考虑群体所具备的人力资本。后者还可能存在整合效应、集聚效应、学习效应等个体人力资本研究中无须考虑的问题，同时还涉及资源的配置与使用。在此背景下，Mehta(1976)的定义将宏观层面的人力资本描述为，居住在一个国家或地区内的人口的知识、技术及能力的总和。李建民(1999)区分了个体人力资本与群体人力资本：前者是存在于人体之中、后天获得的具有经济价值的知识、技术、能力和健康等质量因素之和；后者指存在于一个国家或地区人口的每一个人体之中、后天获得的具有经济价值的知识、技术、能力和健康等质量因素的整合。他特别强调了整合的概念，指出群体人力资本并不是个体人力资本的简单加和。

综上所述，从内容上看，人力资本是指通过后天投资所形成的，蕴含于个体的知识、技能、健康等质量因素的总和。从特点上看，人力资本的最主要特征在于它的价值性：微观层面，人力资本能为个人和组织带来经济回报，影响投资和消费能力；宏观层面，人力资本能推动经济增长，加速社会发展。从层次上看，人力资本可分为个体层面人力资本与总体层面人力资本两部分。

三、人力资本理论

(一) 人力资本理论内容

芝加哥大学的 Becker 和 Mincer 首次将人力资本理论用于经济学分析

当中。在最初的研究中，Becker 构建了人力资本投资模型，将人力资本视作同物质资本类似的另一种资本。根据 Becker 的观点，人力资本投资就是那些通过积累个人资源从而影响未来真实收入的所有活动总和，而投资成本是指在教育、培训、健康、信息、个体迁移上的各类支出。

人力资本的积累主要有三种途径：正规教育、在职培训、非在职培训。投资成本通常包括：直接支出和机会成本，前者指学杂费、培训费等，后者指因接受教育或培训而损失的工作收入。对个人而言，人力资本投资的最终目的是获取收益，它主要受两方面因素影响：一为增长的收入回报；二为不断提高的组织生产率与就业可能性。简单来说，人力资本投资回报取决于两大决定性因素：投资花费以及就业机会（Rephann，2002）。

人力资本模型中有一个重要的观点，即：教育是一种以时间和收入为成本的投资活动，其目的是为了在将来获取更高的投资回报。如同物质资本投资，对于追求财富最大化的个人和组织而言，人力资本投资只有在其期望回报高于市场收益时才会发生。而针对人力资本投资中的机会成本的衡量，有学者补充指出，它应该等于最优人力资本投资决策（投资于能最大化个人收入的专业化人力资本）为个体所带来的收入。

Becker（1964）在研究中将人力资本分为通用性（General）人力资本与专用性（Specific）人力资本。其中，通用性人力资本既适用于当前岗位，也适用于未来可能从事的工作；与此相反，专用性人力资本仅适用于当前岗位或组织，当个体变更工作时，将失去效用。从经验上看，通用性和专用性人力资本间没有明确的界限，很难进行区分。有学者曾在研究中让管理者对组织内所培训知识的通用性与专用性作主观判断，以克服这一问题（Loewenstein & Spletzer，1997）。

在竞争劳动力市场中，当雇员收入与他们的边际产出相等时，组织难以从通用性人力资本投资中获利，因而管理者不愿意进行通用性人力资本投资。这一套牢问题（Hold-up Problem）源于劳资双方契约的不完全性，资方负担了人力资本投资成本，而劳方从中获取了收益。与资方相反，劳方却有足够的动机进行通用性人力资本投资。不论在当前岗位下还是未来工作中，他们是个人生产率提高的绝对受益者。此外，劳动者还可以通过接受低于正常生产率标准下的工资水平，来支付人力资本投资成本。例如在早期师徒制条件下，徒弟通过领取较低的工资从师傅处学习知识和技能（Hamilton，1996）。因此，当个人不受信用约束时，他们在通用性人力资本积累方面的投资是有效率的。

不同于通用性人力资本，当员工变更工作时，他们便不能从早期积累的专用性人力资本中获益。不论是完善或非完善的劳动力市场，组织都能够从专用性人力资本投资中获益，因此也更有意愿承担部分投资支出。专用性人力资本积累能降低组织和个人的波动性，因为双方都能从维护契约中获益。

Higashi(2002)研究发现,专用性人力资本投资能减少员工离职数量。一方面,组织的专用性人力资本投资能降低内部解职率;另一方面,员工在这方面的投资能降低他们的主动离职率。有学者进一步指出,组织通过专用性人力资本投资,可以操纵员工的工资曲线,从而降低离职率。反之,工资水平与员工离职率之间的负向联系又为组织投资专用性人力资本提供了动机。

(二)人力资本理论的意义

首先,人力资本理论突破了人们传统观念中对于资本的理解,从一个全新的视角解释了经济发展的重要原因。不同于古典经济学中"劳动是财富之父,土地是财富之母"的自然资源决定论以及主张"人口因素对社会的存在与发展起决定作用"的人口决定论,人力资本理论认为,人的智慧和能力是决定人类前途的关键因素。人力资本投资有助于加强国民素质,促进人力资本存量积累,提高国家或地区在世界范围内的竞争能力。人力资本理论将人们对经济增长中对"物"影响的关注,逐渐转向对"人"因素的重视。

其次,人力资本理论打破了传统消费理论,对现行的宏观经济分析也提出了修正。Becker 指出,任何一项开支,若对未来收入产生影响,则均应被视为投资。因此,如教育、培训、迁徙等传统上被视作消费的项目,也应当作为是对人力资本的投资。由于现实中人们更加关注有形资本,国民收入核算办法中总投资规模未将人力资本投资纳入统计范围,因而不能反映国家和地区在投资、消费方面的真实情况。Becker 主张将人力资本投资支出与相应的机会成本算入国民收入中,是对关键经济指标计算的进一步修正,能够为国家宏观经济政策的制定提供更为精确的信息和参考。

最后,人力资本理论的出现也推动了管理学的发展。周其仁(1996)指出,人的健康、体力、经验、生产知识、技能和其他精神存量的所有权只能不可分地属于其载体;这个载体不但必须是人,而且必须是活生生的个人。因此,人力资本能够创造的价值既取决于其本质属性;又受到产权所有者的影响。简言之,个体对知识、技能的使用程度越高,人力资本能够创造的价值就越大。知识经济时代下,人力资本重要性愈发突出,如何加强人力资本产权保护,有效地激励知识员工,便成为管理学领域内的研究重点和热点。

(三)人力资本理论的局限

人力资本的分析框架基于一系列有限的假设,例如,在接受正式教育前,个体间不存在差异,这其中就忽略了先天因素的考虑。在此假设下,劳动者之间收入曲线的区别可完全归结于个体在中等和高等教育上的投资差异,这显然也忽略了正规教育和后续教育之间的区别。Becker 在研究中还假设人力资本投资回报是边际递减的,未考虑"干中学"的作用,而工作中获取的人力资本是随着时间的推移不断积累的。由于人力资本计量的困难性,研究在定义人力资本时未将技能、经验以及工作中的培训等纳入其中。在研究中，人力资本通常仅以教育投资支出以及由此产生的个人一生收入现金流量的总和进行衡量。因此，根据相关假设，个人收入应当与自身受教育水平呈正比。事实上，两者间关系往往还受到其他宏观因素的影响。

此外，Becker 还忽略了不同组织形式在推动操作性学习或组织学习方面的差异性。他在研究中假设组织均采用福特制生产方式，内部不存在学习过程，因而员工的生产效率完全取决于自身受教育程度、组织内技术水平以及劳动分工程度。该研究指出，资本增长取决于新技术投资、基础研究和人力资本。

经验与“干中学”的价值难以作为人力资本进行衡量，很多研究排除了这些因素，导致“知识经济”、“学习型组织”中的一些关键概念——非正式技能获取、创新等未被考虑在内，忽略了显性知识与隐性知识相互碰撞的重要性，而后者正是二次大战后日本企业（如：丰田）能够取得快速、持续增长的关键因素。这些企业之所以能取得突破并脱颖而出，并不仅仅因为重视人力资本投资，更重要的是个人以及团队根据他们的经验在工作中进行高水平的自我学习与提升。

上文指出，人力资本理论可以用来说明区域间经济发展水平差异，认为正式教育投资与经济增长之间有着显著的内在联系，这一解释可能过于突出人力资本的作用，从而忽略了其他因素的影响。例如，美国的教育投资总量和经济总量均世界领先，但这并不能说明教育投资必然促进了经济增长，其他如长期财政赤字等因素的影响未被考虑在内。又例如，德国在教育投资、经济增长、出口表现等方面均居世界前列。但很难想象，若缺乏过硬的产品质量、可靠性与物流水平，德国能在 2004 年一举超越美国，成为世界排名第一的出口国家，这显然亦不是通过人力资本投资这单一因素能够解释的。

四、人力资本相关研究进展

（一）人力资本计量

人力资本的特殊性质使其难以量化。尽管如此，仍有不少学者通过各类方法尝试对人力资本进行计量研究。首先，最为直观且容易理解的就是教育年限法。它以个体人力资本存量和受教育程度呈正比关系为前提，将教育年限作为人力资本的替代变量。实际操作中，小学学历中个人对应的人力资本存量为 6，初中为 9，高中为 12，以此类推。该方法简单易懂、便于操作，但假设过于简化，忽略了个体能力、人力资本异质性等诸多因素的影响。Groot（1998）、Arrazola（2004）等学者，利用教育年限法计算了人力资本投资回报率。

第二类是收益能力法。它将收入视为人力资本价值最直接体现,基于收入方程,对人力资本存量进行拟合估计。该方法将收益能力作为人力资本的代理变量,包括两个部分:初始收益能力(先天能力,如:天赋等)、人力资本投资形成的收益能力。一般情况下,个人收入越高,收益能力越强,人力资本存量也就越高。该方法操作性强,但数据不宜获取,且假设较为严格,存在一定局限性,且难以剔除其他因素对个体收入的影响,造成人力资本计量产生偏差。

第三类是成本核算法,即从人力资本投资角度估算人力资本存量,包括教育培训、卫生保健、流动迁徙等方面的支出。基本原理是由上一期人力资本存量加本期人力资本投资总额得到本期的人力资本存量。具体在计算方式上主要有累计成本法与永续盘存法,本质并无差异。不同之处在于,前者大多是将过去的投资简单加和,后者还需考虑投资的可比价格以及人力资本贬值因素。钱雪亚等(2008)国内学者利用永续盘存法计算了我国人力资本存量。

人力资本量化一直是人力资本研究最大的障碍和挑战,尽管学者们通过各类方法尝试处理这一问题,但由于人力资本的特殊性,其存量难以通过测量手段直接得到,所有的存量估计都是间接、有偏的。需要在未来研究中进一步细化与完善人力资本的估算。

(二) 人力资本投资回报率

此类研究主要关注教育投资对个人收入的影响,其中 Mincer 收入方程得到了广泛使用。它通过对指数函数作对数线性化处理,使参数值能够通过最小二乘法估计获得。相对应的,Mincer 收入方程中,参数是半弹性的,衡量的是自变量的绝对变化所导致因变量的相对变化。利用美国 1960 年人口普查截面数据,Mincer(1974)研究发现,受教育年限提高一年能带来年均收入 11.5%的增长。

Becker(1964)在研究中考虑了成本与收益的折现,计算得到高等教育的回报率在 13%~28%。Solow 认为,上述研究未能区分教育和能力各自的影响,结果是有偏的。对此,Ashenfelter 和 Krueger(1994)以不同学历的双胞胎为研究对象,以剔除先天能力对结果的干扰。他们发现受教育年限提高一年,能使收入增长 12%~16%。基于相同方法,Rouse(1999)利用面板数据计算得到年教育回报率约为 10%。Arias 与 McMahon 进一步计算了美国高等教育的动态与期望动态回报率。他们发现,在未控制能力、家庭等其他因素的影响下,人力资本投资回报率为 13.3%,在控制其他因素影响的条件下人力资本投资回报率为 11.7%。

实证研究表明,西方经济体中,受教育年限每提高一年能带来收入约 5%~10%的增长(Wilson,2001)。以英国为例,Dearden(1998)发现全日制教育条件下，男性人力资本投资回报率为 5.5%，女性为 9.3%。相较下，欠发达国家的人力资本投资回报率普遍较高，但有些国家例外，例如，研究显示白俄罗斯的人力资本投资回报率仅为 10.1%。

此外，研究还关注了人力资本投资回报率的影响因素。例如学者们发现：专用性人力资本投资回报率要高于通用性人力资本；女性人力资本投资回报率要普遍高于男性；具有较强先天能力个体的人力资本投资回报率较高；教育质量越好，人力资本投资回报率越高；父母受教育程度对子女教育投资回报率有正面影响等。诸如此类，不再一一列举。

（三）人力资本对经济发展的贡献

人力资本在经济发展中究竟起到多大作用，是学者们非常感兴趣的主题，目前主要有三类方法衡量人力资本对经济发展的作用。第一类方法是利用新古典生产函数，以 GDP 作为因变量，分别测算劳动力要素、物质资本、人力资本对经济增长的直接贡献。第二类方法是在第一类的基础上，进一步将人力资本贡献分为两部分：一是通过促进全要素生产率的提高对经济增长产生影响，即间接效应；二是人力资本对经济增长的直接效应，从而更好地揭示人力资本对经济增长的作用机制。第三类方法是 Barro 模型，用于估计人口、社会、政治、经济等各类因素对经济发展的影响，具体指标包括人口增长率、新生儿死亡率、期望寿命、人口结构、种族多样性、地区腐败水平、政府系统、市场发展程度等。当然，相关变量还包括教育质量与入学水平。下表统计了国外目前关于这方面的一些主要研究。

表 1-1　人力资本对经济发展贡献的研究回顾

作者(时间)	模型方法	指标选取	主要发现
Mankiw 等 (1990)	新古典增长模型	中学入学率	人力资本能解释人均 GDP 增长的 80%
Azariadis 等 (1990)	增长回归	人口识字率	人口识字率与人均 GDP 增长间有正向联系
Barro (1991)	新古典增长模型	人口识字率、入学率、师生数量比	入学率对经济增长有正面影响；师生数量比对经济增长无显著影响
Benhabib 等 (1994)	新古典内生增长模型	受教育程度	新古典增长模型下，人力资本与经济增长间无显著关系；新古典内生增长模型下，人力资本对经济增长有正向作用
Barro 等 (1995)	新古典增长模型、增长回归	受教育程度	只有男性受教育程度对经济增长有正面影响；小学入学率无显著作用；公共财政支出对经济增长有正向作用

续表

作者(时间)	模型方法	指标选取	主要发现
Islam(1995)	新古典内生增长模型;面板数据回归	受教育程度、入学率	新古典增长模型下,人力资本与经济增长间无显著关系;受教育程度与入学率对全要素生产率的影响明显
Hall 等(1996)	增长回归	受教育程度、外语人口比例	人力资本决定了人均收入;英语对人均收入有着显著的正向影响;其他语种对人均收入的作用较小
Sachs 等(1997)	新古典增长模型	入学率	中学入学率对经济增长有着正面影响
Bils 等(1998)	一般经济均衡模型	受教育程度、入学率	经济增长决定了人力资本的形成,而不是反向因果关系
Topel(1999)	增长回归	受教育程度	受教育年限增长一年能够带来人均收入5%～15%的增长
Pritchett(1999)	新古典增长模型	基于 Mincer 方法估计的人力资本	入学率与受教育程度在统计学意义上对经济增长不存在作用
Hall 等(1999)	增长回归	受教育程度、外语人口比例	教育因素仅解释了部分人均收入的差异;英语同人均收入间有着显著的正向关系
Krueger 等(1999)	利用统计学方法衡量人力资本测算可靠性	受教育程度	人力资本与经济增长间不存在显著关系可能由人力资本测算误差所导致
Hanushek 等(2000)	增长回归	劳动力质量水平	劳动力质量对经济增长有着显著的正向作用
de la Fuente 等(2000)	增长回归	受教育程度	人力资本对收入与经济增长有着较强的正面影响
Temple(2001)	增长回归	受教育程度	受教育程度与经济增长间有着强正向关系
Krueger 等(2001)	新古典增长模型	受教育程度	在对不同国家面板数据的分析中,受教育程度的提高对经济增长的正向作用更强;单一国家数据下,这种作用较弱
Barro(2001)	增长回归	受教育程度、学生认知水平	对于发展中国家男性,教育对收入增长的正向作用显著;对于女性或经济发达国家,这种关系不成立

续表

作者(时间)	模型方法	指标选取	主要发现
Sala-i-Martin等(2003)	增长回归	受教育程度、入学率	小学入学率对经济增长有正向作用;外语人口占比与经济增长间有微小关系;高等教育公共支出对经济增长无显著影响
Barro等(2004)	增长回归、面板数据分析	受教育程度、学生认知水平	男性接受过中、高等教育的水平对经济增长有正向作用;教育质量比数量对经济增长的影响更为明显;教育方面的公共支出对经济增长无显著作用

通过上述内容不难发现,有关人力资本的研究更多地关注其在经济增长中的作用,强调人力资本在学习、生产中的增值特性,对人力资本贬值的研究很少(张学英,2010)。笔者认为,我国长期以来保持着飞速的经济增长,使得这一问题被丰硕的发展成果所掩盖,人力资本贬值也未被社会所重视,相关研究也一直被边缘化。近年来,随着我国经济增速放缓,"提质增效"已成为当前最为迫切和紧要的任务,知识、技术、创新成为新时代发展的主旋律,而这些均需要以坚实的人力资本基础为保障。我国虽是人口大国,但离人才强国还有一定距离,人力资本也并非是取之不尽,用之不竭的。不遵循人力资本形成发展客观规律,不注重人力资本效能,不尊重人力资本价值的发展是短视、低效、不可持续的,由此带来的不利影响在当前的经济社会中已有所显现,下节将深入进行剖析。

第二节　我国人力资本贬值问题探析

随着外部环境的快速变化,人力资本贬值已成为一项重要的经济与社会问题,这不仅是个人,更是整个国家和社会共同面临的挑战,若不能妥善处理,将对我国未来经济转型与可持续发展构成不利影响。下文将从宏观视角探析人力资本贬值问题,从而在整体上更好地把握和理解当前我国所面临的处境和形势,明晰人力资本贬值产生的宏观原因,更为全面和理性地认识其造成的负面影响。

人力资本贬值主要体现在存量减少和价值降低两方面。宏观层面的人力资本存量是指一个国家、地区总体人群中所有个体所具有的人力资本的总和;相对应的,其价值是指人力资本所创造的在经济、社会等各方面的产出总和。下文将结合理论与实证分析,从主要成因入手,揭示我国当前所面临的人力资本贬值问题。

一、人口老龄化问题

人口老龄化是我国面临的导致人力资本贬值的主要因素之一。微观层面，从出生到死亡，承载于个体的人力资本经历了从无到有再到最终消逝的倒U型自然变化过程。特别是超过一定年龄后，随着身体机能老化，各方面能力全面下降，人力资本也随着时间推移慢慢流失。宏观层面，人口老龄化加剧意味着大量人力资本将退出劳动力队伍甚至消失，不能再为经济、社会发展创造所对应的价值。

从人力资本存量上看，我国是当之无愧的人力资源大国。单就人口数量来讲，截至2016年末我国人口总数为13.83亿人，其中15～64岁适龄劳动人口为10.03亿人，位居世界第一。但同时需清醒地认识到，随着老龄化问题的日益严重，我国人口结构正出现根本转变，对人力资本存量产生了不可逆转的负面影响。图1-1是笔者利用教育年限法计算的近年来我国人力资本存量的总体变动情况（关于图1-1的详细计算过程参见附注一）。1998年，我国适龄劳动人口为8.43亿人，平均受教育年限为7.1年，人力资本存量为59.5亿人·年。之后十余年内，随着高等教育的持续普及和劳动力队伍不断壮大，我国适龄劳动人口的人力资本存量基本保持以2%左右的水平稳步增长，2000年与2010年更是达到了6.5%与3.1%。但进入2010年后，人口老龄化问题开始显现，适龄劳动人口数量增长明显放缓。其中，2012～2016年期间，年均劳动人口增量仅为409万人，该阶段人力资本存量增长率仅为0.51%～0.77%，且主要依赖于人均受教育水平的不断提高。

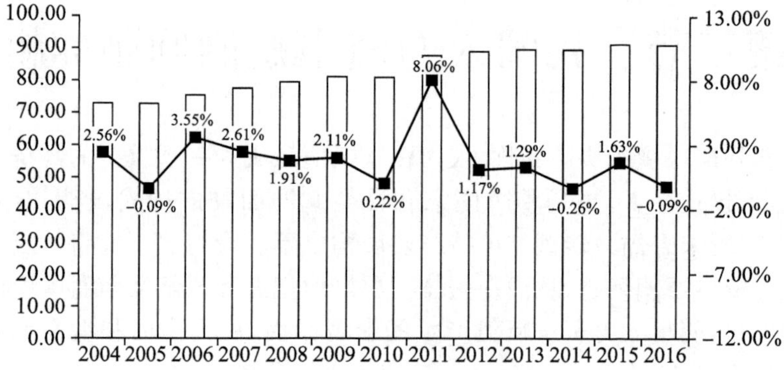

图1-1　我国人力资本存量变化(亿人·年)

更为严重的是，有报道指出，至2100年我国将仅剩6亿人口。因此若仅从人口数量来看，我国的人力资本存量在21世纪约减少50%。联合国人口署最新发布的《世界人口展望》2017年修订版，预计21世纪末中国人口将出现倒“V”型反转，在不到百年的时间里，中国人口将消失一半。即使中国全面开放并大力鼓励生育，未来中国人口也难超越10亿。我国在2014年放开了单独二孩政策，但2015年人口普查结果显示的中国育龄妇女总和生育率仍仅为1.047，一孩生育率仅为0.556。如此低的新生人口数量水平可能意味着我国将提前迎来人口雪崩。有专家预测，预测2030年中国人口开始出现负增长，这种人口负增长与快速老龄化叠加，对经济增长就是噩梦。

人口老龄化对人力资本价值的负面影响同样显著。学术界一致认为，我国的经济腾飞很大程度源于极富生产效率的人口结构，即人口红利的影响。人口红利是指一个国家或地区的劳动年龄人口占总人口比重较大，抚养率较低，为经济发展创造了有利的人口条件，整个国家的经济呈高储蓄、高投资、高增长的局面(邹士年，李震海，2014)。一方面，人口红利阶段有充足的劳动力能够投入到生产经营活动中，为经济的快速增长奠定了劳动力基础；另一方面，就是经济高速增长与人口政策转变带来抚养系数下降导致我国储蓄率不断上升，这为企业的扩大再生产提供了充足的资金支持，进一步推动了经济增长。研究表明，1982～2000年期间，我国总抚养比下降显著推动了我国人均GDP的增长，使增速提升了大约2.3个百分点，对同期人均GDP增长的贡献达到了25%左右(Cai & Wang，2005)。

当前我国已慢慢步入老龄化社会，适龄劳动人口比例逐渐下降，而人口抚养比却快速上升。图1-2是我国人口结构从1982年至2016年的变化情况。其中，14岁及以下人口占比从1982年的33.6%下降至2016年的16.7%，该年龄段绝对人口数下降了近三分之一。相对应的，65岁及以上人口占比从1982年的4.9%增长至2016年的10.8%，该年龄段绝对人口数增长了超200%，变动幅度相当明显。预计至2050年，我国60岁以上人口总数将接近5亿。此外，15～64岁适龄劳动人口比例维持在60%至75%之间，但2012年之后发生明显下降，表明随着中国老龄化程度的加深，中国适龄劳动人口快速增长的局面已经开始转变。人口老龄化的出现，抑制了我国人力资本的增长。它导致适龄劳动力供给不足，阻碍了经济的发展，对资本积累、创新能力等各方面产生了负面影响。

人口抚养比方面，如图1-2曲线所示。1982年，我国老年抚养比为8%，也就是说平均12～13个劳动者需要赡养一位老人。到2016年，该数值上升至15%，即6～7个劳动者就需要负担一位老人。人口抚养比的提高将使得社会中消费性人口比重增加，生产性人口比重降低，进而引起储蓄与社会收入减少，制约资本的形成，导致经济增长所必要的资本存量降低，不利于社会总产出，减缓了经济增长。联合国经济和社会事务部预测，未来中国的老年人口抚养比将不断加速增长。到2020年底中国的老年人口抚养比将从2010年的11.4%上升至16.7%。如果人口政策在未来数十年不改变，老年人口抚养比到2030年将达到23.8%，2050年达到39%。

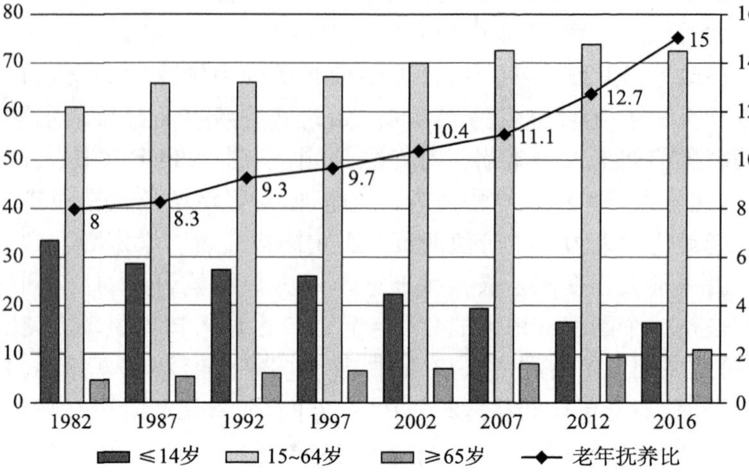

图 1-2　我国人口结构变化(单位:百分比)

资料来源:中国统计年鉴 2017。

人口结构的根本性变化对我国人力资本及经济发展的贡献产生了巨大影响。中国社会科学院副院长蔡昉指出,中国的人口红利正在迅速衰减,其对经济增长的贡献率变得越来越微不足道,支撑中国经济增长的源泉既不再是就业的增长,也不可能是资本劳动比的提高,而越来越依赖于全要素生产率贡献份额的提高(蔡昉,2011)。此外,根据清华—布鲁斯公共政策研究中心主任王丰的观点,我国人口红利变化可分为三个阶段:1982～2000 年,人口红利对经济增长产生了巨大的促进作用;2000～2013 年,人口红利的贡献逐渐开始减少,直至消失;2013～2015 年,人口红利为负。照此观点,当前我国人口红利已步入第三阶段。

从目前来看,人口数量和结构变化趋势难以逆转,想要维持人力资本价值,必须进一步提高人力资本质量,实现从“人口红利”向“人才红利”的转变。学者指出,不同人力资本进入生产函数的方式有所差异,高质量人力资本既可作为直接要素投入也可以通过对全要素生产率的影响间接进入生产函数,而低质量人力资本只能作为投入要素。所幸的是,随着生活条件的不断改善,人们的期望寿命逐步增长,人力资本投资的收益周期也大幅延展,这从根本上激发了人们对教育、培训的投资热情,促进了人力资本质量的持续提高。

二、人力—物质资本配比问题

人力资本作为一种重要的资本形式 ,其存量以及和其他资本的比例关系必然会影响到产出的数量和质量(廖楚晖,2006)。人力资本与物质资本是维持经济运行最为基本的两大因素,它们之间的匹配与协调程度将对经济发展产生重要影响。人力资本产出弹性既受到自身存量的影响,也受制于物质资本存量的影响,两者资本间合理的配比能够带来积极的互动关系(Ciccone & Papaioannou,2009),进而带来各自产出弹性的增加,一定程度弥补资本持续投入造成的产出弹性递减。而资本间配比失调会造成资本效能下降,不利于经济效率提高。过去30年中,我国主要通过要素投入实现经济的粗放增长,效率的损失并未被重视。有研究表明,我国因资本配置失衡造成的效率扭曲约为30%~50%(Hsieh & Klenow,2009)。许岩等学者(2017)测算了1995~2013年我国各省份人力资本与物质资本存量的最优比例,发现尽管人力资本在经济发展中的作用不断加强,但人力资本与物质资本间的匹配程度却不理想,我国绝大部分地区仍处于人力资本存量相对短缺的状态。特别是东部地区,其人力资本与物质资本实际比例相对最优比例的偏离程度较西部地区更加显著(许岩等,2017)。

我国的经济增长主要依靠物质资本投资拉动,人力资本积累的产出贡献相对较小(冯晓等,2012)。从2000年至今,伴随着城镇化与工业化进程的深入,各地区出现了物质资本的"投资涌潮",国家及地方政府的投资继续向物质资本倾斜(中国经济增长与宏观稳定课题组,2010)。此类投资失衡一是源于资本特性,二是源于资本价格相对变化。物质资本投入见效快,短期内对经济发展的拉动作用更强;反之,人力资本的形成需要较长时间,其对经济发展的贡献具有一定滞后性,在现有考核机制下,决策者自然更倾向于投资物质资本。此外,用人单位获取人力资本的代价越来越高,根据《中国统计年鉴的数据》,1995年至今,我国城镇单位就业人员平均工资涨幅超400%;而同一时期固定资产价格仅上涨了34.58%。人工成本的不断上扬使得制造业纷纷转向成本更低的东南亚国家,部分发达国家的企业甚至还出现了回流本国的现象。资本价格的相对变动使得企业的投资决策发生了变化。一方面,物质资本和人力资本价格同时上涨,若要保持产量不变,企业需放宽预算约束;另一方面,人力资本价格涨幅远高于物质资本,理性决策者必定会减少人力资本使用而加大物质资本的投资,从而产生了物质资本对人力资本的排挤效应。

资本间配比失调同样会对人力资本存量和价值产生不利影响。存量方面,尽管我国不断加大对人力资本的投资,财政性教育经费占国内生产总值的比例自2012年后已连续5年达到4%,但物质资本的增长和累积速度仍远高于人力资本。2014年,我国固定资产投资总额为512020.7亿元,是财政性教育支出的19.4倍;而从1990年至2014年,我国物质资本存量年均增长速度约为15.1%,人力资本存量年均增长速度仅为3.4%,前者为后者的4.4倍,两类资本间总量水平的差距不断扩大(历年物质资本存量与增速的计算详见附注二)。

价值方面,以物质资本投资为主的经济发展方式较为粗放,不具有可持续性，使得人力资本在经济发展中被低度使用。有学者利用索罗经济增长模型对我国经济增长源泉分解时发现，在 1978 年至 2005 年我国的经济增长中，资本的贡献份额为 91.67%，而劳动的贡献份额仅为 7.47%(沈汉溪，2007)。作者基于柯布道格拉斯生产函数计算得到，物质资本对我国 1990～2014 年经济增长的贡献份额达到了 91.4%，人力资本仅为 12.5%，该结果与前述研究相当接近。

从时序上看，很长一段时间内，我国人力资本对经济发展的贡献稳步增长，20 世纪 90 年代初至 2010 年，人力资本贡献率从不足 10%增长至最高 40%，而同期物质资本贡献逐步减少，最低下降至 2007 年的 61.8%，可见随着国家对人力资本投资、积累的重视，该阶段经济发展模式逐步由物质资本导向朝人力资本牵引转变。需要警惕的是，随着 2008 年及以后物质资本投资迅速扩张，这种变化又出现了反转趋势。特别是 2012 年之后，人力资本对经济发展的贡献迅速下降，最高仅为 15.1%。而同期物质资本对经济发展的贡献却快速上升，2009～2014 年均保持在 90%以上(关于物质资本与人力资本对经济增长贡献的计算详见附注三)。这表明，我国物质资本对人力资本价值的倾轧现象重新出现。部分学者的研究甚至认为，我国的产出—人力资本比，即单位人力资本所创造的价值，自 2000 年起便呈现逐年下降的态势(钱雪亚等，2008)。从横向来看，根据国际劳工组织的数据，2015 年我国单位劳动产出为 7 318 美元/人(2005 年不变价)，是美国的 7.4%，日本的 9.6%，欧元区国家的 10.7%，与欧美发达国家相比，还存在较大差距。

三、人力资本配置问题

知识经济时代，人力资本区域配置不均已成为影响区域经济差异的重要因素(陆大道，2003)。合理的人力资本配置是指通过市场、计划等各类配置手段，促进人力资本在区域间和区域内部经济活动的各部门中的合理配置和有效利用，它是人力资本效能与价值实现的前提。舒尔茨指出，一种错配的资源就无异于配置的是一种低生产率的资源，人力资本在区域间的配置失调显然是不利于其经济价值的。尽管如此，该问题始终未得到社会各界的高度关注。有学者指出，由于改革开放以来中国东部经济发展水平保持了持续的快速增长，这就可能使得人力资本不均衡对于社会经济发展的负面影响在短期内被掩盖起来(李广科，李录堂，2009)。

人力资本合理配置是其有效使用的前提。劳动者是人力资本的载体，劳动力充分流动是人力资本合理配置的基础。改革开放前，受经济、政治等多方面因素的影响，我国人力资本配置以计划手段为主，如高校毕业生由国家统一分配、城市企事业单位不得自行雇用农村劳动力等，使得城乡之间、地区之间、企事业单位之间劳动力的自由流动基本消失。人力资本配置问题主要表现为流动性不足。改革开放后，随着经济体制改革和劳动力市场制度的不断完善，人力资本流动障碍逐渐消失，劳动者可以在不同地区或行业间进行自由择业，全社会人力资源得以充分盘活，经济得到了高速发展。但此时，人力资本盲目性流动的问题却日益显现，东西部地区人力资本存量差距悬殊。

我国人力资本在地域上配置不合理。第一，我国不同地区经济发展水平相差很大，《中国统计年鉴》数据显示，2016 年最高省区人均 GDP 是最低省区的 4.3 倍，使得相同行业在不同地区间的报酬存在巨大差异。个体追求人力资本回报最大化驱使其向经济发达地区转移；而高度积累的人力资本有利于经济加速发展，使得地区间差距进一步扩大，从而加剧了人才配置的不合理性，形成了人力资本流动的马太效应。这种单纯以市场手段进行配置的方式忽视或淡化了宏观效益和社会效益，难以保证人力资本在宏观上的最优配置（王旭辉，2011）。

第二，西部欠发达地区工作条件差，基础设施更新缓慢，难以提供良好的客观条件以确保人力资本价值。这些地区在制度环境和文化等方面较为落后，如：其收入分配机制缺乏有效的激励性，社会保障制度的发展尚不健全等。各种因素交错影响，使得西部地区的人才流出要远高于人才流入。有学者通过实证研究发现，配置于中西部地区的技能型人力资本在实际生产中难以发挥较高的生产力，突出了高层次人力资本在不能与之匹配的运营环境下所面临的生产困境。技能型人力资本受到相对限制，在更高报酬的吸引下，中西部省区的技能型人力资本不断向东部转移（陈晓迅，夏海勇，2013）。

第三，我国教育资源在不同区域间的投入和积累存在很大差距，导致人力资本在地区间的配置失衡。《中国教育经费统计年鉴》数据显示，2015 年，仅广东一省的国家财政性教育经费支出便抵得上新疆、西藏、青海、宁夏、海南、甘肃、吉林七省总和，区域间人力资本投资过于悬殊将不利于各类人才的合理分布。此外，受历史、经济等因素影响，我国优质高等教育资源大部分集中在东部省份，导致高层次人才自然向这些地区流动、聚集，进一步加深了"东高西低"的人力资本分布态势。

从总量上看，2014 年国民生产总值最高的四个省份（广东、山东、江苏和浙江）再加上北京、上海两市的人力资本存量总和占到全国人力资本存量的 31.34%，而内蒙古、青海、宁夏、贵州四个西部省份的人力资本总量尚不达 5%，其配置失调程度可见一斑，近年来这种趋势愈发明显。1990 年，我国 10 个东部省份的人力资本总量与 12 个西部省份的人力资本存量比例为 1.34，至 2014 年该比例已扩大为 1.75（关于我国各省区历年人力资本存量的计算详见附注四）。另外，我国高级人才有 86%集中于中东部地区，西部一直面临人才匮乏的局面。与此同时，我国经济发达地区人力资本虽然充裕，但使用效率并不理想，高学历人才就业困难的新闻屡见报端。事实上，由于各类生产要素的存量及结构地区的人力资本承载量有限，过度供给必定造成人力资本闲置；另外，分割性质的城市劳动力市场也为外来劳动者进入某些行业和岗位设置了制度约束（蔡昉，2001）。

人力资本过度集中不能满足全社会产出最大化的资源配置需要。假设有经济发达和经济欠发达两个地区，且人力资本只能在这两个区域进行流动，如图 1－3 所示。其中，纵坐标代表人力资本综合收益，O_1O_2 代表人力资本总量。由于经济发达地区人力资本回报率较高，吸收就业能力较强，其人力资本需求曲线为 D_1；相反，经济欠发达地区人力资本回报率低，吸收就业能力较弱，人力资本需求曲线为 D_2。此时，两地区人力资本需求平衡在 E 点达到，人力资本创造的价值区域为 AO_1O_2D。

由于信息的不完全性和对收益、成本判断的个体性，人才流动中个人利益和社会利益的协调一致往往难以实现（刘军，周绍伟，2004）。个体对不同地区预期收入及就业机会的错误估计将导致人力资本的不合理分配。例如，若劳动者对经济发达地区的就业形势过度乐观估计，那么该地区人力资本将按照扭曲了的人力资本需求曲线 D'_1 进行配置。此时，将有 EG 长度单位的人力资本过度流入经济发达地区，相对应创造的价值区域也将变为 CO_1BE_1 加上 BO_2FE_2，小于之前平衡状态时所创造的价值。

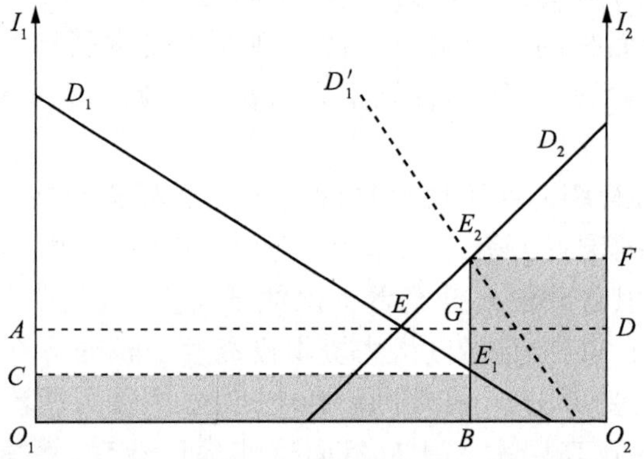

图 1－3　人力资本流动与贬值

有研究表明，中国人力资本在区域间的合理流动能够优化人力资本配置，拉动经济增长。在不增加任何新的物质资本和人力资本投资的情况下仅通过区域间人力资本的迁移便可带来约 21.8%的经济增长增量（王良健，何琼峰，2008）。这也从侧面说明了，当前我国人力资本的区域配置未达到合理状态，由此带来的人力资本价值损失约为 GDP 的 18%。

四、人力资本结构问题

人力资本结构是指不同层次、类型人力资本的组成、搭配和安排情况。例如有学者将人力资本分为一般型人力资本、技术型人力资本、创新型人力资本;有的分为领袖型人力资本、专业型人力资本、操作型人力资本;还有如一般型人力资本、专业型人力资本、管理型人力资本、研发型人力资本以及决策型人力资本等。

尽管分类方式有所不同,但从中不难发现,学者们关于人力资本的总体认知是趋同的,即:人力资本存在高低层级,各层级人力资本效能存在差异。各种类型人力资本的作用是不同的,而且每一种类型的人力资本都是不可或缺的,任何一种类型的人力资本都要与其他类型的人力资本互相配合才能促进整个区域健康地发展(张国钦,2010)。某类人力资本的相对缺乏将打破资本的合理配置状态,削弱彼此间的协同、互补效应,不利于人力资本的有机组合,降低了其效率和价值。此外,人力资本结构失衡将不利于未来人力资本与物质资本的进一步积累,从而对经济增长产生负向作用(Fishman & Simhon,2002)。因此,人力资本结构必须与经济、社会发展状况相适应。

知识经济时代下,技术的快速进步从客观上加大了我国对高层次人力资本的需求。我国属于非技术前沿国家,技术进步主要依赖于对世界前沿技术的吸收和模仿,高层级、专业化的人力资本是吸收和模仿的主要实行者,他们对新技术的模仿能力都要明显强于中、低层级的人力资本。高等教育程度的劳动力对新技术有较强的领悟和适应能力,他们对新技术的排斥性更少。中等教育文化程度的人力资本,由于缺乏大学的专业教育,他们对新技术的适应和模仿能力相对较弱,还没有达到技术模仿的"门槛水平",对于技术进步来说,他们过早地中止了教育过程,是一种不成熟的人力资本(彭国华,2007),因此在经济发展中,只能作为简单的劳动力要素投入。有实证研究发现,通过职业教育,高等教育培养起来的高素质劳动者,正在对中国经济增长和可持续发展起到不可忽略的推动作用(冯晓等,2012)。

尽管如此,我国当前的人力资本状况还远不能适应知识经济发展的要求,这集中体现在劳动力市场上的两个失衡:一般劳动力供过于求;具有较高素质和技能的劳动力(即具有较高人力资本量)供不应求,特别是高技术人才、风险管理、企业经营者严重匮乏。为了量化这一影响,作者通过计算人力资本基尼系数来衡量不同层级人力资本配比的合理性。其取值范围是0~1,数值越高,意味着人力资本大量集聚在少数人群当中,表明各级教育人口数量的比例不协调;数值越低,说明人力资本在人群当中的分布较为均衡,各级教育人口数量的比例较为合理。许多研究中,均采用基尼系数衡量人力资本内部结构的合理性。

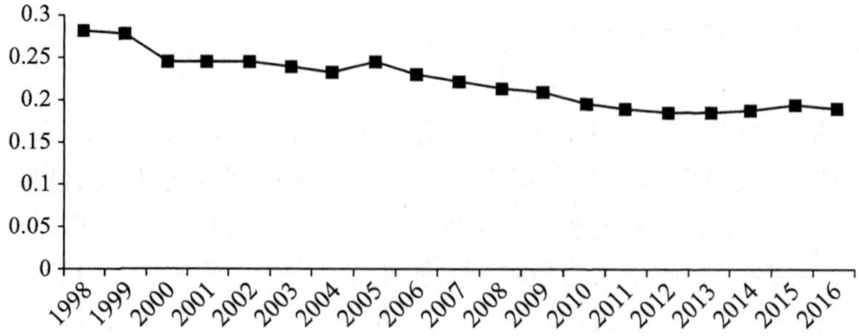

图 1-4　我国人力资本基尼系数

图 1-4 是我国 1998～2016 年人力资本基尼系数变化情况(关于我国历年人力资本基尼系数的计算详见附注五)。20 世纪 90 年代末,我国人力资本基尼系数保持在 0.28 左右的较高水平。随着高教扩招政策的实施,越来越多的个人有机会接受高等教育。受此影响,进入 21 世纪以后,人力资本基尼系数逐年稳步下降,最低至 2013 年的 0.18,之后有略微反弹。总体而言,由于我国教育的快速发展,人力资本结构在近年来得到了较大改善,但与理想状态还相去甚远,特别与发达国家相比,这一数值明显偏高。数据显示,1980 年,美国的人力资本基尼系数便已为 0.08,体现出我国人口受教育程度均等化水平与发达国家间仍存在巨大差距(李亚玲,汪戎,2006)。

人力资本结构对经济发展的影响是显著的,如图 1-5 所示,它与对数化 GDP 间有着显著的负向关系,具体表现为:

$$\text{Ln(GDP)} = 15.167 - 16.462\text{Gini}$$

$$R^2 = 0.910, F = 172.236$$

由上式可以得到,人力资本基尼系数降低 0.1,将促进 GDP 增长 1.65 个百分点。考虑到我国当前人力资本结构还处于非理想的水平,由此带来的人力资本价值损失可见一斑。

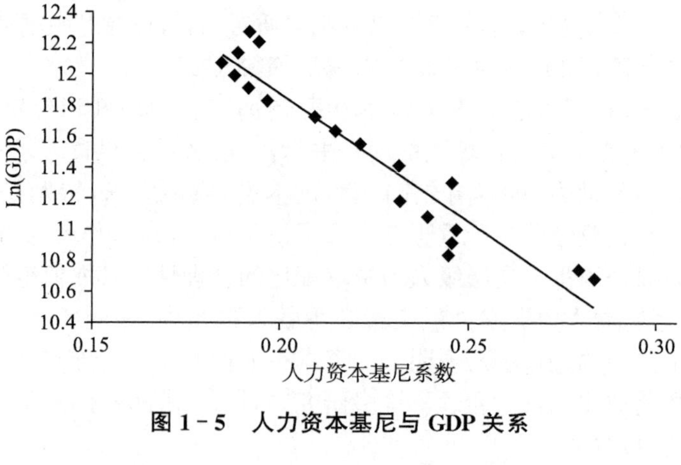

图 1-5　人力资本基尼与 GDP 关系

综上所述，从宏观上看，我国当前面临的人力资本贬值威胁是突出和严峻的，随着不确定性的增加，未来导致人力资本贬值的因素将越来越多，其产生的影响也将更为广泛和显著。处理好人力资本贬值问题是个人乃至国家的当务之急。然而，任何宏观现象均以微观活动为基础，宏观是微观在时空数量上的延伸和扩大，宏观人力资本贬值问题是微观人力资本问题的聚合与集中体现。人力资本承载于个人，并以各类组织为价值的最终实现场所。因此，要从根本上预防和应对人力资本贬值，组织管理手段必不可少，如何构建科学、合理的人力资本管理体系来达到这一目的便成为本书的研究主题。需要指出的是，本书提到的预防和应对人力资本贬值问题，绝不是以阻碍技术进步、组织变革等违背经济社会发展规律的手段，来达到维持现有人力存量和价值的目的，而是通过恰当的管理手段，增强员工对新知识、技能的获取与吸收，缩短人力资本更新周期，加速员工对组织内、外部环境变化的适应及磨合。后续章节将就这一问题做更为深入的探讨和分析。

第二章 人力资本贬值研究回顾

当前人力资本贬值主要包含经济学与管理学两条研究路径：前者将人力资本贬值概念引入经济学模型中，探究其对人力资本存量与个人收入的影响；后者从组织管理角度出发，分析了人力资本贬值的影响因素、发生机理、后效作用等内容。两者侧重各异，互为补充，从不同视角拓展了人力资本贬值的研究边界，丰富和深化了相关内容。本章将分别从这两个视角，对现有人力资本贬值研究进行回顾与梳理。

第一节 经济学视角下的人力资本贬值研究

一、理论形成与发展

（一）理论溯源

经济学领域对人力资本贬值现象的关注由来已久，18 世纪后期工业革命导致的"技术性失业"，以及 20 世纪后期针对"技能溢价"现象提出的"技能偏向的技术进步"，都蕴含着人力资本贬值的基本思想。

技术性失业（Technological Unemployment）：18 世纪后期，以蒸汽机的发明为标志，世界工业革命自英国开始。随着工业化的推进，工厂手工业逐步向机器大工业转变。手工业工人不断被机器替代而失业，对机械化和自动化产生恐惧与憎恶，甚至在 19 世纪初爆发了捣毁机器的勒德暴动（Luddite Riot）。在此背景下，技术进步与就业的关系成为经济学家关注的焦点，并形成两种观点：一种强调技术进步的补偿效应（Compensation Effects），认为技术进步在造成失业的同时也创造了新的就业机会，可以抵消其对就业的负面影响；另一种则认为，补偿机制不会完全有效，技术进步将引发技术性失业（Vivarelli，2007）。两种观点一直争论至今，但 Feldmann（2013）通过文献回顾发现，近期研究多基于后一种观点，认为技术进步会在一定条件下增加失业。有关技术性失业的讨论是人力资本贬值研究的萌芽。

技能偏向的技术进步(Skill-Biased Technological Change)：20 世纪下半叶，在美国及其他 OCED 国家，伴随着技术进步以及包含前沿技术的设备投资大规模增长，劳动力市场对技能型劳动力(Skilled Worker)的需求大幅度上升，而对非技能型劳动力(Unskilled Worker)的需求有所下降，两种劳动力之间的工资差距随之扩大。尤其到 1970 年后，两者的收入呈现两极化态势，产生了“技能溢价”(Skill Premium)。劳动经济学家将这种使劳动力需求转向技能相对更高的劳动者的技术变化称为技能偏向的技术进步，并普遍认为是它导致了报酬非均等化程度加剧（Acemoglu，2002；Hornstein 等，2005）。技能偏向的技术进步不仅降低了低技能劳动力的市场需求和收入，意味着低技能劳动力的技能失去价值，同时也带来技术升级与相应的组织变革，从而会降低高技能劳动力原有技能的适用性。这些都是之后人力资本贬值研究关注的主要内容。

（二）理论正式提出与确立

经济学领域对人力资本贬值的直接关注源于 20 世纪 60 年代，在人力资本理论(Human Capital Theory)建立后人们对个体人力资本投资与收入生命周期的研究。Schultz(1961)在探究 1929～1957 年美国经济增长之谜时发现，教育投资对宏观经济增长的促进作用远胜于物质资本和体力劳动数量的增加。通过教育获得的知识和技能遂被视为一种重要的资本形式(即人力资本)而得到广泛关注。劳动经济学研究将该理论用于解释个体在教育、健康、迁移等方面的行为，认为这是个体为了获得未来收益进行的理性投资，并把人力资本投资的时间分布与收入相联系提出了收入的生命周期(也称“年龄—收入分布”)——个体收入在起初一段时间内为 0，然后以递减的速率增长，在一定年龄达到顶峰后开始下降(Ben-Porath，1967；Becker，1962，1964；Mincer，1962，1974)。收入下降意味着以收入衡量的人力资本价值的降低，相关研究将其归因于两方面：一是随着时间推移，个体因衰老而体力减退，先前掌握的知识技能也可能因遗忘或退化而产生损耗(Ben-Porath，1967)；二是人力资本的代际效应(Vintage Effects)，指知识技能的有效性会随着时代和社会环境改变而降低(Becker，1964；van Imhoff，1988)。这奠定了经济学领域对人力资本贬值最基本的认识。

20 世纪 70 年代，人力资本贬值现象逐渐得到重视。一方面，有研究开始对人力资本贬值相关现象进行概念界定和区分。例如，Moreh(1973)将人力资本为个体带来收入的能力随时间推移而降低的现象统称为人力资本贬值(Human Capital Depreciation)，包括体力衰退、知识遗忘、技能退化、技术过时等。Rosen(1975)则认为，过时(Obsolescence)与贬值(Depreciation)虽然都是人力资本价值的降低，但过时由知识更新和技术变革引起，贬值是个体精力和体力随年龄增大而衰退，以及运用知识技能的能力随之减弱。Neuman 和 Weiss(1995)将人力资本贬值分为内部(Internal)与外部(External)两类。内部贬值是劳动者自身原因导致的生理和心理能力方面的损失；外部贬值是环境变化引起的劳动者市场价值降低。另一方面，有关人力资本贬值率测算的研究相继出现，例如，Mincer 和 Polachek(1974)、Mincer 和 Ofek(1982)、Carliner(1982)、Albrecht(1999)等均在 Mincer(1974)构建的人力资本收入方程的基础上加入贬值因素估算了不同群体的人力资本贬值率。Groot(1998)也提出一种计量方法，但未考虑个体进入劳动力市场后的人力资本投资以及潜在收入的不可观测性，Arrazola 和 de Hevia(2004)对其进行了改善。关于贬值率计量的具体内容将在后面详细介绍。概念界定与计量方法两方面研究的展开意味着人力资本贬值理论正走向成熟。

人力资本贬值理论的正式确立是以 de Grip 及其同事在 21 世纪最初几年的一系列研究为标志。van Loo、de Grip 和 de Steur(2001)提出目前经济学领域最为完善的人力资本贬值分类框架，并就其产生原因和应对策略进行了分析与验证。de Grip 和 van Loo(2002)在该分类框架下从概念、原因和测量三方面梳理了先前相关研究，de Grip(2004)又对其进行了补充和完善，从而形成完备的人力资本贬值理论体系。在该体系下，人力资本贬值被分为技术性(Technical)与经济性(Economic)两大类。技术性贬值是人力资本存量的损耗，包括体能衰退(Wear)与技能退化(Atrophy)。前者由人的自然衰老、受伤或疾病所致，后者指知识技能因闲置或未充分利用而生疏或遗忘。经济性贬值是人力资本经济价值的降低，包括岗位专用性技能贬值、公司专用性技能贬值与职业/行业专用性技能贬值三类，分别指专用于特定岗位、公司、职业或行业的知识技能因工作要求或环境改变而失去原有价值或价值降低。该分类为经济学领域的人力资本贬值研究提供了统一的概念基础和分析框架，被后续研究广泛引用。本书为方便起见，取技术性与经济性两类贬值的英文表达首字母将其简称为“T & E 框架”。

根据 T & E 框架对人力资本贬值的分类，经济学人力资本贬值研究按照研究主题可归纳为四类：第一，工作条件对个体体能损耗的影响；第二，技能闲置与退化的关系；第三，技能过时的影响因素；第四，劳动力市场需求改变或公司倒闭与相关专用性技能贬值的关系。

1. 工作条件对个体体能损耗的影响

van Loo 等(2001)是目前唯一关注体能损耗影响因素的研究者。他们基于荷兰就业人口的横截面数据发现，对生理和精神要求较高的工作条件会增加体能损耗的风险。研究中选取的工作条件有三类：一是力量、噪声、气流、温度等物理环境；二是压力、耐力等精神要求；三是相同简单工作的重复性。体能损耗以劳动者因工作造成长期伤病假而退出工作的概率测量，由劳动者自己汇报。研究结果表明，三类工作条件对与工作相关的长期病假有显著的正向影响。

2. 技能闲置与退化的关系

技能会因闲置而退化，这一点已被心理学领域有关技能衰退与保留(Skill Decay and Retention)的研究证实。此类研究表明，个体通过学习和培训获得的知识技能如果没有机会实践巩固或者闲置不用(Nonuse)，一段时间后就会生疏和遗忘(Arthur 等，1998)。基于此，经济学相关研究主要探讨了就业和非就业两种情形下的技能闲置与退化，并揭示了影响两者关系的相关因素。

3. 技能过时的影响因素

技能过时是经济学研究关注最早，且讨论最为广泛的一类人力资本贬值现象。如上文所述，技术性失业研究所探讨的机器对人工的替代，以及技能偏向的技术进步研究所探讨的高技术对低技术的淘汰，在实质上均为技能过时。另有许多研究专门探讨了技术进步与组织变革引发的技能过时。Rosen(1975)将技能过时归因于人力资本的代际效应，认为过时的产生主要有两方面原因：第一，社会不断发展，适用于不同时代和环境的知识技术会一代一代地改变，如生产变革使先前的技能变得不再有用；第二，随着知识技术的不断发展和更新，先前的一些知识技术被证明是不正确的，低效的，或者并没有如先前所认为的那样具有广泛适用性。在这两种情形中，劳动力市场所需技能发生变化，资本损失被强加于那些拥有先前知识和技术的个体身上。此外，Rosen 还指出，学习和教育方法方面的革新也会导致人力资本贬值。若这种革新使得对于特定技能的学习变得更加高效，则将减少学习成本，从而降低劳动力市场上这些技能的均衡价格。

4. 劳动力需求改变或公司倒闭导致的职业/行业/公司专用性技能贬值

经济学研究关注的公司或职业/行业专用性人力资本贬值影响因素主要是经济结构调整、劳动力市场需求变化、公司破产倒闭等原因导致的个体更换行业、部门、职业或公司。例如，Van Loo 等(2001)将荷兰有关个体员工的截面数据与有关雇用结构变化的总体数据相结合发现，部门结构的变化以及雇佣的职业结构的变化都不会增加员工失业或退出劳动力市场的风险。然而，需要多种教育的劳动力需求变化的确增加了劳动者失业或退出的风险。Van Loo 等还分析了个体的三种工作流动(流动到相同部门不同公司的类似职位、相同部门不同公司的不同职位、不同部门不同公司的不同职位)是否会恶化其技能对于工作的适用性(由个体自己汇报)。结果表明，员工的流动会导致与先前工作相关的公司专用性、职业专用性和部门专用性技能的过时。

5. 其他研究内容

有关人力资本贬值的影响因素，除上述内容外，Alders(2005)还讨论了生育率变化对技能过时的影响，并以此解释了生育率下降为什么会导致老年劳动者的劳动力市场参与率下降。研究结果表明，生育率降低会引起劳动力稀缺，刺激人力资本积累；人力资本积累又会带来技术快速发展和创新，从而加速老年劳动者原有人力资本的过时，降低其受雇能力。此外，部分研究也讨论了人力资本贬值可能产生的影响。例如，Görlich 和 de Grip（2007，2009）基于职业的性别区分理论探究了与家庭相关的职业中断（Family-related Career Interruptions）导致的人力资本贬值对劳动者择业的影响。研究结果表明，职业中断期间的短期人力资本贬值在女性职业中显著低于男性职业，因而女性会故意选择女性职业。Allen 和 de Grip（2007，2012）从动态视角考察了技能过时与失业的关系。不同于传统静态观点认为技能过时会导致员工失业，Allen 和 de Grip 发现员工感知到的技能过时对失业并无显著影响，因为他们会更多地参与培训，这反而降低了失业的风险。Pavoni（2009）将人力资本贬值因素引入标准最优失业保险设计模型，以优化失业保险设计，使失业人员既能得到适当的补助，又不至于因得到失业救助而退出劳动力市场造成社会劳动力损失。Heimerl 和 Kolisch（2010）讨论了考虑人力资本贬值因素情况下的多技能人力资源（Multi-skilled Human Resource）工作分配问题。

二、人力资本贬值率计量

（一）计量方法

由于人力资本的特殊性，贬值率的确定同样具有理论上和实践上的难度，有的研究刻意回避了这一问题。在我国，部分学者在计算各地区人力资本存量时对贬值率有过粗略估计。如孙景蔚（2005）使用劳动者日常教育保健费用来衡量人力资本贬值情况；侯风云（2007）在研究中假设人力资本折旧年份为 21 年，人均每年人力资本折旧量可表示为：人力资本形成年数/人力资本折旧年数，而人力资本贬值率就等于每年人力资本折旧量除以折旧年数，上述方法计算所得折旧率为 9.98％。钱雪亚、王秋实等（2008）将人力资本视为一般性知识和能力以及专业性知识两类，前者为小学、初中、高中教育投资积累形成的人力资本，其受益年限为整个劳动适龄周期，大约为 42 年；后者指职业教育、技工教育、中等专业教育、普通高等教育和各类专业培训投资等形成的人力资本，其受益年限为一般性知识的一半，为 21 年。在上述假设基础上，基于永续盘存法原理，学者们计算得到一般性人力资本折旧率为 3.66％，专业化人力资本折旧率为 7.19％。上述研究为人力资本贬值率计算提供了新的思路，但方法略显粗糙，需要借助于额外假设，与国外主流利用收入方程计算人力资本贬值率的方法存在较大差异。

在国外，收入方程法是学者们用于人力资本贬值率计量研究的主要工具，它将个人收入视为人力资本价值最直接体现，通过在模型中设定相关参数，利用微观个人数据和回归方法计算出贬值率数值。因此，不同研究间的差别主要在于所建立的收入模型与相对应的假设。本书在对相关文献梳理的基础上，将用于人力资本贬值率研究的收入方程归为如下三类。

1. 收益能力模型

此类模型中，收益能力表示一定时期内个体所有时间均用于盈利活动所能获得的收入，它由个人初始收益能力——进行人力资本投资前所拥有的"原始"收益能力，以及后续教育和工作经历所决定。模型基本形式为：

$$\ln E_t = \ln E_0 + \sum_{i=0}^{t-1}(rk_i - \delta_i)$$

其中，E_t 为收益能力；E_0 为初始收益能力；r 为人力资本投资回报率；k 为人力资本投资比例，表示人力资本投资成本占收益能力比重；δ_i 为各时期人力资本贬值率。不同收益能力模型间的主要区别在于对参数的处理。

第一类为 Mincer 收入方程，它由美国经济学家 Jacob Mincer 首次提出。在我国，其主要用于不同类型教育收益率的计算；在国外，也有学者将其用于人力资本贬值率研究。一般形式 Mincer 收入方程缺陷在于未考虑工作中断对个人收入所产生的影响，而大部分人的工作经历通常是不连续的，典型情况如女性生育产假、适龄青年参加兵役等等，其对个人收入的影响已得到诸多学者的证实。针对上述问题，Mincer 对收入方程进行了细化处理，将个人工作经历拆分为多个阶段，并假设各时期人力资本投资收益率及人力资本贬值率都是固定的，从而得到修正后收入方程：

$$\ln Y_t = E_0 + (rs - \delta_s) + (rk_1 - \delta_1) \cdot e_1 + (rk_h - \delta_h) \cdot h + (rk_3 - \delta_3) \cdot e_3$$

其中，s 为教育时期；e_1 为职业前期；h 为职业中断期；e_3 为职业后期。自变量系数代表各时期人力资本投资净回报率，可由线性回归得到。根据理论假设，自变量 h 系数应为负值，但由于参数难以分离，故不能做出对人力资本贬值率的准确估计，而只有在假设工作中断时期人力资本投资比例为 0 的前提下，才能得到该时期人力资本贬值率数值。人力资本贬值率的不可识别性是 Mincer 收入方程在此类研究中的最大局限。

Neuman 和 Weiss(1995)拓展了 Mincer 收入模型，试图将由技术进步或组织变革等外部因素所引起的人力资本贬值从模型中识别出来。他们认为，外部环境变化引起的贬值对个人的影响是不一样的，其对技术高度密集型行业工人的影响要更为严重。为了验证这一观点，他们拓展了 Mincer 收入方程，在模型中加入教育年限和工作经历的交互项、行业虚拟变量，及其和自变量之间的相互项。同时，贬值率被拆分为如下形式：

$$\delta = \delta_0 + \delta_S S(1 + \delta_h)$$

δ_S 与 $\delta_S\delta_h$ 的数值可以根据回归方程中对应项相关系数得到；而 δ_0 则要在对后续教育投资回报率(Return on Educational Post-school Investment)、

收入峰值时点(Peak of Earnings in Terms of Years of Experience)及工作生命时长(Length of Working Life)进行合理假设的基础上估计得到。由此可见,利用拓展后 Mincer 收入模型虽然可以测算出人力资本贬值率,但仍要以额外假设为前提,计算方法也较为间接。

第二类为 Jonhson 收入方程,主要用来研究人力资本投资回报率,其对各参数的简化处理使得人力资本贬值率能够被直接测算出来。其中,人力资本投资回报率和人力资本贬值率均假设恒定不变;同时人力资本投资比例在正式教育阶段假设为 1,工作阶段将随年龄增长呈单调递减趋势,至退休时为零,即:

$$k(t)=\begin{cases}1 & t\leqslant S\\ A-\dfrac{A}{(T-S)}(t-S) & t>S\end{cases}$$

模型中 S 为正式教育结束时间;A 为工作第一年的人力资本投资比例;T 为退休年龄。最后,模型中个人实际收入被表示为其投入到盈利活动中的收益能力。与前者相比,Jonhson 收入方程未考虑工作中断情况,且对模型中各参数均作出了较强假设,不像 Mincer 收入方程那样更贴近现实,但其在贬值率计量方面操作性更强。

2. 人力资本最优积累模型

此类模型以人力资本最优积累理论(Optimal human capital accumulation)为基础,它被经济学家们广泛用于分析个人收入的研究当中。该理论认为个体在一生中面临着人力资本配置问题:一来,个人可以选择将人力资本投入到生产经营活动当中,以此获得经济收入;二来,也可以选择将人力资本投入到学习、培训等活动当中,扩大人力资本存量,增加未来潜在收入。而个体通常是理性的,他们在各个时间点对人力资本的配置理应满足个人利益最大化目标。

根据该理论,Ben-Porath(1967)构建了收入生命周期(Life Cycle of Earning)模型,将个人收入视为人力资本租金,并将各期人力资本产出量表示成为 C-D 生产函数形式:

$$Y_t=\alpha_0 H_t \qquad Q_t=\beta_0(S_tH_t)^{\beta_1}D_t^{\beta_2},(0\leqslant S_t\leqslant 1)$$

其中,t 为时间;α_0 为单位人力资本回报;H 为人力资本存量;S 为投入到学习、培训中人力资本的比例;D 为其余投入。因此各期人力资本存量变化及人力资本再生产成本 I 可以表示为:

$$\dot{H}_t=Q_t-\delta H_t \qquad I_t=\alpha_0 S_tH_t+P_dD_t$$

δ 为人力资本贬值率;P_d 为其他资源的单位价格。在上述条件下,个人追求可支配收入现时价值最大化转变为以下最优问题,其中 r 为折现率:

$$\text{MAX}\,W_t=\int_t^T e^{-rt}[\alpha_0 H(v)-I(v)]dv\text{ ;约束条件为: }\dot{H}_t=Q_t-\delta H_t$$

利用汉密尔顿函数求解此类最优控制问题，即可得到人力资本最优积累路径；在此基础上，通过建立各时期人力资本与收入间相关关系得到收入方程。

Heckman(1976)在 Ben-Porath 的基础上，将"休闲"(leisure)的概念引入到模型中。他认为，"休闲"和消费(consumption)一样，同样会给个人带来效用。由之前分析可知，工作和教育决定了个人的收入，收入越高，消费所能带来的效用也就越大；而"休闲"所带来的效用则取决于人力资本在此项活动中的投入程度。因此，最优化问题即转变为如何将人力资本合理分配至三项活动中从而使得个体效用函数最大化。显然，Heckman 的模型更贴近现实，但由于其复杂性，未能得到广泛应用。除此之外，Haley(1976)、Wu(2007)也利用最优化方法针对个体收入进行了不同研究，且模型均涉及人力资本贬值。

基于人力资本最优积累理论所构建的收入方程主要取决于两个方面——最优化问题的建立及其对应的约束条件。现有研究关于后者的设定较为一致，均与 Ben-Porath 模型相同，主要区别在于对前者的假设。其中 Ben-Porath(1967)、Wu(2007)在构建收入方程时将最优化问题设定为最大化个人未来可支配收入的现时价值；Haley(1976)设定的最优化问题为最大化个人一生可支配收入的现时价值；而 Heckman(1976)则将最优化问题设定为最大化个体一生的现时效用。

3. 教育年限收入模型

第一类模型引入了收益能力概念，将人力资本投资结果转化为个体收益能力的增加，从而简化了人力资本和个人收入之间的关系；第二类模型则采用最优化方法将人力资本存量表示为其他参数的非线性组合，从而避免了对人力资本存量的直接度量；下文所介绍的第三类模型则基于人力资本存量与个体受教育水平间的正向关系，利用教育年限近似替代人力资本存量，虽然教育年限法得到了广泛应用，但其忽略了教育质量、个体差异等诸多因素对人力资本形成的影响，其准确性饱受质疑。

Groot(1998)利用教育年限法，建立了人力资本存量和个人收入间的线性关系。模型中，教育年限为 S 的个人，其人力资本存量在正式教育结束后第 T 年变为 $S(1-\delta)^T$。因此收入方程可表示为以下基本形式：

$$\ln Y_t = \alpha_0 + \alpha_1(1-\delta)^T S + \alpha_3 X + \mu_i + \varepsilon$$

其中，$\ln Y_t$ 是个人收入的对数形式；X 为个体特征变量。需要指出的是，模型中 μ_i 代表个人因素对收入的影响，将导致参数估计有偏。因此为了保证参数估计的有效性，Groot 利用一阶差分法，消除了模型所存在的内生性问题；另外，考虑到教育年限和人力资本贬值间可能存在的相关性，贬值率被表示成为了教育年限的一次函数形式。

Groot 模型缺陷在于未能考虑人力资本形成的"干中学"模式，忽略了工作中形成的经验及培训对人力资本积累的贡献，仅仅将个人收入视为正式教育所得回报。对此，Arrazola 等人(2004)在 Groot 的基础上，将正式教育后人力资本投资引入到模型当中，并假设工作期间每年人力资本增量将随工作年限的增长呈线性下降趋势。另外，由于各级教育对人力资本贡献程度的不同，简单的线性假设可能难以准确描述教育年限和人力资本存量之间的关系，因此 Arrazola 等将初始人力资本存量——正式教育所形成的人力资本存量，视为教育年限的二次函数，并将个人收入表示为人力资本的指数形式。

人力资本反应的是收益能力，后者指一定时间内个体能获得的最大收入。一般情况下，除工作外，个体会将一部分时间用于人力资本投资，因此其实际收入往往小于收益能力。基于此，Weber(2009)在研究中将个人实际收入表示为收益能力与工作所占时间比例的乘积，从而进一步修正了 Arrazola 模型。

当然，收入方程法具有其局限性，它计算人力资本贬值率依赖于个体收入和人力资本间一一对应的变化关系，因此其最大缺点在于难以完全剔除其他因素对于个人收入的影响，而这将最终影响到贬值率估计结果的精确性。影响因素可以分为两类，一类为可量化因素，如：职业、地区、企业性质等等，通常学者们会采用设置控制变量的方法消除其对个人收入的影响；另一类为不可量化因素，即下文将介绍的收入增长的自然效应及天生能力对个人收入的影响，对此类因素的影响，大部分研究采取了回避的态度，但也有一些学者对其进行了处理。

一类是收入变化的自然效应。个人收入变化影响因素有很多，即使对于那些固定职业或岗位的个体而言，其收入通常会随着工作经历的延长而自然增加。一方面，工作中经验和知识的不断积累，为个人收入的增长奠定了人力资本基础；另一方面，收入增长还具有自然效应，即由非人力资本投资引发的个人收入增加。例如，企业通常会按照工作年数给予员工一定的经济补偿，如工龄工资等，而这部分收入只与工作年限有关，不能视为人力资本回报所得，若不剔除，将导致贬值率估计出现偏差。除此之外，类似因素还包括经济发展对个人收入的促进作用、政府相关政策的影响等等。

针对上述情况，Johnson(1970)在研究中假设这种效应对年龄越大个体的影响越为显著，因此在收入相同的条件下，除去自然效应，个人实际收益能力与年龄呈反比关系，即：

$$\frac{\mathrm{d}E(\theta,t)}{\mathrm{d}\theta}=-g(\theta)E(\theta,t)$$

其中，θ 为群组年龄，定义为个体在基准时间点的实际年龄；$g(\theta)$为非人力资本投资引发的个体收入变化函数。对等式两边同时积分即得到去除自然效应后的个人实际收益能力，将其带入原有模型中得到修正后收入方程。采用类似处理方法的还有 Haley(1976)。

另一类是天生能力对个人收入的影响。个人天生能力同样对收入存在影响。实际情况中,我们常能够发现两个教育程度相同、工作经历类似、从事岗位接近的个体间,收入仍存在较大区别,而这主要归结于不同个体天生能力的差异。由于个人天生能力不容易量化,且难以找到合适的代理变量进行替换,因而大多数研究均忽略了能力因素的影响,这将导致人力资本贬值率计量结果产生偏差。

当然,也有学者对此作出了有益尝试。Johnson(1970)认为不同群体间个人原始收益能力存在区别,因此他将研究对象按种族、区域及受教育程度分为多个小组,并对每组样本的原始收益能力进行了单独计算;Groot(1998)在研究中假设个体天生能力对各个时期收入的影响都是相同的,因此利用一阶差分法就可以将个人收入的变化表示为人力资本变化的结果,从而剔除能力因素对收入的影响。

（二）计量结果

目前人力资本贬值率计量研究主要在欧美国家展开,依据各类收入方程计算得到的各国人力资本贬值率在 1%～21%之间。除此之外,学者们在研究中还考查了不同群体间人力资本贬值率的差异,并进行了分析。

最早在研究中计算出人力资本贬值率的学者是 Jonhson(1970),他在利用收入方程估算人力资本投资回报率的同时也得到了人力资本贬值率的计量结果。研究中,Jonhson 将样本按地区、种族及教育情况细分为 36 组,并利用经 Hanoch(1967)拟合修正过的 1960 年美国人口普查数据,计算得到不同群体人力资本贬值率在 4.6%～13.3%之间。受截面数据所限,第一次研究 Jonhson 未能排除收入变化自然效应所带来对参数估计的误差,得到的人力资本贬值率高于理论值。第二次研究中,Johnson(1974)对模型作出了改进,并利用美国人口调查报告上 1956～1966 年个人收入数据对修正后模型中各参数进行了重新估计,所得人力资本贬值率均小于先前研究结果,为 1.0%～3.4%。

为了探究人力资本积累对女性收入的影响,Mincer,Polachek(1974)构建了著名的 Mincer 收入方程,并特别强调了工作中断的概念,指出该时期人力资本不能给个人带来经济收入,处于贬值状态。利用美国工作情况调查(NLS)数据,Mincer 和 Polachek 测算得到美国女性工作中断期间人力资本贬值率为 0.2%～4.3%。需要指出的是,该数值实际表示人力资本投资回报率与人力资本贬值率之差,但考虑到工作中断时期个体通常不会进行人力资本投资,因此可以近似得到该阶段贬值率数值。

Mincer 收入方程提出后,许多学者以此为基础对各国人力资本贬值情况进行了研究。Kunze(2002)考查了不同类型工作中断对个人收入的影响,结果发现德国女性生育产假期间人力资本贬值率为 31.8%,远远高于其他类型工作中断所导致的人力资本贬值。Görlich，de Grip（2008）重点对家庭因素工作中断造成的人力资本贬值率进行了计算。研究在区分不同类型工作中断的基础上，按照职业种类、技能要求及工作中断持续时间对贬值率作出了进一步细化。结果显示，各类工作中断导致的人力资本贬值率在 0.2%～5.3%之间，其中高技能男性职业人力资本贬值率要显著大于女性职业；低技能职业间这种差异并不明显。除了以上研究之外，还有其他学者（Neuman，Weiss，1995；Beblo，Wolf，2002；Edin，Gustavsson，2008）也利用 Mincer 收入方程对人力资本贬值率进行了计算，鉴于篇幅所限，在此不一一介绍。

人力资本最优理论是学者们研究个人收入的另一视角，其开创性研究为 Ben-Porath（1967）建立的收入生命周期（Life Cycle of Earning）模型，它为之后许多学者的研究奠定了基础。Heckmen（1976）在 Ben-Porath 的基础上，认为“休闲”同样能产生效用，因而将其引入到原始模型中，对模型进行修正。基于 1960 年美国人口普查数据，Heckmen 在原始模型及修正后 Ben-Porath 模型的基础上，分别对数据进行了处理。结果显示，利用原始模型得到的人力资本贬值率为 8.9%，而利用修正后 Ben-Porath 模型得到的贬值率为 3.7%。由此可见，即使在数据来源相同的情况下，不同收入方程计算得到的人力资本贬值率仍存在较大差异，因此不同的收入方程构建思路对人力资本贬值率计量结果可能有较大影响。

Wu（2007）试图从人力资本角度解释美国种族及性别间收入的差异。在研究中，样本被分为白人男性、白人女性、黑人男性、黑人女性四类。基于 Ben-Porath 模型及美国青年调查数据（NLSY），Wu 计算得到这四类群体的人力资本贬值率分别为 11.6%、13.2%、18.1%及 12.4%。该结果要远高于 Heckmen（1976）的研究，Wu 认为，一方面，样本年龄位于 14～21 岁之间，这可能说明了人力资本贬值在青年时期要更为严重；另一方面，考虑到技术进步逐年加快，使用近期数据得到的人力资本贬值率较大也在情理之中。

20 世纪 90 年代后期，有学者们开始利用基于教育年限的收入方程来计算人力资本贬值率。Groot（1998）在模型中将人力资本表现为教育年限形式，从而建立收入方程。利用英国家庭调查数据（BHPS）及荷兰战略劳动力市场组织调查数据（OSALMS），Groot 对这两个国家的人力资本贬值率进行了计算。结果表明，英国人力资本总体贬值率为 10.6%，其中男性要高于女性，前者为 13.6%，后者为 9.1%；荷兰人力资本总体贬值率为 17.3%，其中男性为 21.0%，女性为 17.2%。另外，研究还发现人力资本贬值率和教育程度之间存在反向关系。

表 2-1 人力资本贬值率计量结果

学者	数据来源	贬值率	
		男性	女性
Johnson (1970)	1960 美国人口普查数据	4.6%～13.3%	
Mincer, Polachek (1974)	美国工作情况调查数据		0.2%～4.3%
Johnson, Hebein (1974)	美国人口调查报告	1.0%～3.4%	
Heckman (1976)	1960 美国人口普查数据	3.7%～7.0%	
Haley (1976)	美国人口调查报告	0.5%～4.3%	
Groot (1998)	英国家庭调查数据;荷兰战略劳动力市场组织调查数据	13.6%～21.0%	9.1%～17.2%
Kunze(2002)	IBA 就业样本数据	1.9%	3.0%～31.8%
Arrazola, de Hevia (2004)	欧洲家庭调查数据	1.2%	
Wu (2007)	美国青年调查数据	11.6%～18.1%	12.4%～13.2%
Görlich, Grip(2008)	德国经济社会调查数据	0.2%～5.3%	
Weber(2009)	瑞士劳工调查	1.0%	1.8%
黄维德、柯迪(2013)	调研数据	6.2%	7.0%

资料来源:根据相关文献整理。

由于 Groot(1998)模型只考虑了正式教育阶段所形成人力资本对个人收入的影响,Arrazola 和 de Hevia(2004)对此进行了修正,将工作中形成的人力资本也引入到收入方程中。在此基础上,利用欧洲家庭调查数据(ECHP)中西班牙国家统计局的数据,Arrazola,de Hevia 对本国 16～65 岁,在私营部门工作的男性人力资本贬值率进行了计算,结果为1.2%。同时,为了探索教育程度和人力资本贬值率间的关系,学者们在对贬值率参数按教育层级进行了拆分的基础上,再次对数据进行了处理,但未发现两者间存在直接联系。在 Arrazola 模型的基础上,Weber(2009)利用瑞士劳工调查数据(SLFS)对本国人力资本贬值率进行了计算,其中男性为 1%,女性为 1.8%。在对贬值率参数的拆分上,Weber 发现,瑞士劳动者教育程度越高,人力资本贬值率越低。

黄维德等(2013)利用上海市科技工作人员调研数据,基于 Johnson 收入模型计算了该类人员的人力资本贬值率。结果显示,上海市男性科技工作人员的人力资本贬值率为 6.2%,低于女性的 7.0%。但在人力资本投资回报率方面,女性为 17.8%,要高于男性的 17.0%。表 2-1 是对现有人力资本贬值率计算结果的总结。

（三）人力资本贬值率影响因素

人力资本贬值率的差异性也是学者们研究的重点之一，其中人力资本贬值率在不同职业间以及不同程度受教育水平群体间的差异受到了学者们较多关注。

1. 人力资本贬值率在职业间的差异

现实生活中，某些职业多为男性从事，如：专业技术人员等；某些职业则多为女性从事，如：服务人员等。上述现象的出现除了生理原因及文化风俗外，也有学者试图从人力资本贬值角度对此进行解释。

Polachek（1981）提出了职业分割（Occupational Segregation）理论，对人力资本贬值和职业选择间的关系作出了假设。他认为女性受生育或家务影响，其工作中断频率要高于男性，因此她们在寻求工作时，会充分考虑由此带来对个人收入的负面影响，倾向于选择那些能够最小化工作中断损失的职业。因此女性职业的人力资本贬值率应低于男性。Görlich，de Grip（2008）的研究发现，在德国，高技能（High-skilled）女性职业的人力资本贬值率确实要低于男性，该结果支持 Polachek 的理论；但在低技能（Low-skilled）行业中，男、女性职业人力资本贬值率并不存在明显差异，职业间出现的性别分割可能由其他因素引起。除此之外，England（1982）和 Kunze（2002）的研究却得到了相反的结论，他们均发现女性职业人力资本贬值率要高于男性。

对此 Görlich，de Grip 作出了分析，他们认为 England 之所以得到相反结果是因为研究中未对各类工作中断情况进行区分，而 Polachek 只针对由家庭因素引起的工作中断情况。事实上，由于信号作用存在差异，各类因素所导致的工作中断对个人收入的影响也是不同的。比如，生育产假导致的工作中断能够比单纯失业传递给劳动力市场潜在雇佣者更为正面的信息。因此各类工作中断所引起的人力资本贬值情况是存在明显差异的。另外，England 研究对象为美国，不同国家在制度建设和文化风俗上均存在差异，而这也可能对研究结果产生影响。与此不同，Kunze 在研究形式及对象上均与 Görlich，de Grip 相似，却仍得到了相反结论。Görlich，de Grip 认为样本的选择可能是其中原因。Kunze 的研究主要针对那些参与私营企业师徒形式培训的全日制年轻员工，样本中未包含高技能劳动者；另外，研究只考虑了明确记录在案的员工生育或产假情况，这与 Görlich，de Grip 对由家庭因素引起的工作中断定义有所不同。

2. 人力资本贬值率在不同受教育程度群体间的差异

受教育程度和人力资本贬值率间相关关系也是学者们在研究中关注的内容之一。Neuman 和 Weiss（1995）认为，初等教育阶段传授的均为基础知识，内容常年不变，因此基础人力资本的价值不会因时间的推移发生太大变化；与此不同的是，高等教育所授课程内容三十年来已发生大幅度改变，旧知识难以满足新技术的需要，高层次人力资本价值受外界环境影响明显。以此推论，教育程度越高人力资本贬值率应该越大。目前相关实证研究结论并不一致，只有 Mincer 和 Polachek (1974)得到的结果与 Neuman 和 Weiss 的推论一致；Arrazola(2005)在研究中未发现人力资本贬值和教育程度之间存在直接关系；而 Groot(1998)和 Weber(2009)则得到了相反的结论。

对于研究中学历越高贬值率反而越低的现象，Weber(2009)引用了一些学者的观点进行解释。Weisbrod (1962)认为，高学历人群对岗位的适应性要强于低学历人群。也就是说，高学历者能够更快、更好地适应由于外界环境变化所带来的工作内容或工作岗位的变换。Cipriani (1967)指出，文凭及学历就像一张“通行证”，它们会给予劳动者在职培训的机会，换而言之，高学历者获得在职培训的机会更大，同时，他们接受新生事物的速度也较快，在企业培训中能够更好地掌握新的知识技能，从而弥补人力资本折旧所带来的影响；Gerfin(2004)的研究也发现了高学历者在工作中参与培训的比例确实要高于低学历者。另外，根据 Spence(1974)的信号传递理论，教育水平可视为传递劳动者个人能力的信号。教育程度越高，个人能力越强，它有利于个体在劳动力市场上尽快找到工作，减少人力资本闲置时间。而 Gould 等(2001)认为，高学历者通常会选择接受普通教育，低学历者则倾向于接受专业技术教育。因此由技术进步引起的人力资本贬值对于低学历者将更为严重。

三、人力资本贬值的影响结果

(一) 人力资本贬值对个体的影响

人力资本贬值会引起个体收入下降，包括收入的绝对下降与相对下降。工作中断、更换工作引起的人力资本贬值都会带来收入的绝对下降，不同的研究显示收入下降率从每年 1%到 25%不等(Mincer 和 Ofek，1982；Rekko 等，1993；Light 和 Ureta，1995，Spivey，2005；Kriechel 和 Pfann，2003 等)。过度教育使得劳动者的收益低于工作所需教育者的收益率，带来收入的相对下降。Rubb(2003)对 85 个西方相关研究文献中关于教育匹配程度对收益影响的研究成果进行了平均，结果显示：工作所需教育(教育程度与工作要求相匹配)的平均收益率为 9.6%，过度教育的平均收益率为 5.2%。我国为数不多的相关研究中，文东茅(2002)针对大学毕业生群体进行的研究发现，过度教育的大学毕业生，其收入比相同学历和对应岗位工作的大学毕业生平均低 9.55%；武向荣(2007)使用我国的数据，发现我国工作所需教育收益率为 5.8%，过度教育收益率为 1.2%。这些数据表明过度教育虽然会带来收益，但是比工作所需教育者的收益率低 1/3 到 1/2。

人力资本贬值会导致劳动者失业时间延长，失业的可能性增大，或者遭遇就业难。国外学者认为，人力资本贬值会使失业劳动者的就业能力进一步下降，从而失业时间进一步延长(Blanchard 和 Summers，1986；Pissarides，1992)。社会技术进步使得年纪较大的员工人力资本贬值更为明显，导致这些员工在劳动力市场上更难找到工作，或提前退出劳动力市场。如 Friedberg(2001)发现在其他条件相同的情况下，美国不会使用计算机的员工比会使用计算机的员工早退休 4 年；Aubert 等(2005)使用法国的资料研究发现，技术进步与由此导致的企业创新，使企业对 40 岁以上员工的招募减少，对年轻员工的招募增加，同时 40 岁以上员工的流出增加，年轻员工流出减少。我国学者李培林和张翼(2003)对我国下岗人员的研究发现，年龄越大的下岗人员再就业越困难，再就业后的收入水平也就更低。此外过度教育带来的人力资本贬值导致高学历劳动者就业难是我国学者近年来关注的重点，如张学英、周东丽(2008)，陈娜，刘文超(2008)等学者认为，高学历人才就业难、知识失业是我国人力资本贬值的主要表现之一。

(二) 人力资本贬值对劳动力市场失业及政策的影响

Moller(1990)发现人力资本贬值会加重社会的结构性失业。作者将人力资本贬值率引入了用于描述失业与空岗关系的贝弗利奇曲线。在一般情况下，贝弗里奇曲线向下倾斜，劳动力市场萧条会导致失业率上升，空岗率下降[参见图 2－1(a)]；但是如果发生人力资本贬值，失业者的平均失业周期变长，越来越多的失业者不能满足空岗的岗位需求，空岗将会增多，贝弗里奇曲线开始向上倾斜，并且贬值率越高，曲线向上倾斜越明显，表明结构性失业加重(参见图 2－1(b)，r 为人力资本贬值率)。作者之后使用德国劳动力市场的数据证明了这一点，发现当失业率大于 5%，人力资本贬值率高于 0.02 时，贝弗里奇曲线开始向上倾斜。Knut(2001)对欧美以及日本共十个国家的劳动力市场失业与空岗率进行研究，进一步证实了这个观点。由于失业期间劳动者的人力资本贬值，这些国家近年来贝弗里奇曲线不仅向上倾斜，更发展到了向外弯曲的程度。

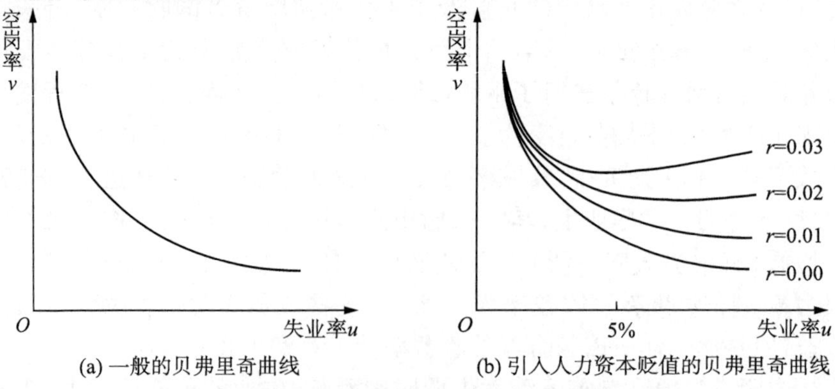

图 2－1　引入人力资本贬值率的贝弗里奇曲线

此外，Pavoni(2003,2009)，Pavoni 和 Violante(2007)通过经济学分析认为，人力资本贬值会影响不同失业政策的效果。如果失业期间人力资本不发生贬值，可以根据劳动者人力资本水平的高低分别实施失业保险(Unemployment insurance)、工作寻求监管(Job Search Monitoring)、社会救济(Social Assistance)等政策；但是如果人力资本贬值速度较快，政府就会失去足够的动力给失业者提供失业保险、工作寻求监管这类高水平的失业支持，而主要采取社会救济政策，以降低政府在失业补助方面的支出。

第二节 管理学视角下的人力资本贬值研究

一、管理学视角下人力资本贬值研究的理论形成与发展

管理学研究对人力资本贬值现象的关注最早可追溯至 20 世纪 30 年代。此前相关的概念是劳动经济学领域的技术性失业(Technological Unemployment)，指工业革命以来自动化机械设备淘汰人工而导致的失业(Feldmann,2013)。到 1930 年代，工人失业已不单是因为被机器替代。外部环境变化(如新产品和技术的发明，国内外贸易环境变化，城市化、教育增长、人口重组等社会变化)淘汰了不少旧职业，亦迫使留存下来的工厂和企业更新设备或变革运营与管理，从而也对就业产生了重大影响。在此背景下，Tugwell(1931)指出，技术性失业已无法充分反映新的现实，从而提出过时(obsolescence)的概念。过时表示某种变化使原来的事物或行为变得不再合时宜，强调其当前的无用性(Uselessness)，会导致但不局限于失业，能比技术性失业更准确地概括此类现象(Tugwell,1931)。

“二战”后，固态电子学和计算机技术的快速发展，以及“冷战”时期美国与苏联之间的军备竞赛促使技术不断更新，人力资本贬值问题在美国得到广泛关注(Kaufman,1974)。自 20 世纪 60 年代，相关研究和讨论大量涌现。这些早期研究多从实践角度出发探讨过时的识别与应对。如，Smith(1978)借鉴核物理领域的半衰期(Half-life)概念分别估算了工程师和外科医生胜任力降低一半所需时间；周期性再认证、统计专业领域每年新增论文数量等方法被用来监测相关人员是否遭受贬值以及贬值的速度或程度；参与更新(Updating)，如终身学习、持续教育等被提出并作为应对过时的重要方法(Dubin,1972)。

到 20 世纪 70 年代，随着贬值问题的愈发突出和普遍，系统的学术研究

展开，相关的人力资本贬值理论逐步建立。其中，美国学者 Harold G. Kaufman 是重要的奠基人。他先于 1974 年梳理和对比先前研究中相关的各种概念，整合出统一的人力资本贬值定义；继而在 1978 年基于文献分析和对工程管理人员的关键事件访谈，识别出导致过时的四类因素；之后于 1989 年建立开放系统模型，解释人力资本贬值的发生机理。除 Kaufman 外，Kozlowski 和 Farr(1988)、Harel 和 Conen(1982)、Fossum 等(1986)、Pazy (1990,1994,1996,1997)等在揭示人力资本贬值影响因素和发生机理方面也作出了重要贡献。

进入 21 世纪，人力资本贬值研究的焦点转向分析其作用结果(Joseph 等,2010;Zhang 等,2012;Setor 等,2015)和应对策略(Pazy,2004;Rong & Grover,2009;Joseph & Ang,2010;Joseph & Kuan Koh,2011)，同时也开始从美国扩散至其他国家，如英国(Butt 等,2015)、印度(Rishipal & Jain,2013;Chauhan & Chauhan,2004,2008,2009)、新加坡(Joseph 和 Ang,2001;Joseph 等,2011)等，并正在引起更多关注。

二、人力资本贬值概念界定

管理学视角下的人力资本贬值又被称为专业人员过时(Professional Obsolescence)或技能过时(Skill Obsolescence)，其界定大致可分为两类。一类持“降低”观，认为贬值是个体知识技能满足工作要求的程度降低。其中，绝大多数将其根本原因限定为技术和知识创新。最典型的莫过于 Kaufman(1974)整合先前研究中相关概念后给出的贬值定义——个体缺乏维持有效工作绩效所需的最新知识技能。与此不同，Fossum 等(1986)将贬值宽泛地定义为个体知识技能从满足工作要求的状态变为不满足状态，并指出其原因除知识和技术更新外，还可能是其他原因(如市场环境变化、组织业务调整等)带来的组织变革，以及个体自身特征等。

第二类定义持“不足”观，认为贬值是个体知识技能的有效性低于比较对象。例如，Siefert(1964)将工程师知识技能的贬值程度定义为，已经工作一段时间的工程师与刚从现代工程学专业毕业的大学生相比所拥有知识技能的差距。Shearer 和 Steger (1975)则认为，刚毕业大学生不是理想的比较对象。他们以同行为参照，认为个体如果不熟悉或不能适当运用为职业领域内其他人所公认的重要知识、方法和技术，即为贬值。

两类定义中，Kaufman(1974)的定义被广泛引用。下文提及的研究中，除上文已给出定义的，以及 Pazy(1990,1994,1996,1997)综合两类定义外，其余多采用 Kaufman 的或与之类似的“降低观”定义，如 Harel 和 Conen (1982)、Kaufman(1989)、Kozlowski 和 Farr(1988)、Kozlowski 和 Hults (1987)等。然而，随着发展和变化成为社会常态，科技进步、知识更新、市场需求变化、政策法规调整等均构成专业人员贬值的重要外部因素(Butt 等，2015)，Fossum 等(1986)更广义的"降低观"贬值定义逐渐被更多地采用，如 Setor 等(2015)、Joseph 等(2011)、Chauhan 和 Chauhan(2008，2009)。

三、人力资本贬值的影响因素

已有研究揭示的人力资本贬值影响因素涉及个体、组织和外部环境三个层面。个体因素包括人口统计学变量、个性特征、心理特征、天赋及能力等；组织因素包括组织管理、工作特征等；环境因素是技术、经济和社会等环境变化。

(一) 个体因素

1\. 年龄

一般认为，年龄越大越容易遭受贬值。原因有两方面：客观方面，组织通常会把更多的培训和学习机会给年轻员工，而非具有同等能力的年长者；主观方面，年长者的知识技能获得于较早时期，可能已不符合当前工作要求；即使进行更新，身心能力随年龄增长而衰减也会降低其学习效率；而且相较于年轻人渴望通过学习提高能力，以获取晋升或更高的报酬，年长者进行更新学习的动机往往较弱(Fossum 等，1986)。然而，也有研究认为，年龄增大并不一定会加剧过时。因为尚无充分证据表明人的心理能力会因身体衰老而恶化(Kooij 等，2008)，年长者继续学习及努力工作的动机也未必一定减弱(Pazy，1990，1996)。对应于理论解释的分歧，实证研究结果也不尽一致。Arvey 和 Neel(1978)及 Dalton 和 Thompson(1971)发现年龄与过时正相关，Jones 和 Cooper(1980)却发现它们负相关，Kozlowski 和 Farr(1988)及 Aryee(1991)则发现两者不相关，Shearer 和 Steger(1975)更发现它们之间为 U 型曲线关系。

2\. 受教育水平

已有研究发现，个体受教育水平的提高有助于减缓和降低其贬值程度(Dalton 和 Thompson，1971；Shearer 和 Steger，1975)。因为受教育水平较高的个体通常具有更高的成长和发展需求，以及更强的学习新知识的能力，从而能更有效地学习新知识和技术，避免或降低贬值程度(Fossum 等，1986)。

3\. 职业发展阶段

处于不同职业发展阶段的个体对过时的心理认知以及所拥有的更新资源不同，进行更新的动机、行为及结果也因此存在差异。Pazy(1990，1994，1996)的系列研究发现，初入职场者更担心过时对自身能否在企业立足的影响，基层管理者更担心过时对自己晋升发展的影响，中高层管理者更担心过时对自己声誉和形象的影响；随着职业发展，员工拥有的更新资源从有限的结构化机会（如专门的培训、学习、会议）、信息材料（如书籍、报刊）和人际交互，变得更加多元和灵活。

4. 经验

已有研究提及的工作经验有两种。一是工作经验的丰富性。多样化的工作经验被证实有助于降低贬值程度，因为它使个体有机会接触并学习和掌握多种观念、知识和技术（Shearer 和 Steger，1975）。二是以往的经历。Harel 和 Conen（1982）认为，自己或周围人以往是否通过更新学习而成功避免了贬值，以及是否因此得到相应的回报，会影响个体之后面对贬值时采取更新行为的动机；先前成功和正面的经验有助于激发之后的更新行为。

5. 个性特征

通常认为，拥有较强自立、成就动机、自主性、内控等特征的个体能较好地避免贬值，而相对呆板、封闭、风险规避的个体更易遭受贬值（Kaufman，1974，2013；Chauhan 和 Chauhan，2009）。Shearer 和 Steger（1975）通过实证研究发现，拥有内控、高职业期望和未来导向特征的个体会不断学习，因而贬值程度较低。Rong 和 Grover（2009）的研究表明，个体对模糊的容忍度对其人力资本贬值有负向影响，拥有高模糊容忍度的个体不畏惧风险和不确定性，更容易接受新事物和新观点。此外，兴趣的广泛程度也被认为有助于降低贬值程度，因为对多种事物和活动感兴趣的人更有可能不断学习（Fossum 等，1986）。

6. 心理特征

既有研究讨论了需求和动机两种心理因素对贬值的影响。动机是驱动行为的内在动力，从根本上决定了行为能否发生，因此员工进行更新和学习的动机在诸多研究中被视为导致贬值的决定性因素（Kaufman，2013；Chauhan 和 Chauhan，2008；Pazy，2004；Fossum 等，1986）。Shearer 和 Steger（1975）也证实了更新和学习动机对贬值的抑制作用。需求会影响贬值则是因为需求被满足时，动机才会被激发（Harel 和 Conen，1982）。

7. 天赋及能力

天赋和能力决定了个体获取知识技能的效率和"容量"。在动机等其他因素相同的情况下，天赋异禀或拥有较强能力者能更快和更多地获取知识技能，因而天赋和能力被认为与贬值之间存在负相关关系（Pazy，2004；Fossum 等，1986）。Kaufman（1974）进一步指出，不同类型的能力与不同专业领域个体的人力资本贬值相关，如数学方面的能力有助于工程和计算机系统专业人员应对贬值，而问题解决能力对于管理者规避贬值更重要。

（二）组织因素

现有研究探讨关于人力资本贬值的组织因素包括组织管理政策和实践（尤其是与培训、发展、奖惩等相关的管理政策和实践）、上级支持、同事间交流和工作特征（如挑战性、自主性、参与度等）四类（Kaufman，2013；Chauhan 和 Chauhan，2008，2009）。根据相关研究，这些因素均有助于抑制贬值，因为它们或者能鼓励员工进行更新学习，或者能为员工提供更新学习的机会，从而营造出良好的组织更新和学习氛围，使身处其中的员工愿意并能够进行更新学习，以抵御贬值（Fossum 等，1986；Harel 和 Conen，1982）。诸多实证研究也证明了上述因素与贬值之间的负相关关系（Rong 和 Grover，2009；Pazy，2004；Aryee，1991； Kaufman，1989；Kozlowski 和 Farr，1988；Kozlowski 和 Hults，1987）。

（三）环境因素

影响人力资本贬值的环境因素主要是技术、经济、社会、政治等方面的变化，如科技进步、知识更新、经济结构升级、全球化竞争、贸易环境变化、人口素质提升等（Butt 等，2015；Kaufman，1989，2013；Chauhan 和 Chauhan，2004，2008，2009）。这些变化会迫使企业更新技术、设备和原材料，调整战略目标，变革业务流程、组织结构或管理制度（Fossum 等，1986），从而使员工原有知识技能的工作有效性降低或丧失，引发贬值。但目前组织行为学领域尚无实证研究检验这些环境因素与贬值之间的关系。

四、人力资本贬值的发生机理

许多研究致力于阐述上述影响因素如何导致人力资本贬值。相关解释分为两类：一类从心理学角度强调个体心理认知的中介作用，典型的如 Harel 和 Conen（1982）基于期望理论构建的贬值过程模型及 Kozlowski 和 Farr（1988）基于认知心理学理论构建的员工更新行为整合模型；另一类从系统论角度强调多种影响因素的联动和综合作用，代表性的是 Fossum 等（1986）的贬值动态模型和 Kaufman（1989）的贬值开放系统模型。

（一）心理学角度的解释

Harel 和 Conen（1982）认为，贬值的发生是因为个体实际进行的更新少于维持专业能力所需的更新，并基于期望理论分析了个体更新不足的原因（见图 2-2）。期望理论认为个体的行为是其基于努力能换来有价值回报的预期而做出的理性选择，Harel 和 Conen 据此认为个体更新行为由三方面预期决定：第一，通过更新达到维持专业能力目标的可能性；第二，达到目标后获得相应结果的可能性；第三，所得结果对自身的价值高低。上文提及的众多个体特征因素与组织情境因素通过影响个体这三方面预期进而影响个体的更新动机，个体动机连同组织情境中的更新机会共同决定了个体实际更新行为。

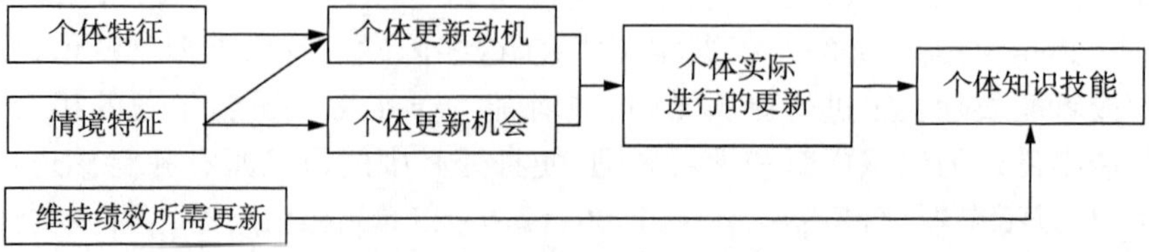

图 2-2　Harel 和 Conen(1982)基于期望理论构建的过时模型

类似地，Kozlowski 和 Farr(1988)也认为人力资本贬值因更新不足而引起，且由个体特征与组织情境两重因素决定。认知心理学理论指出，个体感知在刺激与反应之间扮演重要的中介角色，因此在 Kozlowski 和 Farr 的模型中(见图 2-3)，个体特征会影响个体对组织情境的心理解释，进而影响对工作特征和组织更新氛围的心理认知，并决定个体的更新行为，对贬值产生影响。

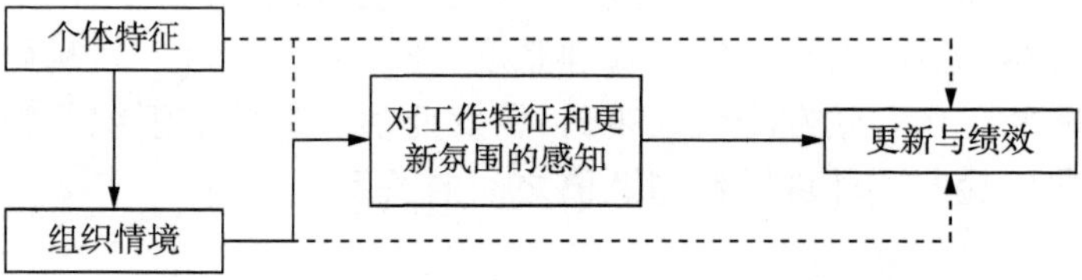

图 2-3　Kozlowski 和 Farr(1988)建立的更新整合模型

注：图中实线关系为原文中假设并验证的，虚线关系是原文基于实线关系所得推论。

(二) 系统论角度的解释

因导致人力资本贬值的因素复杂多样，相互间又有一定影响，从系统视角解释其发生机理的构想很早就被提出(Dubin 和 Cohen，1970)。Kaufman(1989)基于其先前的系列研究(Kaufman，1974；1978；1979)构建了人力资本贬值的开放系统模型(见图 2-4)。该模型包含环境变化、组织氛围、工作特点和个体特征四部分。其中，环境变化是贬值的根源，既直接也通过影响个体、工作和组织因素而间接作用于贬值；组织氛围由组织管理政策和实践决定，可直接影响贬值，或通过影响工作任务的某些特征进而影响贬值；工作特点也可以直接或通过影响个体特征而间接影响贬值；个体特征指个体差异，如人口统计学特征、个性特征、动机等心理特征。

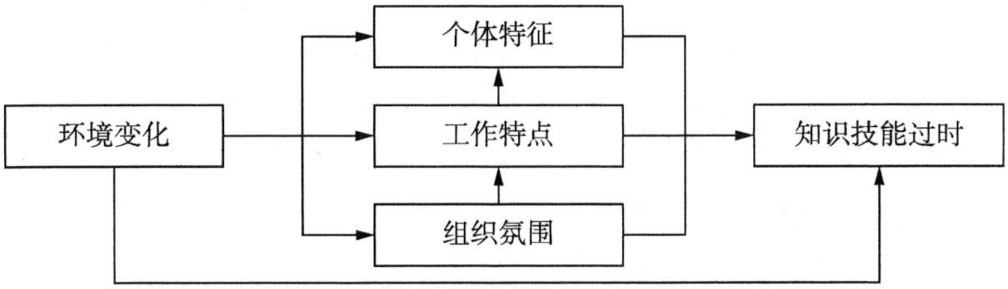

图 2-4　Kaufman(1989)的人力资本贬值开放系统模型

Fossum 等(1986)也基于系统联动的思想构建了人力资本贬值动态模型(见图 2-5)。该模型中的贬值表现为原本处于匹配状态的个体知识技能与工作要求因其中某一者或两者同时变化而变得不再匹配。在该过程中,工作要求可提高、不变或降低;个体知识技能可更新,维持原状或遗忘退化;只要个体知识技能与工作要求从匹配状态变为不匹配状态即发生了过时。其中,工作要求变化来自技术进步、组织目标变化、工作流程变革、组织结构改变等;个体知识技能的变化受个人、工作、组织等方面因素的影响。

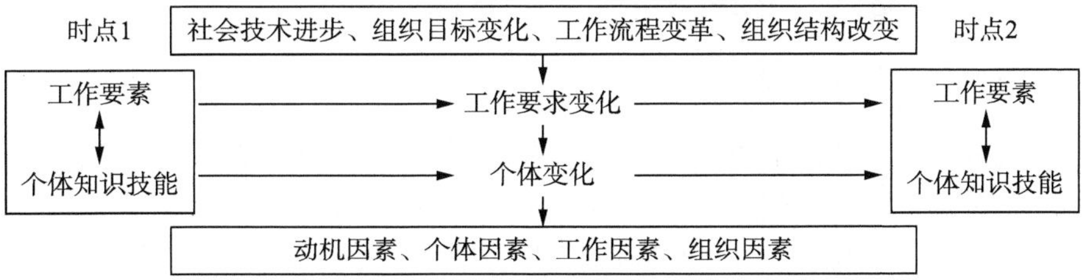

图 2-5　Fossum 等(1986)的人力资本贬值动态模型

五、人力资本贬值的影响结果

人力资本贬值的影响结果研究近些年才兴起,目前还十分有限,仅探讨了人力资本贬值对工作流动、心理压力和反生产行为三者的影响。

1. 工作流动

Zhang 等(2012)探讨了 IT 员工感知的人力资本贬值与工作流动的关系,以及组织嵌入在其中的中介作用和年龄的调节作用。研究结果表明,组织嵌入在员工感知的贬值与工作流动之间起完全中介作用;员工感知的贬值程度越高,越容易产生有关无法有效完成工作或收入增长及职位晋升无望的焦虑,从而降低组织嵌入度,并引发员工流动;但员工年龄越大,感知的贬值与组织嵌入之间的负向关系越弱,因为随着年龄增大和在组织中任期的延长,员工对组织的情感承诺会提高。

2. 心理压力

Setor 等(2015a)发现,面对人力资本贬值威胁,员工采取情绪聚焦的更新策略并不能真正解除威胁,因而会导致心理压力;而任务聚焦的更新策略能使知识技能及时更新,从而解除威胁,不会造成心理压力。Setor 等(2015b)则认为,贬值既是对知识技能有效性的威胁,也是员工成长和发展的机会,从而构建了"贬值的威胁/机会评价——情绪/任务聚焦的更新——心理压力"的中介模型,但结果显示三者之间并无确定性关系。

3. 反生产行为

Rishipal 和 Jain(2013)的研究结果表明,员工因不能跟上工作要求变化的节奏而遭遇人力资本贬值时会产生沮丧情绪,进而引发反生产行为。

六、人力资本贬值的应对策略

管理学视角下有关人力资本贬值应对策略的研究均以知识更新作为主要应对手段,探讨了组织应如何设计更新机制,员工会选择何种更新策略,以及特定更新策略会产生何种影响三方面问题。

(一) 更新机制的设计

Pazy(2004)讨论了更新机制应具有的特点。通过对 75 名以色列高科技行业技术人员的关键事件访谈,Pazy 指出更新机制的设计应注意两点:一是目标的具体性(Specificity)和适度挑战性(Challenging),因为被访谈者在完成具体工作中(而不是通过他人告知等)察觉到自身能力不足时更可能进行更新;二是环境的可视性(Visibility),个体若发现自身能力不足已被周围人知晓,或意识到这种不足是由之前的学习不足所致则更可能进行更新。

Rong 和 Grover(2009)探究了更新的途径,认为有两种途径可使员工获得所需知识:一是进行相关专业活动,如阅读专业文献、参加专业会议等;二是与组织中其他员工交流互动。但针对 IT 专业人员的实证研究结果仅支持第一种途径的有效性。

Kaufman(2013)基于其之前提出的人力资本贬值开放系统模型构建了组织应对贬值的整合系统。开放系统模型将贬值影响因素概括为环境变化、组织情境、工作特征和个体特征四类(Kaufman,1989),Kaufman 据此提出,组织可通过环境监测了解环境变化,以授权、奖励和职业发展营造促进更新的组织氛围,以工作设计管理工作特征,以甄选、配置、薪酬、绩效评估等契合个体特征,从而形成一个集监测与干预于一体的综合性人才管理系统。

（二）更新策略的选择

Joseph 及其合作者进行了一系列有关 IT 员工更新策略选择的研究。他们首先根据资源保存理论（Resources Conservation Theory）解释了 IT 人员为什么会应对人力资本贬值，认为 IT 专用性人力资本能为 IT 人员带来就业、晋升和报酬，是 IT 人员珍视的资源；过时会侵蚀人力资本有效性，是对资源的威胁；作为回应，IT 人员会采取措施维护资源，表现为花费时间和精力学习新的 IT 知识和技术，即更新人力资本（Joseph 等，2010；Joseph & Ang，2010；Joseph & Kuan Koh，2011）。具体会选择何种更新策略，Joseph 等在不同研究中得到了不同结果。

1. 立即更新或延迟更新

Joseph 等（2010）及 Joseph 和 Kuan Koh（2011）基于工作压力理论（Occupational Stress Theory）提出立即更新（Direct Updating）与延迟更新（Deferred Updating），前者指立即采取措施正面应对威胁，后者指先观察同时遭遇威胁的其他人的反应，伺机"搭便车"。两种更新也被分别称为任务聚焦的（Task-focused）和情绪聚焦的（Emotion-focused）更新（Setor 等，2015；Joseph 和 Ang，2010）。Setor 等（2015）、Joseph 等（2010）及 Joseph & Kuan Koh（2011）发现，IT 员工面对人力资本贬值会更多地选择直接更新。因为直接更新能使人力资本很快恢复效用，达到资源保护的目的，而延迟更新易导致资源进一步损失。然而，Joseph 和 Ang（2010）发现延迟更新会被更多地采用。因为它比直接更新在时间、精力和体力等方面的付出更少，更符合资源保存理论的"资源保护"宗旨。此外，Joseph 和 Kuan Koh（2011）还发现，组织更新氛围会强化过时与直接更新间的正向关系，以及贬值与延迟更新间的负向关系。

2. 作为玩的更新或作为工作的更新

Joseph 等（2011）基于"玩"（Play）的概念提出作为玩的更新（Updating-as-play）和作为工作的更新（Updating-as-work）。前者是内在激励的，伴有愉悦、放松、享受等积极情绪，可发生于任何时间和地点；后者是工作任务所要求的，工具性的，很难产生积极情绪。根据威胁刚性理论（Threat-rigidity Theory），Joseph 等（2011）认为，IT 人员感知的人力资本贬值威胁越严重，越可能缩小注意力和搜寻范围，引发心理压力和焦虑，从而导致作为工作的更新，而非作为玩的更新。实证结果验证了该假设。

（三）更新策略的影响

Joseph 等在分析 IT 员工更新策略的基础上，将工作流动分为行业内流动（Turnover）和行业间流动（Turnaway），并分别探讨了不同更新策略对两类工作流动意愿的影响。

1. 直接/延迟更新与工作流动意愿

Joseph 和 Ang(2010)与 Joseph 等(2010)均发现,直接更新会降低行业间流动意愿。因为行业间流动会使付出努力进行更新获得的行业专用性人力资本部分甚至全部贬值。Joseph 等(2010)还发现,直接更新将增强行业内流动意愿,因为直接更新使员工人力资本得到更新,员工因此在行业内更具竞争力,为行业内流动提供了必要条件;相反,延迟更新将增强行业间流动意愿,因为延迟更新不能使人力资本得到有效更新,个体在原行业竞争力降低,流动到能继续使用这些贬值人力资本的其他行业是一种"明智"选择。Joseph 等(2010)进一步研究了组织更新氛围对更新策略与工作流动意愿之间关系的调节作用。结果表明,组织更新氛围会弱化直接更新与行业内流动意愿的正向关系,而强化直接更新与行业间流动的负向关系。

2. 作为玩/工作的更新与工作流动意愿

Joseph 等(2011)认为,作为玩的更新是自发和持续的,有助于员工不断提升技能水平,提高工作绩效和满意度,降低员工流动意愿(包括行业内和行业间);相反,作为工作的更新是被动和间歇性的,个体技能因此容易贬值,从而降低工作绩效和满意度,增强流动意愿,尤其是在原行业内因人力资本贬值选择范围变窄,会更多地选择跨行业流动。但实证结果仅支持"作为玩的更新与行业间流动意愿负相关"以及"作为工作的更新与行业内流动意愿正相关",其余假设未得到支持。

综上所述,不同学科视角下的人力资本贬值研究,在内容、方法上有着很明显的差异:

第一,内涵定义上,经济学研究分析了贬值的具体表现形式,而管理学研究更侧重于揭示贬值的实际后果。尽管研究重心不一,但实质相同,有紧密的内在联系,两者互为补充,展现了人力资本贬值的完整过程(如图 2-6)。

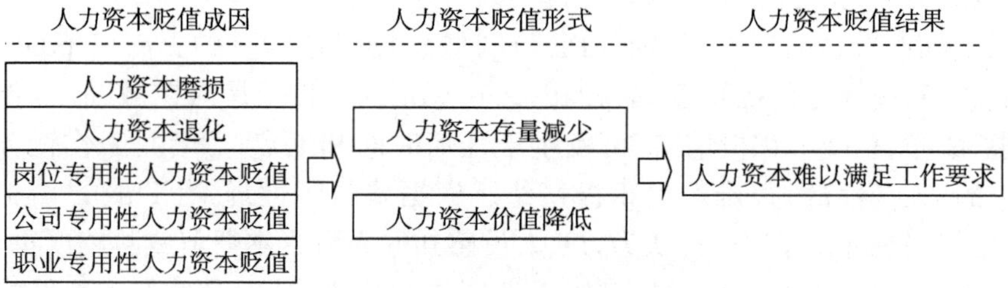

图 2-6　人力资本贬值内涵

第二,影响因素与机理上,经济学研究倾向于将人力资本贬值视为一种自然性过程,认为它同物质资本折旧一样,是一种客观规律,强调如年龄增长、技术进步等因素是必然发生且不可逆转的,因而个体在人力资本贬值面前也是相对被动的。而管理学研究指出,人力资本贬值不仅仅受到自然性因素影响，还受到来自个体、组织和内、外部环境等诸多因素的综合影响，认为个人和组织在人力资本贬值面前可以是相对主动的，能够通过适当的管理手段加以应对和预防。

第三，影响结果上，经济学研究主要探讨了人力资本贬值对个人收入、就业以及劳动力市场政策的影响；而管理学研究更侧重于组织行为方面，探讨了人力资本贬值对员工工作流动、心理压力和反生产行为的影响，但目前相关研究十分有限，且结果不一，未得到确定性结论，对管理实践的指导意义不大。

第四，测量方法上，经济学研究主要基于人力资本理论，通过建立相应的收入模型，利用回归分析，测算人力资本贬值率。此类方法具有一定合理性，结论更加客观。但仅以收入作为指标难以反映人力资本的真实价值，理论上有一定局限性。管理学视角下对人力资本贬值程度测量研究较少，有学者采用问卷式自评法对劳动者个体人力资本贬值情况进行了测量，还有学者采用心理学中的实验法或认知能力、读写能力问卷，对劳动者的语言、计算、推理等学习与完成工作的能力进行测验。但上述方法并未得到广泛应用，且受被测验者主观影响较大，工具的信度、效度还需要进一步证实。

第五，应对策略方面，由于经济学研究认为人力资本贬值是一种不可逆转的客观规律，因此该视角下很少有学者就此内容进行探讨和分析。与此相反，管理学视角下已有不少研究围绕着组织如何设计更新机制，员工如何选择更新策略，以及特定更新策略的影响三类问题进行了一定探索，但都处于初级阶段，需要深化和细化。此外，相关研究也得出许多不一致结论，需进一步澄清，为人力资本贬值的应对与管理提供可靠的理论依据。

由此可见，经济学领域和管理学领域内的人力资本贬值研究有着各自的理论、观点与特色。不同视角下的研究看似相去甚远，实则在内容上有着很多的联系与共通之处，具有很强的互补性，完整勾勒了关于人力资本贬值的更为清晰的理论图景。未来应继续探寻可能的切入点，特别是在人力资本贬值的发生机理与应对措施方面，结合不同学科各自的研究特点与优势，克服现有方法的缺陷与不足，提高相关结论的普适性与稳健性，为个人、组织乃至全社会更好地处理人力资本贬值问题提供理论指导与借鉴。

第三章 人力资本贬值理论的新研究

上一章回顾了现有人力资本贬值研究的主要内容，学者们基于不同学科研究方法，从各自的视角对人力资本贬值的概念、分类、影响因素、测量方法、发生机理等内容进行了深入探讨和分析，既丰富了人力资本贬值的内涵，又拓展了该领域研究的边界，为后续发展奠定了坚实的理论基础。尽管如此，现有研究仍存在一些不足之处，或需要进一步挖掘的地方，主要有以下几方面：第一，管理学视角下人力资本贬值概念尚未统一；第二，人力资本贬值的发生机理研究较为零散，缺乏整合；第三，缺少个体层面的人力资本贬值测量工具，制约了实证研究的开展。因此，本章主要内容将就上述问题作进一步分析，以期望取得一点理论上的突破和进展。

第一节　管理学视角下人力资本贬值概念的修订

从现有研究来看，经济学领域已经就人力资本贬值的概念达成共识，即 T&E 分类；管理学领域主要关注知识技能过时这种特定的人力资本贬值现象，且尚未形成统一定义。那么，不同概念和定义之间有何异同？管理学领域的人力资本贬值究竟应该如何界定？澄清这些问题是推进后续研究的基础，因此本节首先就此展开讨论，以明确管理学视角下人力资本贬值的内涵。

一、管理学领域的人力资本贬值概念

（一）管理学领域的人力资本贬值概念比较

管理学领域存在诸多人力资本贬值相关定义，概括起来可归纳为两类：一类持“降低”观；另一类持“不足”观。持“降低”观认为，过时是个体知识技

能满足工作要求的程度(即工作有效性)降低。其中,绝大多数将"降低"的原因限定为技术和知识更新。典型的如 Kaufman(1974)将人力资本贬值定义为个体缺乏维持有效工作绩效所需的最新知识技能。其余如 Shumaker(1963)认为贬值是缺乏新方法和新技术相关知识而导致的技能有效性降低;Burack 和 Pati(1970)以及 Dubin(1990)认为,贬值是创新导致管理者或专业人员的能力与工作要求之间出现不一致。与此不同,Fossum 等(1986)指出,知识和技术更新只是导致贬值的一种原因,其他原因,如组织战略或结构调整导致工作要求变化,也会引发贬值;此外,即使工作要求未发生变化,个体知识技能自身存量的减少亦会使其满足工作要求的程度降低。据此,Fossum 等将过时宽泛地定义为个体知识技能从满足工作要求的状态变为不满足状态,并指出其发生由个体知识技能与工作要求两方面共同决定,某一者或两者同时发生变化导致前者满足后者的程度降低即为过时。

持"不足"观认为,人力资本贬值是个体拥有的知识技能在数量或有效性上低于特定标准或比较对象。例如,Siefert(1964)将工程师人力资本贬值程度定义为,已经工作一段时间的工程师与刚从现代工程学专业毕业的大学生相比所拥有知识技能的差距。Shearer 和 Steger(1975)则认为,个体如果不熟悉或不能适当运用为职业领域内其他人所公认的重要知识、方法和技术,即为贬值。类似地,美国国家科学基金会(National Science Foundation,1969)也认为,贬值是个体处理问题的观点、理论和方法与专业范围内其他人相比有效性较差。Su(1973)将技术变革导致的人力资本贬值定义为员工已经知道的与运用新技术工作所应该知道的之间的差距。

两类定义虽然均采取将个体所拥有知识技能与特定标准相比较的方式来界定贬值,但具体判定方式不同。"降低"观定义以工作要求的知识技能为标准,采用纵向比较,强调个体知识技能满足工作要求的程度与先前时点相比发生了降低,意味着个体工作能力或知识技能岗位适用性下降,工作绩效会受影响。其中,Kaufman、Dubin 等所定义的,新知识技能出现引发工作要求变化所导致的贬值是狭义的;而如 Fossum 等所定义的,多种原因导致个体知识技能和/或工作要求变化所引起的贬值是广义的。"不足观"定义以同行等比较对象拥有的或工作要求的知识技能为标准,采用横向比较,强调特定时点上个体知识技能与比较标准存在数量或有效性上的不足。此类定义表明,只要比较对象拥有更多或更有效的知识技能,个体即使在自身知识技能和工作要求均未发生任何变化,工作能力和工作绩效亦未受影响的情况下,也会被判定为贬值。

(二) 管理学领域与经济学领域人力资本贬值概念的比较

经济学研究中的人力资本贬值泛指人力资本为个体带来收入能力降低的各种现象,Van Loo 等(2001)根据不同成因将其分为技术性贬值与经济性贬值两类(即 T&E 分类)。技术性贬值是人力资本存量的损耗,包括体能衰退与技能退化。前者由人的自然衰老、受伤或疾病所致,后者指知识技能因闲置而生疏或遗忘。经济性贬值是人力资本经济价值的降低,包括岗位专用性技能贬值、公司专用性技能贬值与职业/行业专用性技能贬值三种,分别指专用于特定岗位、公司、职业或行业的知识技能因工作要求或环境改变而失去原有价值或价值降低。

对比经济学人力资本贬值概念与管理学过时概念可以发现,经济学 T&E 分类与管理学领域的"降低观"过时定义具有一定共性:

(1) 均采用纵向比较,强调"降低"。T&E 分类将人力资本贬值概括为人力资本存量降低和经济价值降低,"降低观"定义认为过时是知识技能满足工作要求的程度降低。

(2) Kaufman 等人所定义的狭义过时论实际上是 T&E 分类中经济性贬值的一种具体情形,即技术进步引发工作要求变化,从而降低原知识技能有效性所导致的工作专用性技能贬值。

(3) Fossum 等所定义的广义过时论与 T&E 分类均同时着眼于个体知识技能变化和工作要求变化两方面。Fossum 等认为人力资本贬值是个体知识技能自身变化和/或工作要求变化导致的知识技能不再满足工作要求,T&E 分类认为人力资本贬值是个体知识技能生疏遗忘等导致的人力资本存量损耗(即个体知识技能自身变化)与工作要求变化导致的人力资本经济价值降低。因此,从这个角度讲,Fossum 等定义的广义过时论已初具有经济学意义上的人力资本贬值含义,可视为管理学领域人力资本贬值概念的雏形。然而,Fossum 等的定义与 T&E 分类的内涵并不完全一致,主要表现在以下两方面:

(1) 关注点不同。Fossum 等的定义,以及管理学领域的其他定义,均立足组织,关注组织内员工知识技能的工作有效性,定义涵盖的现象集中于组织内;而 T&E 分类立足个体,强调人力资本贬值对个体收入和就业的影响,涵盖的现象还可能发生于组织外或组织间。例如,个体知识技能在失业期间因闲置而生疏遗忘;公司倒闭、经济结构调整、市场需求变动等客观原因迫使个体更换公司、行业或职业,使其掌握的原公司/行业/职业专用性人力资本贬值。

(2) 界定方式不同。虽然 T&E 分类与 Fossum 等的定义均着眼于个体知识技能变化和工作要求变化两方面,但 T&E 分类分别从两方面单独进行分析,根据人力资本贬值的原因不同将其概括为存量损耗和经济价值降低两种形式;而 Fossum 等基于系统联动思想考虑两方面综合作用的结果,从结果视角将过时定义为个体知识技能不再满足工作要求。因此,除 T&E 分类所概括的两种基本情况外,Fossum 等的定义还包括个体人力资本与工作要求同时变化,但方向或/和速率不同,导致个体知识技能工作有效性降低的情况。如:工作要求提高而个体人力资本水平降低,或个体人力资本水平与工作要求同时提高,但提高的速度较慢或程度不足。

此外,管理学两类定义与经济学 T&E 分类三者之间也存在一个共同点:“降低观”定义强调的知识技能满足工作要求的程度降低,是人力资本完成工作的能力降低;“不足观”定义强调的知识技能数量不足或有效性较差,是人力资本完成工作的能力不足;T&E 分类则强调人力资本为个体带来收入的能力降低;完成工作与为个体带来收入是人力资本可产生的两种形式的收益(benefits)(Ployhart 等,2014)。因此可认为三种观点均基于人力资本收益能力视角,不同的是,“降低观”定义与 T&E 分类表达的是人力资本收益能力降低,而“不足观”定义表达的是人力资本收益能力不足。

表 3-1 是对已有经济学及管理学研究中,人力资本贬值相概念界定方式的总结和比较。从中可见:

(1) 虽然经济学人力资本贬值概念与管理学“降低观”贬值定义,尤其是 Fossum 等的广义贬值过时定义,有一定相似之处——都表示个体人力资本收益能力降低,但经济学研究关注的人力资本收益能力是人力资本为个体带来收入的能力,而管理学研究关注的是员工人力资本的工作有效性,是人力资本为组织带来收益的能力。这种根本性差异导致两者的具体内涵存在较大分歧。所以,管理学研究不能直接套用经济学人力资本贬值概念,需要对其进行新的阐释。

(2) 管理学领域的两类过时定义虽然都关注组织内员工知识技能的工作有效性,但存在“降低”与“不足”之别。那么,是否存在优劣之分呢?如果存在,判定的依据是什么?此外,Fossum 等的广义过时定义是否确实可以作为管理学人力资本贬值概念的雏形,甚至直接视为管理学领域的人力资本贬值呢?除已有研究关注的知识技能过时这种特定的人力资本贬值现象外,是否还存在其他现象值得管理学人力资本贬值研究关注呢?后续内容将通过对这些问题的回答,澄清本书对管理学人力资本贬值的概念认识。

表 3-1 已有人力资本贬值界定方式的比较

观点	比较标准	比较方式	认定方法	特点
经济学人力资本贬值 T&E 分类	自身先前拥有的知识技能	纵向比较	个体知识技能的存量和/或经济价值降低	强调对个体收入能力的影响
管理学“降低观”过时定义	工作要求的知识技能	纵向比较	个体知识技能满足工作要求的程度降低	强调对工作绩效的影响
管理学“不足观”过时定义	同行或刚毕业大学生拥有的知识技能	横向比较	个体知识技能的数量或有效性低于比较对象	强调个体知识技能的不足

二、管理学视角下的人力资本贬值概念界定

（一）两类过时定义间的选择

针对人力资本贬值，已有管理学研究给出“降低观”与“不足观”两种定义。前者强调知识技能工作有效性降低，后者强调知识技能工作有效性不足。为了进一步明晰两者差异，本研究从“现实意义”的角度区分出“客观贬值”和“相对贬值”，然后据此对两类定义进行进一步分析。

具有现实意义意味着所界定的贬值现象会对组织的运营、绩效、竞争优势等产生切实影响，从而值得管理者和研究者关注。通常，若有新的或更有效的知识技能出现或存在，原知识技能便在客观上贬值（即“客观贬值”）。但客观贬值是否具有现实意义，要看工作要求是否因新知识技能的出现而改变。如果工作要求因新知识技能出现而改变，则原知识技能出现贬值且不再满足工作要求，组织的任务完成和目标实现将受到影响，故这种客观贬值具有现实意义。但也有例外，如落后地区企业使用的生产设备不是最先进的，但已能很好地满足企业需求；非 IT 企业的 IT 员工未掌握最先进的 IT 技术亦能很好地胜任工作。这两种情形下，知识技能客观上已经贬值，但因所处岗位的工作要求未改变而依旧适用，并不影响组织实际运营，故不具有现实意义。

此外，即使知识技能客观上未贬值，也可能因其他原因而对组织产生实际影响。例如，员工掌握了专业领域最新知识技能，但所在岗位的工作要求因其他原因发生变化，如组织跨行业扩张或转型使员工需要掌握其他专业领域或行业的相关知识技能，导致员工原有知识技能客观上未贬值，但已不能满足工作要求。这是一种相对的贬值（即“相对贬值”），组织须及时应对，否则会影响未来发展，故具有现实意义。

换言之，知识技能在特定岗位上的适用性变化是决定贬值现实意义的关键，只有降低知识技能岗位适用性的贬值才具有现实意义。客观贬值以专业领域的最新知识技能为比较标准，意味着员工没有紧跟专业前沿或者落伍于同行，但其是否会对组织产生实际影响，要视具体情形而定。相对贬值以员工所在岗位的工作要求为比较标准，意味着员工知识技能不再满足所在岗位的工作要求，将会降低企业效率或限制企业发展，故一定具有现实意义。

具体到两类贬值定义上，“不足观”定义认为只要个体知识技能的工作有效性低于比较对象（也就是有更有效的知识技能存在）即为贬值，未考虑知识技能岗位适用性变化，描述的是客观的贬值。相反，“降低观”定义认为只有知识技能不再满足工作要求才是贬值，意味着个体知识技能即使客观上已过时，但只要仍满足所在岗位工作要求，就没有贬值，或者即使客观上没贬值，

但因某些原因变得不再满足工作要求，也属于贬值，描述的是相对的贬值。其中，Fossum 等(1986)的广义贬值与相对贬值完全吻合，而 Kaufman(1974)等的狭义贬值代表既相对贬值又客观贬值的情况，即上文所言“知识技能更新引发工作要求变化，导致原知识技能不再满足工作要求”的情况。两类定义的关系如图 3－1 所示。

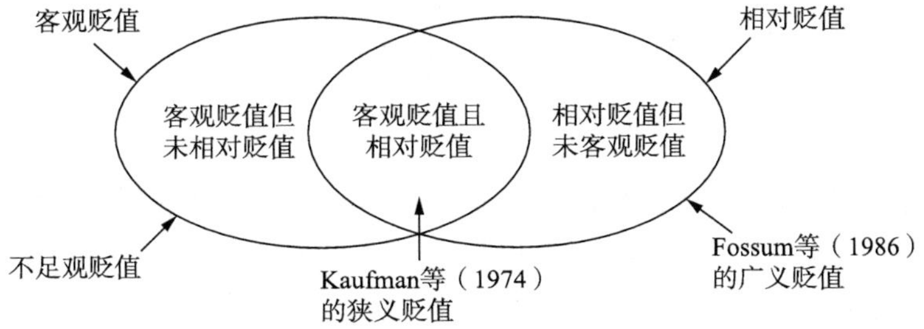

图 3－1　两类过时的关系

由于“降低观”定义所描述的相对贬值更具现实意义，特别是 Fossum 等的广义贬值定义不仅涵盖了 Kaufman 等定义的狭义贬值，而且包括更多具有现实意义的相对贬值现象，还与经济学意义上的人力资本贬值具有一定相似性，因此更适宜作为贬值的概念。但笔者认为，若按照 Fossum 等的定义将管理学领域的人力资本贬值定义为知识技能从满足工作要求的状态变为不满足状态，仍然是偏狭义的。实际上，知识技能从不满足工作要求的状态变为更不满足的状态也可视为人力资本贬值，属于人力资本贬值状况的进一步恶化。因此，Fossum 等的过时定义可进一步拓展为，员工知识技能满足所在岗位工作要求的程度降低。

（二）“人力资本未充分利用”的引入

之前的比较已指出，已有研究中的所有人力资本贬值相关界定(包括经济学领域的 T&E 分类与管理学领域的两类贬值定义)均立足“人力资本收益能力”视角，但笔者认为，管理学情境下的人力资本贬值更宜从“人力资本实际收益”视角来定义。原因如下：

组织不仅需要具有收益能力或者说满足工作需要的人力资本，更需要从中获取实际收益，即通过员工运用其知识技能完成相应工作和任务来实现组织目标(Lepak 等，2006)；但具有收益能力的人力资本并不一定能使企业真正受益，其中还存在利用率问题；人力资本利用率越高，企业从中获取的收益才越大(张亚莉，杨乃定，2000)。换言之，人力资本即使满足工作需要，也会因利用率低而带来较低水平的绩效。员工有意消极怠工、人浮于事，或者因其他原因无法尽自己最大能力工作，均会导致其人力资本未充分实现应有的价值水平(Rosen，1975)。这对于组织来说，都意味着人力资本这种组织资源的低效利用以及相关人力资本投资的浪费，正是以“效率”为重要目标之一的企业管理活动所应该关注的问题。人力资源管理与组织行为学强调员工激励，提高员工工作满意度、组织承诺度等，其目的之一也在于最大化员工知识技能的效能，体现了对人力资本利用率的重视。

因此，本研究认为，“人力资本未充分利用”现象应纳入管理学人力资本贬值研究的范畴；相应地，管理学研究对人力资本贬值的认识应该从“人力资本收益能力”视角转向“人力资本实际收益”视角。

（三）管理学视角下人力资本贬值的新内涵

根据上文分析，笔者将管理学视角下的人力资本贬值概括为两类：一是人力资本岗位适用性降低，由本书根据已有人力资本贬值相关概念（主要是 Fossum 等的广义过时定义）演化而来；另一类是人力资本未充分利用，是在对人力资本效率考量的基础上新引入的概念。

1. 人力资本岗位适用性降低

人力资本岗位适用性降低是员工知识技能满足工作要求的程度降低，主要包括两种情况：一是 Kaufman 等所定义的狭义贬值（图 3 - 1 中所示的“既客观过时又相对过时”），即工作要求因科技进步或知识更新而改变，原有知识技能工作有效性降低；二是相对贬值，即员工所掌握的知识技能在客观上没有贬值，但工作要求因为组织在战略定位、生产运营等方面的变革和调整而发生变化，从而不再适用或不再完全适用。

需要说明的是，尽管人力资本岗位适用性降低直接引用了 Fossum 等的定义，但它不涵盖其中所包括的人力资本存量损耗。在 Fossum 等的广义贬值中，人力资本存量损耗是一种基本的人力资本贬值形式，主要表现为知识技能因闲置而生疏遗忘，以及个体身心能力因衰老和健康原因而下降。它的确也会导致人力资本满足工作要求的程度降低，但本书并不将其纳入人力资本岗位适用性降低的范畴，而将它所涵盖的现象并入新添加的“人力资本未充分利用”中进行讨论。原因有如下两方面：

（1）知识技能生疏遗忘是因为长期闲置不用，从组织的角度看，知识技能闲置带来的最直接结果是人力资本未被充分利用。闲置的人力资本没有在实际工作中发挥其应有的作用，组织没有从中获取所期望的收益。而且，知识技能如果在实际工作中得到了充分利用，则意味着没有被闲置，也就不会生疏和遗忘。在人力资本充分利用的情况下，被闲置而生疏遗忘的知识技能往往是那些在当前工作中确实已经不再需要的。这属于组织人力资本的正常“新陈代谢”，正是维持组织运营和发展所需的，不构成对组织有现实意义的人力资本贬值威胁。所以，笔者认为，相较于长期闲置导致的知识技能生疏和遗忘，闲置直接造成的人力资本未充分利用问题更值得关注。

（2）衰老和健康原因导致的身心能力下降，对于本书所关注的知识员工来说，更大程度上是构成对人力资本积累效率和利用率的限制，而不是人力资本贬值本身。典型的例子如，世界著名物理学家霍金因患肌肉萎缩症而身体严重瘫痪，但他依旧在量子物理领域取得了杰出成就。实际上，知识员工的人力资本要素主要体现为知识、技术和能力，而非体力。自然衰老、一般疾病（非致残、瘫、死等的重大疾病）、生理和精神疲劳等直接影响知识员工对知识技能的获取和使用能力。例如，由于年龄增大或过度疲劳，人会出现精力和体力衰减，对知识技能的学习和积累速度和效率便会随之下降，“力不从心”也会使知识技能价值发挥受限。知识技能的获取效率降低会导致知识技能无法得到及时更新进而导致岗位适用性降低，利用率降低则事关未充分利用问题。所以，本书将衰老和健康原因导致的身心能力下降融入人力资本岗位适用性降低和未充分利用的分析之中。

因此，本研究所界定的人力资本岗位适用性降低主要体现为工作要求变化所导致的员工知识技能满足工作要求的程度降低。对于已有人力资本贬值研究所关注的人力资本存量损耗问题，由于其相关原因主要影响人力资本利用率及更新效率（更新效率与岗位适用性降低相关），故不作单独讨论。

2. 人力资本未充分利用

人力资本未充分利用意味着人力资本的潜在价值未得到完全发挥，在实际工作中实现的绩效水平低于所能够实现的理想水平。具体可以分人岗匹配和人岗不匹配两种情况讨论。

在人岗匹配情况下，员工所掌握的知识技能种类和水平均符合岗位工作要求，但可能存在两类人力资本未充分利用现象：一是员工知识技能的种类及水平与岗位工作要求完全一致（Just-match），但受个体主观意愿影响或客观环境限制，没有或无法全部运用于实际工作，从而未尽其用，工作绩效和员工满意度会因此而受到影响；二是“大材小用”，即员工在低于自身能力的岗位上就业，掌握的知识技能水平高于工作要求，或者除工作所需种类的知识技能外还掌握其他当前工作不需要的知识技能（Over-match）。这些“多余”的知识技能无法应用于所在岗位的实际工作，造成闲置和浪费。这种情况下，工作绩效可能不受影响，但会使组织缺乏效率，降低员工满意度。尤其当员工渴望施展自身才华时，更可能会因工作局限而灰心丧气，从而造成更严重的人力资本未充分利用。

人岗不匹配情况下的人力资本未充分利用现象主要是“人职错位”，即通常所谓的“专业不对口”。它是指员工未被配置到合适的岗位上，所掌握的知识技能种类不是岗位所需，从而无法应用于实际工作，价值实现受到限制。需要说明的是，人职错位不同于人岗低度匹配。尽管两者均属于人岗不匹配的情况，但前者是员工掌握的知识技能种类与岗位要求不相符（Mis-match），后者是员工掌握的知识技能种类与岗位要求相符，但低于所要求的水平（Under-match）。人职错位是人力资本未充分利用，而人岗低度匹配属于人力资本“先天不足”。

表 3-2　本书划分的人力资本贬值类型及其含义

人力资本贬值类型		含　义
岗位适用性降低	狭义过时	科技进步和知识更新引发工作要求改变，原知识技能有效性降低
	相对过时	知识技能客观上未过时，但在当前工作中不够用
未充分利用	专业不对口	人力资本所含知识技能不是当前工作所需要的（在当前工作中用不上）
	大材小用	人力资本所含知识技能水平高于工作要求（部分在当前工作中用不上）
	恰好满足但未充分利用	人力资本恰好满足工作要求但未在实际工作中充分发挥和利用

综上所述，本书将管理学视角下的人力资本贬值定义为：员工知识技能所实现的工作绩效相对先前或理想状态的降低。从总体上可概括为人力资本岗位适用性降低和人力资本未充分利用两类。其中，人力资本岗位适用性降低包括狭义贬值和相对贬值两种，人力资本未充分利用包括“大材小用”、“人职错位”和“人力资本恰好满足工作要求但未充分利用”三种。具体详见表 3-2。

3. 其他需要说明的问题

基于上文对人力资本贬值内涵的新阐释，本书对管理学视角下人力资本贬值的实质与判定做相关说明：

首先，管理学视角下人力资本贬值的实质是员工知识技能为组织带来的实际收益降低，即员工所实现的绩效水平较先前有所降低或者未达到理想的绩效水平。它不同于现有观点所谓的人力资本收益能力降低（Kaufman，1974；Shearer 和 Steger，1975；Fossum 等，1986；de Grip 和 van Loo，2002），也不是人力资本投资收益率降低（张学英，2007）。原因如下：首先，人力资本收益能力降低会导致其实际收益降低，但前者只是后者的充分不必要条件。人力资本实际收益降低也可能由其他因素所致，如人力资本未充分利用。其次，人力资本实际收益降低不等同于人力资本投资收益率降低，前者也只是后者的充分不必要条件。黄维德和王达明（2014）指出，受个体自身及外部环境因素影响，人力资本投资未充分转化为人力资本也会导致人力资本投资收益率降低。

其次，根据本研究界定判断人力资本是否贬值时需注意两点。第一，不能像“降低观”贬值定义以及 T&E 分类那样仅采用与工作要求的“纵向”比较。因为人力资本岗位适用性发生纵向比较的降低固然属于贬值，但即使岗位适用性未变，也会因未充分利用而造成事实上的贬值。第二，也不能像“不足观”贬值定义那样仅采用与工作要求的“横向”比较。因为人力资本即使满足工作要求，过度满足与恰好满足但未充分利用仍然属于贬值；人力资本即使不满足工作要求，“先天不足”不可算作贬值。人力资本的“岗位适用性”与“实际利用率”是决定其是否贬值的两重要素，具体判定流程如图 3-2 所示。

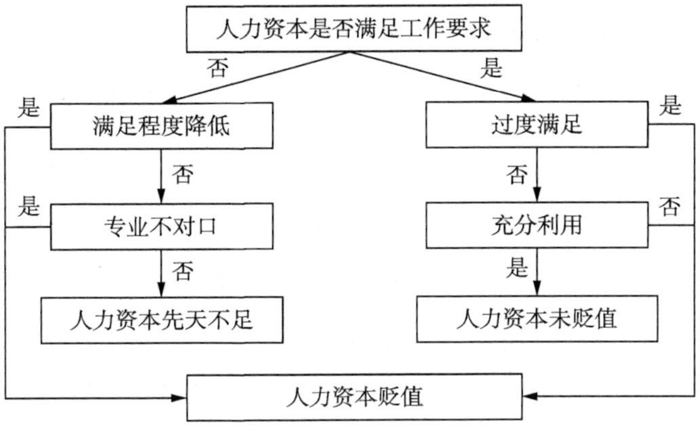

图 3-2　人力资本贬值的判断流程

首先，判断人力资本是否满足工作要求；如果满足，进一步判断是否过度满足；若过度满足，则属于“大材小用”，是一种人力资本贬值；若没有过度满足，说明人力资本恰好符合工作要求，需要进一步判断是否在实际工作中充分利用；若未充分利用，则产生人力资本贬值；若充分利用，则表示人力资本恰好满足工作要求且充分发挥，人力资本未贬值。如果在第一步判断时发现人力资本并不满足工作要求，则需进一步判断该“不满足”是否由“满足”或“程度较低的不满足”变化而来，即判断是否发生了满足程度降低；若发生了，则属于人力资本贬值；否则表明这种“不满足”是既有的，那么需要再判断这种既有的“不满足”是否由专业不对口造成；若是，则为一种人力资本贬值；若不是，则属于人力资本“先天不足”，不属于人力资本贬值。

第二节　人力资本贬值的发生机理分析

上一节澄清了管理学视角下人力资本贬值的概念，将其概括为人力资本岗位适用性降低和人力资本未充分利用两类。本节进一步分析两类人力资本贬值的发生机理，为后续内容奠定理论基础。

一、人力资本岗位适用性降低的机理分析

本书界定的人力资本岗位适用性降低继承原有人力资本贬值概念，虽然具体内涵与原概念有所不同，但均表示人力资本满足工作要求的程度降低。管理学贬值研究已经从系统的视角勾勒出它的各类影响因素及其作用路径，并从心理学视角解释了具体的作用机理。但正如第二章总结已有人力资本贬值机理研究时所指出的，已有研究基于期望理论的解释只揭开了“黑箱”的一部分——局限于个体心理认知和动机的中介作用，且只是一种理性解释，忽略了其他可能的路径。本节将整合这些研究，对人力资本岗位适用性降低进行更加系统和深入的解释。

（一）人力资本更新行为及其有效性的中介作用

同已有研究一样，本书仍然从系统角度认为，人力资本岗位适用性由工作要求和个体人力资本两方面共同决定，因而其降低也须从这两方面进行分析。

工作要求是完成工作任务或履行工作职责所必需的知识、技术、能力等(Dunnette 等，1979)。其变化表现为所需知识技能的水平提高或种类改变(De Grip 和 Van Loo，2002)。根据已有研究，工作要求变化主要是组织的某方面变革所致，如调整战略目标、改进业务流程、优化组织结构、更新产品服务、更换设备和原材料等(De Grip，2004；Fossum 等，1986)。通常，组织变革是组织出于效率、竞争等战略考虑而进行的。例如，科技进步迫使企业升级设备；为迎合人们消费观念的改变，企业将批量生产改为私人订制；面对环境保护的压力，企业改用清洁环保的工艺与原料等。所以，组织变革所引发的工作要求变化是组织为谋求生存与发展而不得不为的。这是导致人力资本岗位适用性降低的外因。

个体人力资本是个体掌握的知识、技术、能力等。其变化主要表现为两类：一是因学习而增长——人力资本理论表明，人力资本经过教育、培训、“干中学”等知识学习途径而积累和获取(Becker，1964)；二是因遗忘而减少——心理学研究表明，通过学习获得的知识技能若未及时得到巩固，就会逐渐生疏，直至遗忘消失(Arthur 等，1998)。之前提到，本书不单独探讨人力资本存量损耗，所以主要分析人力资本因学习而增长这一种变化。人力资本的增长在很大程度上受制于所依附的个体。因为人力资本依附于个体而存在，并与所依附的个体天然不可分离(周其仁，1996)，即使产权交易后在名义上已归买方所有，个体仍然对其享有实际的开发、利用和控制权(张杰和马斌，2005)。人力资本的这种特殊产权使个体行为在人力资本变化过程中起着至关重要的作用。个体如果不采取相关的学习行为，人力资本便无法从根本上

得到更新。但即使个体采取学习行为，尚未取得理想效果，人力资本得到更新的程度也是有限的，仍然不能恢复到满足工作要求的状态（Rong 和 Grover，2009）。因此，个体的更新行为及其有效性同时决定了人力资本的变化，这是人力资本岗位适用性降低的内因。

所以，人力资本岗位适用性降低虽然是人力资本与工作要求两方面变化共同作用所导致，但工作要求服务于组织的发展战略和目标，其变化是相对客观的外因，而人力资本的变化受个体行为及其有效性影响，具有一定的主观性。因此，人力资本岗位适用性降低主要是因为个体人力资本未随工作要求变化而相应地变化。具体来说，工作要求改变，但个体未采取相关更新行为或更新程度不够，致使人力资本未得到适时且适量的更新。换言之，人力资本岗位适用性降低是个体未根据工作要求变化对自身人力资本进行有效的更新所导致的人力资本满足工作要求的程度降低。

（二）人力资本更新行为及其有效性的决定机理与影响因素

明确了人力资本岗位适用性降低的发生是因为个体未根据工作要求对自身人力资本进行有效的更新后，下文基于 AMO 理论框架进一步分析个体更新行为及其有效性的影响因素与机理。AMO 理论由 Appelbaum 等（2000）总结 SHRM 领域有关高绩效工作系统构成的研究后提出。其基本观点为：员工绩效是其工作能力（Ability）、动机（Motivation）与机会（Opportunity）的函数——员工能力决定了绩效的潜在水平，但只有当员工有动机充分运用自身能力，同时有合适的机会与高效的资源支持其发挥自身能力时，潜在绩效水平才能实现；缺乏能力，则“有心无力”；缺乏动机，则“有力无心”；缺乏机会，则“巧妇难为无米之炊”；唯有三者同时处于理想状态，方能实现理想的绩效水平。该理论已被广泛地用于解释员工的绩效与行为。

AMO 理论比较全面地概括了员工行为与绩效的决定因素，且清晰地阐述了它们的内在逻辑，具有较强的理论概括力。该理论没有像已有过时机理研究所依据的期望理论那样，将动机置于绝对核心的地位，对行为选择的解释也不是完全基于理性的价值判断，因此为本书分析员工更新行为及其有效性的决定机理提供了有力的参考框架。笔者据此将员工更新行为及其有效性的决定因素亦概括为三类：更新能力、更新动机和更新机会。

动机是行为的发端，体现了个体为实现特定目标而愿意付出努力的程度（Robbins，2005）。对人力资本岗位适用性降低而言，“目标”即恢复或维持人力资本的岗位适用性。动机越强者越有可能采取更新行为，并在该过程中付出更多的努力，从而有助于消除或避免人力资本岗位适用性降低；动机较弱者则更可能敷衍或懈怠，从而增大人力资本岗位适用性降低发生的可能性。能力是个体执行特定行为的内部基础，决定了目标得以实现的程度。在更新动机等其他因素一定的条件下，更新能力越强，通过更新行为达到维护人力资本岗位适用性目标的可能性越大。机会是执行行为所需的外部条件和资源支持。即使个体具有较强的行为动机和能力,如果不存在相应的机会,行为及目标实现亦将受阻。简言之,更新动机决定了更新行为是否会发生,更新能力与机会则进一步决定了更新动机能否转化为现实的更新行为,并取得理想效果,达成维护人力资本岗位适用性的目的。下文对三者的影响因素展开分析。

1. 更新动机

更新动机是个体采取更新行为的意愿。已有研究发现的诸多因素都会影响个体的更新动机,如年龄、个性、职业生涯发展阶段等个体特征,挑战性、稳定性、价值性、意义感等工作特征,以及组织薪酬、晋升、奖惩等人力资源管理政策和由此形成的组织氛围。具体作用路径可归纳为以下三种:

(1) 内部特质驱动。个性、兴趣、价值观是个体内部动力组织的重要组成部分,决定了个体的独特行为模式。一方面,个性与价值观相对稳定,具有某种个性或价值观的个体在不同情境下会表现出类似或一致的态度与行为(McCrae,2000;Meglino 和 Ravlin,1998)。例如,具有主动型人格的人员会主动改善现存环境或创造新环境(Crant 等,2011),遭遇人力资本岗位适用性降低时,也更可能主动更新行为,以改变现状;内控型人格、高职业期望和未来导向等个性特征被证实与个体知识技能过时程度负相关(Shearer & Steger,1975)。另一方面,研究表明,员工对工作与组织产生兴趣或价值认同时,会表现出更多的积极态度与行为(Guan 等,2010)。因此,如果工作本身能激发自身兴趣,或者员工价值观与组织相匹配,则员工更可能主动采取更新行为。

(2) 需求刺激。需求是个体积极性的重要源泉,某种东西若能满足个体的需求,那么它对个体就是有价值的。根据期望理论,若目标实现后能得到某种有价值回报,则个体更可能被激发去实现该目标(Vroom,1964)。资源保存理论也指出,当有价值资源面临失去的风险时,个体会采取措施予以保护(Hobfoll,2002)。具体到人力资本岗位适用性降低情形中,人力资本岗位适用性降低会损害员工胜任力及工作绩效,导致员工失业、收入降低、声誉损失等;避免或消除人力资本岗位适用性降低则可为员工带来就业保障、收入增长、职业晋升、同事称赞、领导认可等;如果其中某个或某些正是员工所需要或看重的(即,对个体是有价值的),则面临人力资本岗位适用性降低时员工更可能积极采取更新行为,以维护或换取所珍视的东西。不过,需求存在个体差异,且同一个体不同情境下的需求也可能不同,因此同样面对知识技能岗位适用性降低的威胁,不同个体,甚至同一个体在不同年龄或职业生涯发展阶段都会产生不同心理认知,进而采取不同应对策略,从而导致个体间人力资本岗位适用性降低程度的差异。

(3) 主观行为规范。计划行为理论指出,个体在决定是否采取某种行为时，会考虑所看重个体、团队以及组织对其执行该行为的态度；这种由周围人态度形成的，存在于个体认知层面的非正式规则被称为主观行为规范（Ajzen，2002）。它会影响个体的行为选择。当重要参照对象采取了某种行为（示范性规范），或极为看重某种行为（指令性规范）时，个体很可能也会采取该行为（Cialdni，1991）。就人力资本岗位适用性降低而言，若周围人都积极更新自身知识技能，或者领导和组织要求员工更新自身知识技能时，就构成对个体更新行为的示范性或指令性规范。员工在这种氛围或社会压力下便可能被迫采取相应的行为。在高权力距离和集体主义文化情境中，两种主观行为规范对个体行为选择的影响会更大。此外，还有第三种主观行为规范——个体规范。它是个体在社会化过程中形成的关于自己在组织中的角色认知，对行为选择亦有重要影响。例如，某些工作本身就需要从业者不断学习，久而久之员工可能形成“更新知识技能是我分内之事”的认知，从而自然而然地采取更新行为。

2. 更新能力

更新能力是个体通过更新自身知识技能而恢复或保持人力资本工作有效性与自身岗位胜任力的能力。其影响因素包括以下三类：

（1）既有人力资本。黄维德和王达明（2015）指出，个体已有人力资本的水平与种类对其积累和获取新人力资本十分重要。水平方面，已有知识技能是个体学习能力的重要组成部分，其水平越高，个体的学习能力越强，相应地越容易接受和掌握新知识技能。已有研究基于此提出“受教育程度越高，员工人力资本贬值程度越低”，并得到了验证（Weber，2009；Fossum 等，1986）。种类方面，Weber（2014）发现，个体人力资本贬值程度与其所受教育的类型显著相关，基于通识性概念的学术型教育（academic education）比基于专用性技能的职业教育（vocational education）能更有效地保护个体免遭人力资本贬值。此外，所需新知识技能与个体已有知识技能的相关性越高，越容易被掌握；相关性越低，则学习难度越大。Kaufman（1974）即指出，不同类型的能力与不同专业领域人员的人力资本贬值相关，如数学方面的能力有助于工程和计算机专业人员应对人力资本贬值，而问题解决能力对管理者规避人力资本贬值更重要。因此，当工作要求发生“质”的变化，如组织跨行业扩张导致员工需要学习陌生领域知识技能时，员工更新自身知识技能的难度相对加大，人力资本岗位适用性降低风险随之上升。

（2）认知能力。知识技能的更新在本质上体现为一种知识学习，是一个复杂的认知过程。认知能力会影响知识学习的速度与深度，拥有较强认知能力者能学得更快、更多（Ployhart 等，2011），因此能更加及时有效地更新自身知识技能，以消除或避免人力资本岗位适用性降低。

（3）天赋。天赋是一种先天的稳定的个体特征。在某方面天赋异禀者能比普通大众更快、更有效地掌握特定的知识技能，因此天赋被认为与个体的知识技能过时负相关(Pazy,2004;Fossum 等,1986)。

3. 更新机会

更新机会是个体更新知识技能所需的外部资源支持。例如,学习新知识技能的途径,包括正式途径(如组织提供或组织的正式培训、会议、论坛、工作坊等)与非正式途径(如同事间私下的知识分享与经验交流,员工自发搜索和阅读相关报刊书籍等)(Rong 和 Grover,2009;Rowden,2002),以及配套的经费、设备、场地等。

已有研究发现的诸多影响因素都可以通过影响员工进行知识技能更新所需的资源,进而影响员工知识技能岗位适用性的。例如,培训、上级支持、同事交流,以及与之类似或相关的领导成员交换、团队成员交换、员工社会网络等因素,可以为员工提供知识技能更新所需的信息、技术、情感等方面的支持,进而有助于维持或提高人力资本岗位适用性。此外,自主性、参与度等工作特征,以及风险偏好、模糊容忍度、兴趣广泛程度等个性特征有助于个体接触更多的人和事,因此被认为能降低或防御知识技能过时(Rong 和 Grover,2009;Fossum 等,1986);不同年龄、职级以及职业生涯发展阶段的员工所拥有或能得到更新机会不同,因而知识技能过时程度存在差异(Kooij 等,2008;Pazy,1990,1994,1996)。

4. 更新动机、更新能力和更新机会三者的相互关系

更新能力、动机和机会三类因素各自在员工知识技能更新过程中扮演着独特角色——动机关乎"愿不愿",能力决定"能不能",机会代表"可不可以",同时它们之间也存在相互影响。每一类因素都可能放大或缩小另外两类因素的程度,进而对员工更新行为及其结果产生影响。

首先,更新机会和能力会影响更新动机。期望理论表明,个体的行为动机会受其所预期的目标可达性与价值性影响,所预期的目标可达性与价值性越高,行为动机越强(Vroom,1964)。其中,目标可达性指实现目标的可能性,能力与机会正是其重要的决定因素,分别是保证目标得以实现的内外部条件。当个体拥有较强的行为能力和有利的资源支持时,达成目标的可能性更高,行为动机也会更强。此外,计划行为理论也指出,个体所感知的执行特定行为的难易程度会影响其行为意愿(Ajzen,2002a),而这种感知的难易程度受个体对自己完成特定行为的信心,以及对完成行为所需资源的控制程度影响(Ajzen,2002b)。据此,本研究认为,当员工有较强的更新能力,且可以很好地掌控所需的资源(如便捷地通过正式或非正式途径等获取所需知识)时,其进行知识技能更新的动机会更强,从而更有可能实现维护人力资本岗位适用性的目标。

其次,动机也会反过来影响能力和机会。根据上文的分析可推知,能力和机会的欠缺会打消个体的积极性。但动机体现了个体为实现目标而愿意付出的努力程度和坚持性(Robbins,2005),具有强烈动机的个体面对困难时

会顽强拼搏，持之以恒，直到目标达成。因此，即使能力不足或缺乏机会，在强烈动机的驱使下，个体也可能为之努力提升自身能力，以及争取或创造机会。具体到人力资本岗位适用性降低情形中，员工如果本来就十分希望维护人力资本岗位适用性，则即使难以从组织获得正式的资源支持（如培训机会等），也会通过求助同事或朋友，甚至自己查阅资料等方式尽力更新自身知识技能，以实现目标。

最后，能力和机会也会相互影响。一方面，能力强的员工容易得到更多的机会，因为他们更受组织的重视，也更能吸引同事或朋友。另一方面，丰富的机会或有利的资源为员工知识学习提供了便利，有助于员工提升能力。

综上所述，本研究将员工人力资本岗位适用性降低的机理总结如图 3－3 所示。根据该图，人力资本岗位适用性降低是因为员工未根据工作要求变化对自身知识技能进行有效更新。员工对自身知识技能进行更新的能力、动机和机会共同决定了员工对人力资本的更新程度，以及相应的人力资本岗位适用性变化。其中，更新动机是更新行为的内在驱动力，更新能力是决定更新程度和效果的内部条件，更新机会是保证更新行为得以实施以及更新效果的外部条件；三者共同决定员工的更新行为及其有效性；任何一者成为“短板”，都可能导致不更新或更新不足，进而引发人力资本岗位适用性降低。相关的个体、工作和组织因素通过影响更新能力、动机和机会，进而影响员工人力资本岗位适用性。

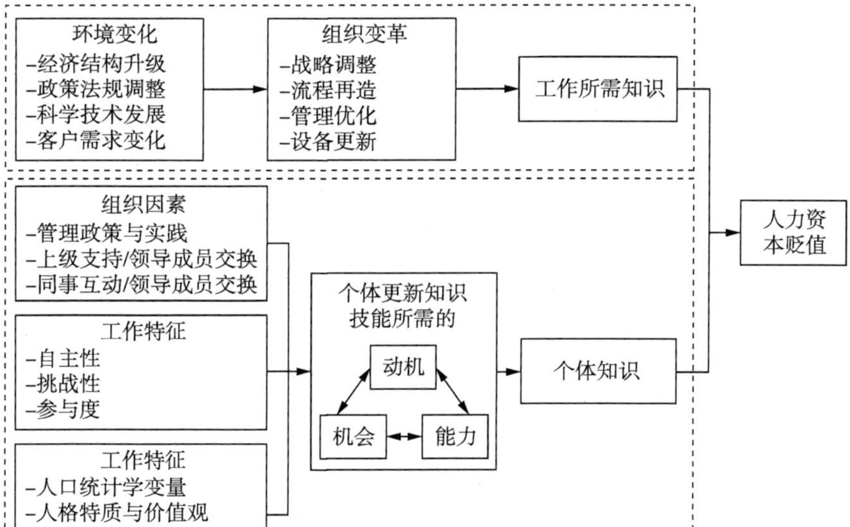

图 3－3　基于 AMO 理论整合的员工人力资本岗位适用性机理分析框架

二、人力资本利用率变化的机理分析

人力资本利用率是人力资本在完成岗位工作过程中实际发挥和利用的程度,或者说是人力资本潜在价值的实现程度。由人力资本使用过程中所面临的内外部环境共同决定。

(一) 内部环境的影响

内部环境是指人力资本载体自身的动机与身体状况。它之所以会影响人力资本利用率也是因为上文已经指出的人力资本产权特殊性。人力资本依附于其载体而存在,即使在产权与载体相分离的条件下,其名义上的所有者也难以像支配和使用物质资本那样完全按照自己的意志支配和使用人力资本,载体依旧会对人力资本的使用产生重大影响(张杰和马斌,2005)。这种影响表现为三方面:

(1) 载体的主观意愿会影响其人力资本的利用率。当人力资本载体感到人力资本的使用不符合自己意志时,便会公开或隐蔽地“关闭”部分甚至全部人力资本使用权,而被“关闭”的人力资本使用权根本无法转移到其他主体手中(姚树荣和张耀奇,2001),从而降低人力资本利用率。正如周其仁(1996)所言:“一块被没收的土地,可以立即转移到新主人手里而保持同样的面积和土壤肥力;但一个被‘没收’的人,即便是个奴隶,也可能不听使唤,甚至宁死不从。”

(2) 载体的身心能力会影响其人力资本的利用率。人岗匹配理论指出,有效完成工作不仅需要员工具备工作所需的知识技能,还需要相应的心理能力(如语言理解能力、记忆力、知觉速度等)和体质能力(如灵敏度、力量、平衡性等)(Guan 等,2010)。员工如果不具备岗位所要求的知识技能之外的其他身心能力,其知识技能的使用也会受到限制。

(3) 载体的身心健康会影响其人力资本的利用率。研究表明,精力充沛、精神愉悦有助于提高工作绩效(Cross,2003)。相反,个体如果出现精力不济或焦虑、沮丧等负面情绪则可能降低其工作效率。遇到受伤、疾病等身体健康问题,载体即使有意愿充分发挥自身人力资本,也不得不暂停工作或减少工作投入,人力资本利用率也会相应地降低。

(二) 外部环境的影响

外部环境是指人力资本在价值实现过程中所需支持性资源和条件的状况。它们之所以会对人力资本利用率产生影响主要是因为人力资本价值实现过程所具有的组织依赖性。姚树荣和张耀奇(2001)指出,在现代经济条件下,个体通常需要加入特定的组织,在合适的岗位上,借助相关物质资本的支持，并与其他个体协作，才能实现其人力资本的价值与增值。这种组织依赖性导致人力资本的利用率或者价值实现程度会受到实际工作中的物理环境和人际环境影响。

物理环境指员工运用其人力资本完成岗位工作所需的客观条件，包括人岗匹配状况和配套设施设备状况等。一方面，人力资本与岗位要求相契合时才可能实现最大化收益（Guan 等，2010）。如果配置不当，便会出现因"专业不对口"而表现出的较弱生产能力，因"大材小用"而部分闲置等价值受阻或受限的情况。尤其对于只适用于特定工作的专用性人力资本（specific human capital），若改作他用，价值将大幅度折损（Williamson，1971）。另一方面，正所谓"巧妇难为无米之炊"，离开物质资本支持，个体便难以施展其才能，人力资本价值实现便因此受阻。如同一个水平再高的工人，没有工具、机器和设备，就无法将所拥有的知识技能转化为现实产品（黄维德和王达明，2015）；先进高效的设施设备，则有助于个体更大程度地发挥其人力资本潜在价值（Campbell，2012）。

人际环境是员工运用其人力资本完成岗位工作所需的人际协作。在专业化分工的现代经济中，拥有不同种类知识技能的个体之间需要相互协作。但作为"社会人"的人力资本载体具有各自不同的人格特质、价值取向和生活目标，因此多个异质的人力资本载体聚集在一起时需要进行必要的协调，每个人力资本载体必须知道在何时以何种方式与其他主体交流何种信息或为之提供何种帮助，否则很可能导致"内耗"、"搭便车"等问题，导致整体效率的损失。"一个和尚挑水吃，两个和尚抬水吃，三个和尚没水吃"说的即是这个道理。尤其分工越细化，专业化程度越高，相互间的协调对于充分发挥人力资本效能就越重要。

以上分析表明，人力资本利用率及其价值实现程度是个体自身因素和外部环境因素共同作用的结果。如果完成工作所需的物质和人际条件不具备，人力资本的价值难以充分实现。人力资本载体的主观意愿不足或身心素质欠佳，也将极大地降低人力资本利用率。所以，内外部环境因素中，任何一方面成为"短板"都会导致人力资本利用率降低，致使员工实际绩效水平低于理想水平，从而产生贬值。

同样，上述内外部环境因素对人力资本利用率的影响也可按照分析人力资本岗位适用性降低机理时所采用的 AMO 理论框架进行分析：将决定人力资本利用率的因素分为动机、能力和机会三大类。其中，动机是指个体运用自身知识技能，尽最大努力完成工作的动机。与人力资本更新动机类似，该动机也会受个体因素（如年龄、成就动机、职业生涯发展阶段）、工作特征（如挑战性、稳定性、价值性、意义感）和组织因素（如收入、晋升、奖惩等人力资源管理政策与组织氛围）等的影响。这些因素通过内部驱动或外部刺激而使员工产生相应的动机。能力是指员工运用自身知识技能完成工作任务的能力，主要包括员工身心健康状况，以及岗位所要求的除知识技能外的其他身心素质。机会是指个体在运用自身知识技能完成工作任务过程中所需的支持性资源，包括物质条件（如与员工知识技能相匹配的岗位、舒适的工作环境、高效便捷的辅助设施和设备）与人际协作。三类因素之间也存在相互影响。当员工具备工作要求的相应身心能力且身体与心理健康状况良好时，更可能得到工作中所需的资源支持。反过来，当员工具备工作所需的各种物质和人际资源支持时，完成工作更加容易，工作压力减小，从而有助于改善身心健康状况。身心素质状况和资源支持状况的改善能增强员工努力工作的动机，而努力工作的员工也更可能为了更高的绩效不断改善自身身心状况并争取或创造相应的资源支持。所以，三类因素相互联系，共同决定了人力资本的实际利用率和价值实现程度。

第三节　人力资本贬值量表开发

从当前来看，管理学视角下鲜有人力资本贬值的实证研究，使得理论分析缺少数据支撑，其合理性、可靠性难以得到保证。笔者认为，导致上述情况的主要原因在于没有对应的测量工具，未能将个体人力资本贬值程度予以量化，故难以建立人力资本贬值与其相关影响因素之间的实证桥梁，制约了研究的进展。基于此，本书将在现有研究的基础上，尝试构建知识员工人力资本贬值测量量表，以期为进一步开展管理学视角下人力资本的贬值研究提供支撑。

一、人力资本贬值量表初始题项的确定

人力资本贬值初始量表是在明确人力资本贬值定义、内涵的基础上，充分利用现有研究，结合访谈法提炼得到，主要包含三个部分：自编量表、已有量表与根据访谈内容提取形成的量表。

第一部分是根据现有研究改编与自编部分的题项内容。如第二章所述，管理学研究更加关注人力资本贬值带来的实际后果，特别是对个人工作方面的影响。作者从这一视角切入，选取了 Kaufman（1974）、Shearer 和 Steger（1975）、Fossum（1986）等三篇比较具有代表性与影响力的文献，结合学者们的观点，进行初始题项的开发和编制。

Kaufman 提出了职业贬值（Professional Obsolescence）的概念，将其定义为员工在目前或将来的工作角色中，由于未及时更新知识、技能从而无法保持有效工作绩效的程度。也可以理解为，失去或缺乏岗位所需要的知识、

技能，进而不利于工作表现与绩效。根据上述内容，笔者编制了如“以前掌握的一些当前工作需要的知识和技能，我已经遗忘了”，“我所掌握的一些知识技能已经过时了”等题项。

Shearer 等在 Kaufman 的基础上提出了人力过时（Manpower Obsolescence）的概念：即相较于其他人，个体不能熟练、适当运用被认为对本岗位重要的知识、方法和技术。该定义侧重点在于对知识、技能的熟练运用。按照这一定义，笔者编制了如“以前掌握的一些当前工作需要的知识和技能，我不能运用自如了”，“我所掌握的知识技能没有在当前工作中充分利用”等题项。

Fossum 进一步指出，人力资本贬值不单源于自身，也可能来自工作要求的变化，并将其定义为个人的知识、技能、能力与工作任务、职责要求等由匹配变为不匹配的过程。该定义强调工作要求变化对个人知识、技能的影响。据此笔者编制了如“工作要求发生了变化，我掌握的一些知识技能用不上了”，“工作提出了新要求，我掌握的知识技能不够用了”等题项。

为了能使量表更为全面地体现人力资本贬值内涵，笔者在上述内容基础上，又引入部分题项以测量被调查的健康状况。一方面，健康本身就是人力资本的一部分，健康情况的下降即可视为人力资本存量的降低；另一方面，健康是其他形式人力资本保存的基础，健康状况的恶化，例如身体机能下降、记忆力减退等，必然会引发知识、技能的流失，进而导致人力资本流失。根据国际卫生组织（1989）的定义，健康包括生理健康、心理健康、道德健康以及良好的社会适应。相对应的，健康视角下的人力资本贬值便为个体在上述四个方面情况的衰退或降低。身体健康方面，现有研究通常采用自我测评法，如 SF-36 健康调查（Ware，Sherbourne，1992）。此类量表题项通常较多，实际研究中，学者们（Wilson et al.，2004；Kivimaki，2004）更多地采用单一题项进行测量。考虑到过多题项可能会导致数据质量下降，笔者亦决定采用一个题项来测量身体健康状况，即“我比以前更频繁出现如疲劳、乏力等不适状况”。

心理健康的测量方法较多，较具有代表性的有 Derogatis 等人（1973）的 SCL-90-R 量表，包括四个子量表，共 90 个题项；一般健康调查法（Donaldson，1991；Grant-Vallone，Ensher，2001），从焦虑感、抑郁度、健康关心程度三方面进行测量；此外还有 Wilson 等（2004）的测量方法。同样考虑到现有量表的繁复性，心理健康亦采用单一题项进行测量，即“我比以前更频繁出现如焦虑、动怒、不易抗压等状况”。

社会适应方面，以 Bosca 等（1997）的 SASS——社会适应性的自我评估测量量表最具有代表性；Martin Keller（2001）适当调整、修改了这一量表，使其更为简洁、精炼；此外，Ward 等（1999）的 SCAS 量表（Socio Cultural Adaptation Scale）也被部分学者采用。综合学者们的研究，决定采用“我对参与家人聚餐、同事议会和朋友出游的兴趣逐渐减少”来测量个体的社会适应情况。

道德健康的测量很少有研究提及，Childress 等（2002）认为，公共性道德健康包括九项内容：公益心，避免、阻止或解决危害，效用最大化，分配及程序公平，尊重自主选择和行为自由，维护他人隐私权，兑现承诺，秉直诚实及建立并维护信任。基于上述内容，笔者自行编制这一量表，设计为“我越来越无所谓得看待公共利益、公平公正及诚实守信的问题”。在上述内容的基础上，最后增加“近年来，我总体健康状况处于下降中”这一题项，让被调查者对自身健康状况作整体评估。

第二部分是已有研究中出现的与人力资本贬值相关的题项内容，主要是指 Allen 等(2002)的岗位专用性人力资本贬值自评问卷，这是为数不多的，与人力资本贬值有一定关联的已有测量工具，主要用于评价高校毕业生工作 7 年后，其在高等教育阶段形成的人力资本的使用情况。问卷共包含 8 个题项，第一个题项请被调查者评估自身知识、技能过时程度；第 2～5 个题项用于回答导致知识、技能过时的原因；其余三个题项揭示知识、技能过时是否会对工作带来影响，由此可见测量的视角颇为全面。尽管是现成测量工具，但该量表针对性较强，使用情境并不广泛，能否直接用于测量我国知识员工的人力资本贬值程度还值得商榷，故此处先将其纳入初始题项范围，后续通过数据分析对其适用情况进行判断。相关题项请外语学院教师协助翻译与比对，以确保意义准确。

第三部分是根据第一阶段访谈内容提取形成的量表，该部分题项不多，只有三项。访谈过程中，多数专家、学者对前两部分的量表内容基本表示认可，未提出新增题项的意见。但也有部分专家指出，已有量表中的题项具有一定敏感性，测量结果容易受到社会称许性的影响而产生偏差。被调查者在填写量表时，基于安全考虑，容易低估或刻意回避自身的人力资本贬值现状，可考虑合理地设计一些正面表述题项，降低被调查者的顾虑，减弱上述因素的影响，从而得到更为真实准确的数据信息。作者采用了专家的建议，在现有量表的基础上，增加了三条正面表述题项。附注六是有关初始量表的具体内容。

二、访谈调研

形成与确定初始量表后，笔者所在研究团队开始了第一轮调研，对 6 位企业行政人事部门资深经理以及人力资源管理、组织行为领域的高校教授进行访谈，在初步介绍相关概念和背景的基础上，请受访者回答对人力资本贬值的理解、看法等并进行语音记录，同时请他们就之前整理题项的内容效度进行评估。在访谈过程中，部分学者认为有些题项可直接删除，例如 HCD12“以前在学校和培训中所学的知识技能，现在基本都过时了”与 HCD23“我在高等教育期间获得的知识和技能现在过时了”所表达的意思基本相同，可去除其中一项；又例如 HCD8“我所掌握的知识技能水平高于当前工作要求”不属于人力资本贬值范围，而与人岗匹配的关系更为密切，因此亦可以删除。诸如此类的，不一一列举。之后，笔者一方面对量表做进一步简化，同时又对访谈文稿进行了编码分析，根据内容提及的频率提炼关键语干并标示，参照访谈对象的意见，形成了三条新的题项；并根据评估结果计算已有题项的内容效度指数(I-CVI)与调整后 kappa 值(具体计算方法与公式详见附注七)。按照 kappa 值小于 0.5 的题项应该剔除的标准，结合部分专家的直接意见，第一轮共删减 11 条题项，剩余 22 条。具体如表 3－3 所示。

表 3－3　人力资本贬值量表初始题项预测试结果

序号	第一轮调研			第二轮调研		
	I-CVI 值	调整后 Kappa 值	备注	I-CVI 值	调整后 Kappa 值	备注
HCD1	1.000	1.000	保留	1.000	1.000	保留
HCD2	1.000	1.000	保留	1.000	1.000	保留
HCD3	1.000	1.000	保留	1.000	1.000	保留
HCD4	1.000	1.000	保留	1.000	1.000	保留
HCD5	1.000	1.000	保留	1.000	1.000	保留
HCD6	1.000	1.000	保留	0.800	0.763	保留
HCD7	0.667	0.565	保留	0.400	0.127	剔除
HCD8	0.167	0.080	建议直接删除	—	—	—
HCD9	0.167	0.080	建议直接删除	—	—	—
HCD10	0.333	0.129	剔除	—	—	—
HCD11	0.333	0.129	剔除	—	—	—
HCD12	1.000	1.000	保留	1.000	1.000	保留
HCD13	0.667	0.565	保留	0.800	0.763	保留
HCD14	0.667	0.565	保留	0.800	0.763	保留
HCD15	0.667	0.565	保留	0.400	0.127	剔除
HCD16	0.667	0.565	保留	0.600	0.418	剔除
HCD17	0.333	0.129	剔除	—	—	—
HCD18	0.833	0.816	保留	0.600	0.418	剔除
HCD19	0.833	0.816	保留	0.600	0.418	剔除
HCD20	0.167	0.080	剔除	—	—	—

续表

序号	第一轮调研			第二轮调研		
	I-CVI 值	调整后 Kappa 值	备注	I-CVI 值	调整后 Kappa 值	备注
HCD21	0.167	0.080	剔除	—	—	—
HCD22	0.667	0.565	保留	0.600	0.418	剔除
HCD23	1.000	1.000	建议直接删除	—	—	—
HCD24	1.000	1.000	保留	1.000	1.000	保留
HCD25	0.833	0.816	保留	1.000	1.000	保留
HCD26	0.667	0.565	建议直接删除	—	—	—
HCD27	0.500	0.273	剔除	—	—	—
HCD28	0.667	0.565	建议直接删除	—	—	—
HCD29	0.833	0.816	保留	0.800	0.763	保留
HCD30	0.667	0.565	保留	0.600	0.418	建议直接删除
HCD31	—	—	新增题项	0.400	0.127	剔除
HCD32	—	—	新增题项	0.400	0.127	剔除
HCD33	—	—	新增题项	0.400	0.127	剔除

注：I-CVI 是指题项的内容效度系数；专家对题项具有一票否决的权利，因此第一轮调研中尽管部分题项的 I-CVI 值与调整后 Kappa 值均满足要求，仍予以删除；HCD31-HCD33 为根据第一轮调研访谈内容提炼形成的新题项。

第二轮调研包括两个部分：一是请原受访人员确认新题项的内容是否与第一轮访谈中他们所表达的意思一致，并根据反馈对量表作进一步调整，删除部分表述不明或存在歧义的题项，例如“目前工作中有许多提高我的知识技能水平的机会”等。二是邀请 5 位新的人力资源管理专家与企业工作者对修正后的量表进行内容效度评估，根据与第一轮相同的标准删除了内容效度指数过低的题项，最终保留 12 项，并按照先前的题项排列顺序对剩余 12 项以 HCD1-HCD12 为标示进行重新编号。

第三轮调研目的主要是通过一定量的样本采集，对第二轮调研中剩余的 12 条题项作进一步修正，并检验其信度和效度。量表预测试样本数量要求暂无统一标准，一般要求受试者与题项比例最好大于 5∶1，样本数要尽量大，才能确保因子分析结果的可靠性(Gorsuch，1983)；有学者认为，预试对象人数以问卷中包括最多题项的分量表的 3～5 倍为基准(吴明隆，2003)。按照这一要求，作者选取商学院年轻教师、MBA 学员以及企业工作者为调研对象，采用 Likert 五点式，基于线上与线下结合的问卷发放形式，最终收集得到有效问卷 171 份，满足数量要求。表 3-4 是样本分布情况。

表 3-4　预调研样本分布情况

变量		数值(占比)	变量		数值(占比)
性别	男性	99(57.9%)	岗位层级	基层	114(66.7%)
	女性	72(42.1%)		中、高层	57(33.3%)
年龄	≤25 岁	15(8.8%)	教育程度	大专及以下	23(13.5%)
	26—35 岁	92(53.8%)		本科	93(54.4%)
	36—45 岁	45(26.3%)		硕士研究生及以上	55(32.1%)
	≥46 岁	19(11.1%)			

三、量表预测试

检验量表之前，先对收集到的样本数据进行编号：其中单数编号问卷共计 86 份，后续用于探索性因子分析与信度分析；偶数编号问卷共计 85 份，后续用于验证性因子分析；项目分析与效度分析则基于所有样本数据进行。

（一）项目分析

首先利用预调研数据进行项目分析，以进一步修正量表，分别采用两种方法：临界比值法与题项总分相关法。前者是以所有题项的总分为依据，将样本分为高分组与低分组，在此基础上计算各个组别单个题项的平均差异，并利用独立样本 t 检验判断这种差异是否在统计学意义上显著。若显著，则认为该题项能够鉴别不同被试者的反映程度；反之，则不能鉴别，应予删除。参照上述方法，作者以题项总分前 27%的样本作为高分组；后 27%的样本作为低分组，分别计算了各个题项的均值差异，并进行了显著性检验。

结果如表 3-5 所示，其中题项 HCD1 至 HCD9 在不同组别间的均值差异均在统计学意义上显著($p<0.05$)，题项 HCD10 至 HCD12 的均值差异不明显，故按照要求删除 HCD10 至 HCD12 三个题项。在此基础上，对剩余题项利用题项总分相关法作进一步判断。该方法衡量的是某一题项与其余题项总分间的相关性，通常要求这一数值大于 0.4，否则需考虑删除这一题项(Churchill，1979)。

表 3-5 校正后题项与总分之间的相关系数

题项	均值差	t 统计量	显著性
HCD1	1.696	7.164	0.000
HCD2	1.739	6.906	0.000
HCD3	1.739	7.081	0.000
HCD4	1.783	8.055	0.000
HCD5	1.609	5.974	0.000
HCD6	1.870	6.607	0.000
HCD7	1.087	3.275	0.002
HCD8	1.174	3.872	0.000
HCD9	0.913	3.034	0.004
HCD10	0.261	1.227	0.226
HCD11	−0.043	−0.230	0.819
HCD12	0.043	0.218	0.828

注:均值差=高分组均值−低分组均值。

利用统计软件计算得到校正后题项与总分之间的相关系数如表 3-6 所示,可见题项 HCD1 至 HCD6 与总分间的相关系数均大于 0.4;而题项 HCD7 至 HCD9 与总分间的相关系数均在 0.2 以下,远低于 0.4 的水平,故予以删除。因此,在经过初步的项目分析后,最终还剩余 6 条题项,下文将进一步作信度、效度检验。

表 3-6 校正后题项与总分之间的相关系数

题项	HCD1	HCD2	HCD3	HCD4	HCD5
相关系数	0.628	0.594	0.595	0.615	0.525
题项	HCD6	HCD7	HCD8	HCD9	
相关系数	0.407	0.193	0.189	0.185	

(二) 探索性因子分析与信度分析

因子分析前,需进行 KMO 测试和巴洛特利球体检验。根据 Kaiser (1974)的观点,KMO 值在 0.6 以下不适合作因子分析。只有当 KMO 值大于 0.6,巴洛特利球体检验统计量达到 0.05 水平下显著,量表才适合作因子分析。本文利用第三轮调研所得样本中的单数编号问卷对剩余 6 个题项进行探索性因子分析，结果显示，KMO 值为 0.835，巴特利特球形检验 χ^2 值为 244.51，且在 0.001 水平显著，代表母群体的相关矩阵之间有共同因子存在，适合作因子分析。对原始数据采用主成分分析法抽取因子，以特征值大于 1 为标准提取公因子，对抽取的因子进行 Varimax 正交旋转，得到结果如表 3-7 所示。

表 3-7　探索性因子分析

题项	HCD1	HCD2	HCD3	HCD4	HCD5	HCD6
因子载荷	0.853	0.854	0.846	0.792	0.633	0.607
共同度	0.727	0.730	0.715	0.627	0.401	0.368

可见，所有题项的共同度均大于 0.35，表示六个题项对人力资本贬值构念的解释能力均较强。探索性因子分析共提取 1 个因子，表明所有题项均被划分在一个维度，其方差贡献率达到了 59.45%，初步可以判断量表具有较好的内容效度。

为了进一步检验量表的可靠性和有效性，探索性因子分析后需对量表作信度检验。信度(Reliability)即量表内部一致性，指测量的一致性程度或一个测量工具在同样情况下对同一对象重复测量所得相同结果的可能性(Babbie，1999)。“Cronbach α 系数”是最常用的信度检验数据，系数越高，说明量表内部一致性越好。具体标准参照吴明隆(2003)的观点，即量表的信度系数最好在 0.8 以上，0.7～0.8 属可接受范围。

表 3-8 为信度分析结果，数据显示，量表的 Cronbach α 值达到了 0.855，具有较好的内部一致性，满足研究所需。此外，单独剔除各个题项后，剩余量表的 Cronbach α 值未较原量表有显著增加，因此将全部保留六个题项，不作删减。

表 3-8　信度分析

题项	删除该题项后的量表信度	量表总体信度
HCD1	0.813	0.855
HCD2	0.812	
HCD3	0.812	
HCD4	0.823	
HCD5	0.857	
HCD6	0.864	

（三）验证性因子分析

验证性因子分析测量题项与对应维度间的关系是否符合研究者的理论预期，它是对量表结构效度的进一步验证。学者指出（潘绵臻，2008），验证性因子分析中所使用的样本数量与题项比例应大于 10 ∶ 1，同时不能使用探索性因子分析中的相同样本。因此，作者利用第三轮调研得到的偶数编号样本数据进行验证性因子分析，共计 85 份，满足大于题项数 10 倍（6×10＝60）的要求。

判断模型拟合程度优劣常用的指标包括：卡方除以自由度（χ^2/df），当该数值大于 1 且小于 3 时，模型拟合程度较理想，实际研究中若该数值大于 1 且小于 5，则同样可以接受。此外，常用的判断指标还包括：拟合度指数（GFI）、比较拟合指数（CFI）、增量拟合指数（IFI）、非赋范拟合指数（NNFI）、渐进误差均方根（RMSEA）、标准化均方根残差（SRMR）等等。其中，GFI、CFI、IFI、NNFI 等适合度指标一般要求大于 0.9，但 Bagozzi 和 Yi（1988）、Segars 和 Grover（1993）认为 0.9 门槛过高，可适度放低至 0.8；此外 RMSEA 应小于 0.08，小于 0.1 属可接受范围；SRMR 理想状态应小于 0.05，小于 0.08 属可接受范围，详见表 3－9。

表 3－9　验证性因子分析拟合指标判断标准

指　标	χ^2/df	GFI	CFI	IFI	NNFI	RMSEA	SRMR
理想标准	≥1，≤3	≥0.9	≥0.9	≥0.9	≥0.9	≤0.08	≤0.05
可接受标准	≥1，≤5	≥0.8	≥0.8	≥0.8	≥0.8	≤0.10	≤0.08
拟合指标值	1.36	0.96	0.99	0.99	0.99	0.057	0.038

利用结构方程模型分析软件 lisrel8.5 对人力资本贬值量表进行验证性因子分析，得到各指标数值如下：其中 χ^2/df 为 1.36，GFI 为 0.96，CFI 为 0.99，IFI 为 0.99，NNFI 为0.99，RMSEA 为 0.057，SRMR 为 0.038。可见所有指标均满足理想标准，模型具有较好的拟合程度，是可以接受的。

因子载荷系数方面，Tabachnica 和 Fidell（2007）认为：因子载荷量大于 0.71 属理想状况；大于 0.63 属非常好的状况；大于 0.55 是较好状况；大于 0.45 属一般状况；小于 0.32 属不理想状况。验证性因子分析结果显示（如图 3－4），5 个题项的因子载荷大于或等于0.63，属于非常好的情况；此外，有一个题项的因子载荷为 0.5，在可以接受范围内。因而从总体上看，各个题项均具有较高的解释力。

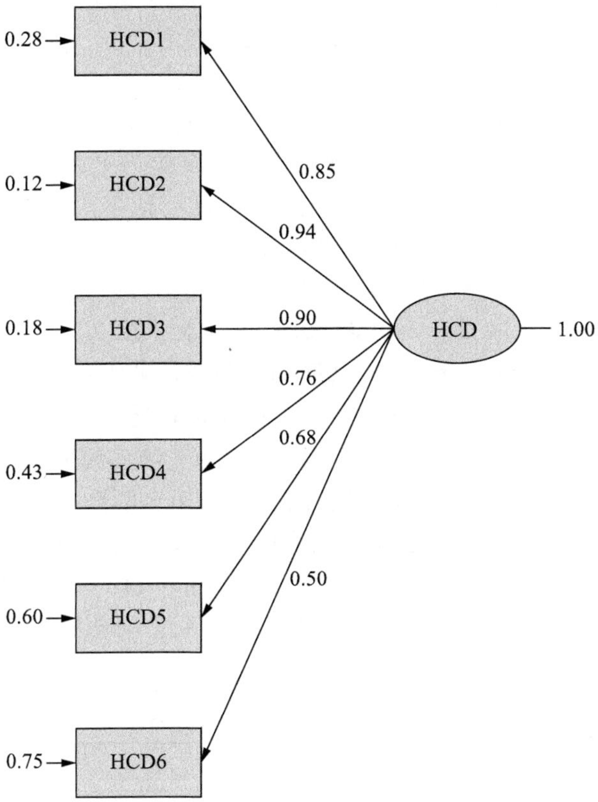

图 3-4　验证性因子分析检验结果

(四) 效度分析

1. 聚合效度分析

聚合效度是指通过不同方式测量同一构念时,观测到的数值也应该高度相关(Campbell & Fiske, 1959)。一般可通过计算潜变量的组合信度(Composite Reliability, CR)与平均变异萃取量(Average Variances Extracted, AVE),来判断变量测量的聚合效度(Fornell、Larker,1981)。

组合信度类似于 Cronbach 系数,反映了量表的内在一致性程度,计算公式为:$CR=(\sum\lambda)^2/((\sum\lambda)^2+\sum(1-R^2))$。其中,$\lambda$ 为因子载荷数值;$\sum(1-R^2)$为估计误差的方差之和,该数值一般需要达到 0.70 及以上。根据该公式,利用图 3-4 中各题项对应的因子载荷数值计算得到该量表的 CR 值为 0.90,表明量表具有较好的组合信度。

AVE 值等于各潜变量对应题项因子载荷数值平方的平均值,即 $AVE=(\sum\lambda^2)/n$。其中,λ 为因子载荷数值;n 为潜变量所对应的题项数,该数值需要达到 0.50 及以上。根据该公式计算得到该量表的 AVE 值等于 0.61,大于0.50的标准，说明潜变量对其所属指标所能解释的变异百分比在60%以上。以上结果均表明，该量表具有较好的聚合效度。

2. 效标关联效度分析

效标关联效度是测验对个体的效标行为表现进行估计的有效性程度，具体指问卷测量结果和有效度标准（被假设或定义为有效的某种外在标准）之间的一致程度。在实际操作中可以通过测量目标量表与其他成熟量表的相关程度，检验目标量表的效标关联效度。

在测试指标的确定上，笔者选取知识学习和岗位匹配用于测量人力资本贬值量表的效标关联效度。一方面，知识获取水平越高，个体人力资本更新的速度和节奏也就越快。新知识、技能的不断获取能降低人力资本贬值带来的冲击，减缓人力资本贬值程度。因此，人力资本贬值与知识获取间应呈现负相关关系。另一方面，人力资本贬值意味着个体知识、技能的流失或过时。程度越高，个人满足岗位需求的可能性就越低，岗位匹配度也就越低。因此，人力资本贬值与岗位匹配间也应呈现负相关关系。测量工具方面，岗位匹配与知识获取均采用成熟量表，前者来源于 Guan 和 Deng（2012）的研究；后者来源于蒋天颖（2009）的研究。利用 SPSS 进行变量间相关性分析，得到结果表3-10所示。

表3-10　效标关联效度分析

变量	均值	标准差	1	2	3
人力资本贬值	2.84	0.767	1		
知识获取	3.75	0.565	−0.282***	1	
岗位匹配	3.29	0.721	−0.335***	0.301***	1

注：*** $p<0.001$。

人力资本贬值与知识获取呈负相关关系（$r=-0.282, p<0.001$）；人力资本贬值与岗位匹配呈负相关关系（$r=-0.335, p<0.001$）。上述结果均符合先前的理论假设，说明该量表具有较好的效标关联效度。

经过上述一系列检验，最终形成包含6条题项的人力资本贬值测量量表："以前掌握的一些当前工作需要的知识和技能，我已经遗忘了"、"以前掌握的一些当前工作需要的知识和技能，我已经生疏了"、"以前掌握的一些当前工作需要的知识和技能，我不能运用自如了"、"我所掌握的一些知识技能已经过时了"、"工作要求发生了变化，我掌握的一些知识技能用不上了"、"工作提出了新要求，我掌握的知识技能不够用了"。量表在信度、效度上均满足研究所需，后续第四至第七章节中关于知识员工人力资本贬值程度的测量也均基于这一量表。

第四章 面向人力资本贬值的高绩效工作系统

前述章节已就人力资本贬值的发生背景、研究现状作了系统梳理，为后续关于人力资本贬值应对研究的进一步展开提供了理论铺垫。从本章开始，笔者将基于组织管理视角，采用理论、实证相结合的方法，探索可能对人力资本贬值存在影响的组织和个人因素，以期望找到处理这一问题的切入点。本章首先将从人力资源管理全局入手，辨析高绩效工作系统与人力资本贬值之间的内在联系，提出在贬值问题背景下，高绩效工作系统的大致框架及对应的内容元素。第五章至第七章将陆续讨论高绩效工作系统中与贬值问题相关的具体人力资源管理实践。

高绩效工作系统于20世纪80年代提出，不同于传统人力资源管理主要从事招聘、薪酬、绩效评估等事务性工作，它旨在综合各个职能模块，通过系统的人力资源管理互动帮助组织实现战略目标(Wright & Boswell, 2002)。之所以选择高绩效工作系统为研究突破口，从现实来看，知识经济时代，人力资本是组织获取竞争优势的最主要途径。员工是知识、技能的承载者、维护者与创造者，高绩效工作系统正是通过对员工的引导和管理，促进组织目标实现，可见它与人力资本贬值间应有着密切联系。理论方面，研究表明，高绩效工作系统强调体系化的人力资源管理活动，适合用于管理具有"系统性"特点的人力资本更新与贬值；此外，高绩效工作系统的作用结果涉及人力资源、运营和财务三个层面，其中人力资源结果是基础，受到人力资本贬值的影响，因而也值得高绩效工作系统研究的关注。

第一节 人力资本贬值背景下的高绩效工作系统探讨

高绩效工作系统(High Performance Work System, HPWS)又称为高承诺工作系统、高参与工作系统、最佳人力资源实践、高绩效工作实践等，是组织为实现战略目标而采取的一系列有计划的人力资源管理活动。高绩效工作系统随着战略人力资源管理研究的发展而提出，相关研究可分为“内容(content)视角”与“过程(process)视角”两大类。顾名思义，内容视角的研究聚焦人力资源系统的内容，探讨如何更好地建构和设计人力资源系统，以提升其战略有效性。过程视角的研究聚焦人力资源系统的实施，探讨如何更好地实施人力资源系统，以使其更好地发挥出所期望的作用。本节将首先从这两方面对已有研究进行系统介绍；之后探讨人力资本贬值背景下高绩效工作系统的结构设计与对应的人力资源管理实践。

一、高绩效工作系统的理论基础

（一）内容视角下的高绩效工作系统的研究

内容视角的高绩效工作系统研究呈现出四种理论建构模式：普适观(Universalistic)、权变观(Contingent)、形态观(Configurational)和情境观(Contextual)。

1. 普适观下的高绩效工作系统

普适观是高绩效工作系统研究中最简单的理论建构模式，主张存在某项特定的人力资源管理实践能为任何组织都带来更好的绩效，并将之视为具有普遍适用性的“人力资源管理最佳实践”(Best Practice)。普适观也因此被称为最佳实践观。早期相关研究仅着眼于单项人力资源管理实践。例如，Gerhart 和 Milkovich(1990)发现，使用绩效薪酬的组织能获得更好的长期财务绩效；Russell 等(1985)验证了员工培训与公司财务绩效间的显著正向关系。随着研究发展，学者们开始着眼于多项人力资源管理活动，寻找一组高绩效工作实践(High Performance Work Practices)。例如，Pfeffer(1994)发现，组织更好地运用参与和授权、激励性薪酬、雇佣保障、内部晋升等 16 项管理实践可以获得更高的生产率和利润率。Huselid(1995)发现，激励性薪酬、选择性人员配备、员工参与等实践能降低员工流失率，改善组织绩效。目前，这种“系统”观点被普遍采用。因为现实中组织通常同时使用多项 HRM 实践，仅关注单独的某项或某类便忽略了其他 HRM 实践的作用，从而易导致误导性结论(Jiang et al.，2012；Lepak et al.，2006)。

普适观研究主要基于人力资本理论和资源基础观。人力资本理论认为，由员工知识、技能和能力构成的人力资本，当其投资回报超过劳动力成本时就能为公司带来经济价值；资源基础观则进一步明确了人力资本为组织带来超常收益的条件，即有价值的、稀缺的、难以模仿的和不可替代的(Wright 等，1994)。相关研究据此认为，组织可运用招聘与甄选、培训与开发等 HRM 实践来获取和维护具有价值性、稀缺性、难以模仿性和不可替代性的人力资本，进而改善绩效(Wright 等,2001;Cabellc-Medina 等,2011;Nyberg 等,2014)。

2. 权变观下的高绩效工作系统

权变观认为,人力资源管理实践与绩效间关系受制于组织情境因素,因而不存在能为所有组织都带来高绩效的最佳实践;有效的人力资源管理实践必须与组织其他方面保持一致(Delery & Doty,1996)。这种一致性(Consistence)亦被称为纵向匹配(Vertical Fit)(Delery,1996)或外部匹配(Extern Fit)(Baird & Meshoulam, 1988),权变观也因此被称为最佳匹配观(Best Fit)。

权变观研究围绕如何实现纵向匹配展开。例如,Baird 和 Meshoulam(1988)认为,组织的 HRM 活动须与其发展阶段保持一致,并分析了处于不同发展阶段的组织,其 HRM 活动应具备的特征。Jachkson 等(1989)实证检验了行业、创新战略、制造技术、组织文化和规模等因素与 HRM 实践之间的相关关系。Akinlade 和 Shalack(2016)分析了非营利组织价值观对其 HRM 的影响。Shin(2014)发现,公司竞争战略类型会影响其高绩效工作系统的特点。权变观研究主要从行为视角推演其权变假设——不同组织情境下所需的员工行为不同,HRM 实践应引导员工表现出所需行为,以帮助组织达成目标(Schuler 和 Jachkson,1987)。后续研究进一步分析了 HRM 实践能够引导员工行为的原因。

权变观研究主要基于社会交换理论、代理/交易成本理论和组织氛围理论。其中,社会交换理论强调双方"投桃报李"式的互惠,研究据此认为组织通过人力资源管理实践对员工表现出重视和关心,员工便会以积极的态度和行为作为回报(Jiang 等,2013)。代理/交易成本理论认为,人是机会主义的,缺乏必要约束或激励时有很强的"偷懒"动机;HRM 实践能监督员工行为,识别其贡献,并给予相应奖惩,故可用以控制员工行为(Wright 和 McMahan,1992)。组织氛围是员工就组织中正式与非正式政策、实践、程序等达成的共识,员工能从中得知哪些行为是组织期望和奖励的;HRM 实践被认为是组织氛围的重要前因变量,能通过营造组织氛围进而影响员工态度和行为(Lin 和 Liu,2016;Lepak 等,2006)。

3. 形态观下的高绩效工作系统

形态观的基本思想源于组织理论和战略管理研究中的形态理论(Configurational Theory),主张有机配置不同要素以产生所需的总体特性(张正堂,2004)。Wright 和 Mcmahan(1992)的定义很好地体现了形态观的内涵——高绩效工作系统是为了实现组织目标所规划的人力资源部署和活动模式。根据形态观,HR 系统必须同时满足纵向匹配(Vertical Fit)和横向匹配(Horizontal Fit);前者是人力资源管理实践与组织目标之间的一致性;后者是各项人力资源管理实践之间的协调与契合(Wright 和 Mcmahan,1992)。

形态观研究致力于构建兼具纵向和横向匹配的理想 HR 系统,通常分三个步骤:首先,明确 HR 系统所期望达到的目标,或者综合组织的行业、结构、技术、战略等因素形成一个具有某种特征战略形态（Strategy Configuration）；其次，分析实现该目标所需的或与该战略形态相适应的 HRM 实践的类别与特征，即人力资源政策（HR policy）；最后，在人力资源政策指导下，确定具体 HRM 实践。

形态观研究常用的理论有开放系统理论和 AMO 理论。开放系统理论将组织描述为从环境中接受输入（人、财、物等），然后将其转化为某种形式输出（特定产品、服务等）的开放系统（Wright 和 McMahan，1992）。Wright 和 Snell（1991）据此构建了 HRM 的开放系统模型，以具备一定能力（知识、技能等）的员工为输入，员工行为是转化过程，输出即员工的情感和绩效结果（工作满意度、生产率等），从而认为 HR 系统由能力管理和行为管理两大类实践构成。AMO 理论认为，员工执行工作的能力（Ability）、动机（Motivation）和机会（Opportunity）是其绩效的三大决定因素，因此旨在提升员工绩效的 HR 系统须从这三方面着手，借助能力管理、动机管理和机会管理三类实践来达到目的（Jiang 等，2012a；Jiang 等，2012b；Lepak 等，2006）。

4. 情境观下的高绩效工作系统

情境观认为外部环境（文化、制度、法律等）也会对 HRM 实践产生重要影响（Brewster，1999）。例如，组织采用某项人力资源管理实践可能并非基于战略目标和绩效的考虑，而是为了迎合当地的风俗或法规。这种视角转变改变了高绩效工作系统研究的内容、方法和分析层面（Martín-Alcázar 等，2005）。内容方面，情境观则更注重人力资源管理的情境独特性；方法方面，情境观研究更多地遵循归纳逻辑，借助相关质性分析方法，通过深度的数据收集、整理和分析建构理论；分析层面，情境观将人力资源管理置于宏观环境中，可从地域、民族和国家等更高层面进行分析。

情境观的思路更趋近制度理论和资源依赖理论。制度定义了事物应有的状态或呈现方式，构成对主体的约束；个体或组织必须践行制度规范，使自身呈现出合规状态，以求得生存（李玉刚和童超，2015）。例如，为回应最低工资规定，企业必须对其薪酬政策作相应调整。资源依赖理论认为，组织的有效运转依赖于诸多有价值资源，对这些资源的控制能力赋予个体或群体相应的权力，资源越稀缺，权力越大（Wright 和 McMahan，1992）。所以，企业在人力资源管理实践中可能违背理性战略考量，而“偏袒”掌握资源的权力者。

（二）过程视角的高绩效工作系统研究

尽管内容视角的高绩效工作系统研究取得了丰富成果，但其仅聚焦于为实现特定战略目标组织进行人力资源选择的实践（即高绩效工作系统的建构）所蕴含的假设是：设计完美的高绩效工作系统一定能帮助组织改善绩效。然而，Bowen 和 Ostroff（2004）指出，一套设计完美的高绩效工作系统也可能因未被员工很好地理解和接受而不能发挥出期望的效果。特别是受个性、岗位类型、职位等级等影响，不同员工很可能对同一人力资源实践的目的、意义和价值进行不同归因，进而导致差异化的员工态度和行为，使高绩效工作系统实际效果偏离预期。因此，要提升高绩效工作系统的效果，不仅要优化其内容构成，还要提升其实施质量。在此背景下，过程视角的高绩效工作系统研究应运而生。

过程视角研究旨在让员工更好地理解和接受人力资源实践，并形成共识，引发一致的态度和行为。此类研究注重员工在高绩效工作系统与组织绩效关系间扮演的重要中介角色，重点探讨如何使高绩效工作系统更好地被员工理解和接受，从而使员工的认知和行为与组织期望保持一致。Bowen 和 Ostroff(2004)在此方面起到了奠基作用。根据归因理论和社会影响理论，他们提出高绩效工作系统的强度(Strength)概念，并用三个维度和九个子维度进行界定，分别为：独特性(Distinctiveness)，指在环境中能引人注意并产生兴趣的程度，包括可见性、可理解性、职权合法性、相关性；一致性(Consistency)，指多项人力资源实践内容之间及其与行为结果和时间的一致性程度，包括工具性、有效性、HRM 信息的一致性；共识性(Consensus)，指政策制定者之间对人力资源实践认知的一致性程度，包括决策者间的共识性与公平性。Bowen 和 Ostroff 认为，具备这三大特征的高绩效工作系统会在组织内形成一个强大的人力资源管理氛围，使员工对管理实践、政策和流程等产生清晰的感知和共同。

针对 Bowen 和 Ostroff 的人力资源管理系统强度概念与理论，诸多研究进行了实证检验。Chen 等(2007)发现，组织层面的人力资源管理氛围强度不仅与员工绩效正相关，而且正向调节员工感知的人力资源实践与情感忠诚间的关系。Sanders 等(2008)也得到了类似结论，并发现人力资源管理氛围强度在高绩效工作系统特征与情感忠诚度之间具有中介作用。Li 等(2011)发现，具备三大特征的高绩效工作系统能显著提升员工工作满意度和工作活力，并降低离职意愿。Ehrnroot 和 Bjorkman(2012)的研究表明，高质量的高绩效工作系统实施通过信号效应和认同控制两种机制形成一种“期望型控制”——向员工传递清晰的组织期望，使其既感知到高绩效工作系统的相关性和重要性，又能建立对组织的高度认同，在强化人力资源管理激励效应的同时使员工目标与组织目标相一致。

随着研究的不断深入，有学者开始关注高绩效工作系统实施带来的负面作用。Van Buren 等(2011)提醒，现在的人力资源管理越来越定位于服务企业本身的战略目标，而对战略的高度关注往往会降低对员工的关注。尽管组织和员工的利益存在重合，但大部分情况下是排斥的，至少是竞争的。

前文已经提到，Alvesson 和 Karreman(2007)认为人力资源管理并不是以一种理性的方式来发挥作用，而是通过建构组织的意义、价值和导向使得员工对组织产生认同。他们认为，高绩效工作系统的主要价值在于开发人的潜力，这在很大程度上会影响员工的动机、自信和承诺。

沿着这一思路我们不难想到，长期处在高组织期望和高自我期望的系统中，员工会产生巨大的精神压力，这会影响他们的工作态度和行为。最新的研究发现，高绩效工作系统提高员工绩效是以更高的控制和工作强度为代价的(Jensen 等，2013)。这一观点认为高绩效工作系统会导致员工层面一些消极结果的产生，如更长的工作时间、更大的工作压力、工作不安全感和情绪耗竭(Wood 等，2012)。

之所以会出现这样的情形，可能是因为高绩效工作系统在实施过程中结合了自愿和强制两方面的手段，员工面临较大的工作责任和工作负荷，同时又要保持较快的工作节奏。这些员工层面的消极后果，被证实会作为中介因素负向影响人力资源管理和员工绩效的关系 (Bakker 等，2004)。这种潜在的负面作用值得引起未来研究的关注。

进一步地，Ehrnroot 和 Bjorkman(2012)将人力资源管理的过程特征指标化为相关度、强度和效度，并整合 AMO 理论、信号效应和期望控制效应三种视角，发现人力资源管理的过程特征会通过心理授权的中介作用带来员工创造力和工作负荷的上升，从而首次阐释了高绩效工作系统对员工的双重效应。

综上所述，上述两大研究范式各有侧重，互为补充，强调高绩效工作系统的有效性同时依赖于其科学设计(内容视角)与精确实施(过程视角)。此外，内容视角下的权变观、形态观及情境观均认为，高绩效工作系统所包含的具体人力资源管理实践并不是一成不变的，它受到组织内、外部因素的综合影响。因而在人力资本贬值形势不断严峻的今天，高绩效工作系统应更加关注哪些方面，是否需要包含新的要素，这些值得进一步探讨。

二、人力资本贬值背景下的高绩效工作系统探讨

首先需要指出的是，此处分析的仅为高绩效工作系统所对应的结构设计与具体人力资源管理实践，具体实施方案需要组织根据实际情况另作规划和安排，故不在讨论范围内。

(一) 面向人力资本贬值的高绩效工作系统结构设计

之前介绍的形态观视角，对高绩效工作系统的内部构成进行了比较系统和细致的剖析。根据 Jiang 等(2012)等形态观研究，高绩效工作系统的内部构成要素之间具有一定的结构性与相互关系。从纵向来看，高绩效工作系统包含系统(System)、政策域(Policy Domain)、政策(Policy)和实践(Practice)四个分析层次，相邻两个分析层次之间紧密衔接，表现为下一分析层次是上一分析层次目标的分解或具体表现；从横向来看，每一分析层次内部又包含多种不同的具体要素，它们之间以协同、叠加等方式相互作用，从而实现所在

层次的具体目标。

首先,系统是最高的分析层面,它要解决的核心问题就是明确高绩效工作系统所期望实现的目标。面向人力资本贬值的高绩效工作系统,其主要目的就是为了预防或缓解贬值问题。具体来说,即在员工人力资本未发生贬值时能"防祸于未然",在员工遭遇人力资本贬值时能及时补救,使之恢复到未贬值状态。管理学中的人力资本贬值最终表现为人力资本岗位适用性的降低。因此,人力资本贬值管理系统的最终目的在于维护员工人力资本的岗位适用性,或者说工作有效性。其关键不在于保持工作要求不变,而在于激发员工及时有效的更新行为,使员工面对工作中发生的变化时能及时采取有效的更新,保证自身知识技能满足工作要求的状态。

政策域是对高绩效工作系统总目标的分解,每个人力资源政策域对应于人力资源管理系统总目标的一个子目标而设定。人力资本贬值可基于 AMO 理论框架进行完整解释,它由员工更新自身知识技能的能力、动机和机会决定。因此,旨在应对人力资本贬值的高绩效工作系统,应从改善个体更新自身知识技能的能力、动机和机会三方面着手。相应地,高绩效工作系统应由能力管理、动机管理和机会管理三类管理实践构成。具体而言,能力管理政策域旨在改善员工有效更新自身知识技能的能力,包括已有知识技能的水平与种类、认知能力、天赋,以及身心健康状况;动机管理政策域旨在增强员工进行知识技能更新的动机,包括由个性、兴趣、价值观等驱动的内部动机,以及由物质和心理需求激发的或受组织氛围影响而产生的外部动机;机会管理政策域旨在为员工进行知识技能更新提供便利的条件与资源支持,包括正式以及非正式的学习机会。

人力资源政策是对政策域目标的进一步分解,旨在明确使用何种类型的人力资源管理实践,以实现所属人力资源政策域的目标。人力资源管理实践则是在人力资源政策指导下所选择或设计的,在组织实际人力资源管理过程中所实施的具体人力资源管理措施。两者构成组织人力资源管理系统的具体内容,直接被员工感知,并对员工的态度和行为产生影响。下一部分将对此作具体分析。图 4-1 为高绩效工作系统结构设计具体图示。

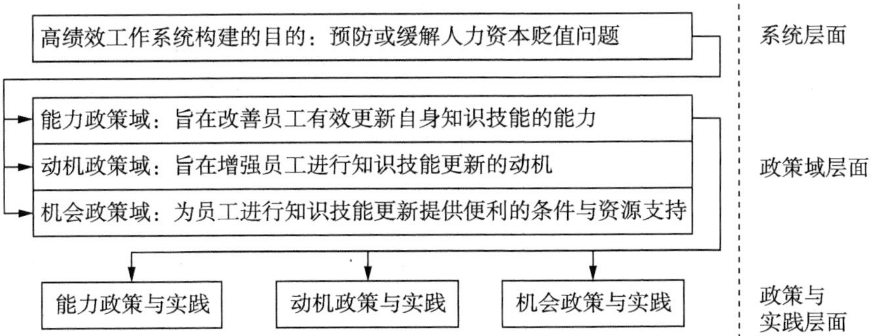

图 4-1　面向人力资本贬值的高绩效工作系统结构设计

（二）高绩效工作系统所包含的具体人力资源管理实践

根据之前的结构设计，面向人力资本贬值的高绩效工作系统所对应的人力资源管理政策与实践应包含能力、动机与机会三大方面。

1. 与能力相关的人力资源管理政策与实践

知识、技能是否得到及时更新对员工人力资本贬值程度有重要影响。而员工的人力资本维护能力由其已有知识技能、认知能力、天赋，以及身心健康状况决定，此类能力决定因素的状况可借助以下两类管理政策与实践进行控制或改善。

(1) 基于个体能力与工作要求匹配原则的员工甄选与招聘。甄选与招聘是组织获取合格任职者的重要途径，借助相关甄选手段，组织可以招聘到具备特定特征的员工。个体能力与工作要求匹配则意味着，个体所拥有的知识技能及其他有关特征与工作所要求的相一致。因此，基于个体能力与工作要求匹配原则的员工甄选与招聘，不仅可以帮助组织招聘到具有高认知能力、天赋异禀，以及身心健康状况良好者，更能保证员工具备工作所需的知识技能及其他身心素质，从而为之后的知识技能更新维护和价值发挥奠定良好的能力基础。相关的人力资源管理实践如知识技能测试、认知能力测试、身心健康状况检查等。

(2) 能力训练与健康维护。对于员工的学习能力以及身心素质和健康状况，除了借助甄选与招聘手段从源头进行把控外，针对已在职员工，组织还可以借助相关能力训练计划与健康维护措施进行维护或进一步改善。能力训练方面，组织可以通过举办各种形式的培训或训练（正式的或非正式的，定期的或不定期的），强化工作所需的某些身心能力，如逻辑推理能力、空间感知能力、力量、速度等。健康维护方面，组织可以通过安排合理的作息时间，成立健康中心，修建体育设施，为员工创造能改善其生理和精神健康的环境。尤其针对知识员工容易遭受的工作压力问题，组织需帮助员工做好压力管理。如开展相关的培训，使员工正确认识工作压力，掌握科学的压力应对方法，并为遭受压力者提供援助。

2. 与动机相关的人力资源管理政策与实践

人力资本更新动机分内部与外部两种。内部动机由个体的人格特质、价值观和兴趣驱动；外部动机由外界因素刺激个体需求或营造某种氛围而引发。由于内、外部动机的不同特点，组织应采取不同特点的管理政策与实践。

针对内部动机，组织的相关管理政策和实践需遵循以下三方面原则。第一，个体与组织的价值观匹配。价值观匹配能降低员工感知到的社会拒绝水平，提升员工的归属感、自尊感、控制感和有意义感（Forstmeier 等，2011）。这种价值认同能显著增强员工的敬业度（赵慧娟，2013），从而使员工在知识技能面临过时老化等威胁时更加积极主动地采取相关更新行为，并在工作中表现得更加努力和投入。第二，个体兴趣与工作特征匹配。研究表明，当个体认为工作是有趣的、吸引人的，或者可从中获得愉悦感时，会产生强烈的内部驱力(赵斌等，2013)。受兴趣驱动，个体更可能积极采取相关更新行为维护知识技能的岗位适用性，以及尽最大努力完成好工作(宋晓梅等，2009)。第三，挑选具有责任心、主动性等积极人格特质的个体。此类人格特质也是内部动机的重要驱动因素，具备此类人格特质的个体在更新维护和发挥运用自身知识技能方面会更加积极。

根据上述三原则，组织可借助甄选与招聘对内部动机进行有效的管理。即，在员工招聘阶段，借助相关的心理测试，如人格测试、价值观测试、职业兴趣测试等，了解员工的人格特质、价值观和职业兴趣；然后，从中选择价值观与组织价值观相匹配的，职业兴趣与工作特征相匹配的，或者具有责任心、主动性等积极人格特质的个体。此外，组织还可以通过工作设计调整工作特点，如增强工作的自主性、挑战性等，使之与员工的兴趣相一致。

针对外部动机，组织在运用相关管理措施和实践时要遵循两方面原则。第一，个体需求与工作回报匹配。个体需求与工作回报相匹配意味着组织的奖惩、晋升系统能够满足员工在物质、心理、发展机遇等方面的需求，从而有助于调动个体的积极性(Guan 等，2010)。第二，营造学习和敬业的组织氛围。组织氛围是员工就组织中正式以及非正式程序、制度、规则等达成的共识，员工能从中得知组织期望和看重什么，会对员工的态度与行为产生重要影响(Jiang 等，2013)。因此，借助相关管理实践和措施营造出组织重视学习和敬业的氛围，身处其中的员工便会在此“社会压力”之下进行知识技能更新和充分利用。

在具体实践中，由于知识技能更新直接影响员工工作能力，而知识技能的发挥与运用进一步决定了工作绩效，因此组织可以把工作能力与工作绩效作为绩效考核的关键因素，并将考核结果与薪酬、福利、晋升、荣誉表彰等相挂钩。这一方面可以通过需求刺激调动员工积极更新并充分发挥自身知识技能的主动性，另一方面也营造出组织重视知识技能更新学习与敬业的氛围，对员工产生潜移默化的影响。当然，由于员工的需求存在个体差异，奖惩规则需要区分不同类别的员工。组织可以在需求调查的基础上，针对不同类别的员工制定相应的福利菜单。菜单式的福利具有形式灵活和内容多样的特点，可以较好地满足员工的多样化需求，从而最大限度地激发员工知识技能更新与运用的积极性。

3. 与机会相关的人力资源管理政策与实践

人力资本维护机会是员工进行知识技能更新所需的支持性资源，如知识学习的途径，所需配套经费、设施、场地等。因此，相关的管理政策需要以给员工知识技能更新提供便利条件和资源支持为宗旨，既要为员工提供正式的知识技能更新和学习机会，又要鼓励员工进行非正式学习，并为之提供制度保障和便利。具体管理实践和措施可以有：

（1）及时地针对性培训。培训是组织为了有计划地帮助员工学习与工作有关的知识技能而进行的结构化学习方式。对于显性知识（容易被编码成文字、图像等形式，便于在不同主体间转移的知识），正式培训的作用十分显著。组织可以通过跟踪行业发展动态或了解员工培训需求，以讲座、会议、论坛、工作坊等形式，及时为员工提供所需的知识技能培训。

（2）建立共享知识库。由于正式培训的时间和地点相对固定，员工可能会因工作或其他事务冲突而不便参加。为了弥补正式培训在灵活性方面的这种缺陷，组织还可以建立共享的知识库。即，将培训的资料以及其他与组织业务发展、工作任务完成等相关的资料，以系统化、数据库化、文档化的形式整理归类后，放入特定的现实或虚拟空间，供员工自由调取查阅。同时，也要做好对资料库的更新和维护。

（3）鼓励非正式学习。除了组织提供的正式学习机会外，员工之间私下的交流与互助以及自发搜索和阅读相关资料也是员工获取知识和信息的重要途径。这种非正式的知识学习方式，在传递隐性度较高的知识（难以被编码为文字、图像等结构化形式，在很大程度上依赖于经验和知觉的知识和能力）时效果十分显著。对于员工间的交流与互助，组织可以鼓励跨部门合作，实行“师傅带徒弟”等制度，设立专门的休息或活动区域供员工交谈，以直接促进员工间的沟通与交流；也可以通过举办团队建设活动，增强员工间的友谊与凝聚力，为相互间的交流与互助奠定良好的基础。对于员工私下的自主学习，组织可以为其提供相应的资金、时间等保障，如报销员工购买相关学习资料的费用等。

综上所述，面向人力资本贬值的高绩效工作系统中，与能力相关的人力资源管理政策与实践包括员工的招聘选拔、健康维护等，与动机相关的人力资源管理政策与实践主要涉及员工激励问题，与机会相关的人力资源管理政策与实践涵盖了员工学习、知识管理、组织内社会关系等。上述内容将在后续章节通过实证研究进一步深入讨论，具体而言：第四章后续内容将从员工学习视角揭示高绩效工作系统对人力资本贬值的影响；第五章分析了不同激励条件下胜任素质对人力资本贬值的作用机理，为员工的招聘选拔及激励机制的设计提供了改进方向；第六章聚焦组织内社会关系，从工作压力与知识获取两条路径分别解释了它与人力资本贬值间的内在联系，提出了完善员工压力管理与非正式学习的建议。第七章关注知识类型，分析在不同信息传递媒介与知识获取强度影响下，知识隐性与人力资本贬值间关系，这对完善组织内知识管理具有一定理论和实践意义。本章与后续章节的内容安排、逻辑联系详见图 4 - 2。

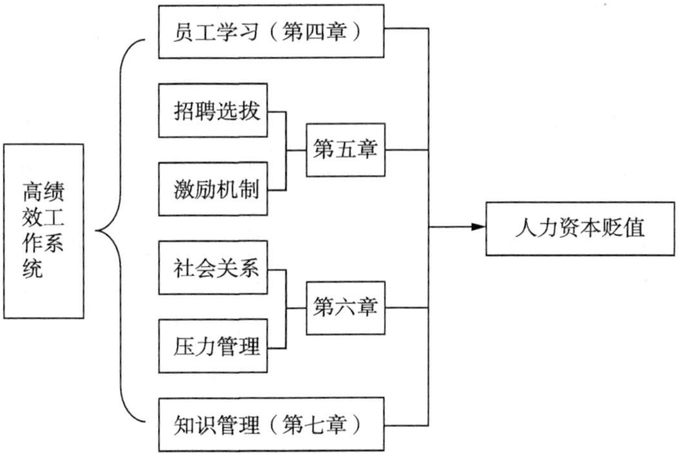

图 4-2　组织管理视角下人力资本贬值应对研究总体框架

第二节　高绩效工作系统对人力资本贬值影响的理论分析

上一节对高绩效工作系统研究进行了回顾和介绍，在此基础上提出并分析了面向人力资本贬值的高绩效工作系统的结构设计及相对应的人力资源管理实践，包括员工学习、招聘选拔、激励机制、压力管理等。本节将进一步分析高绩效工作系统的实施对人力资本贬值的直接影响，并从员工学习视角，揭示高绩效工作系统对人力资本贬值的间接影响。

一、高绩效工作系统对人力资本贬值的直接影响

有关人力资本贬值发生机理的研究表明，导致人力资本贬值的直接原因是个体对自身知识技能的维护与更新不足，致使其满足工作要求的能力降低。具体影响因素则涉及多个方面，如：个性特征、需求状态等个体特征；挑战性、自主性、参与度等工作特征；培训、发展、绩效、薪酬等组织管理政策与实践。由能力、动机和机会三类管理实践构成的高绩效工作系统能通过管理这些影响因素促进员工维护和更新自身知识技能，以预防或抑制人力资本贬值的发生。

第一，高绩效工作系统通过满足员工需求促进员工人力资本更新。有学者指出，需求是个体积极性的重要源泉，某种东西若能满足个体的需求则是有价值的。根据期望理论，若目标实现后能得到某种有价值的回报，则个体

受到激发更可能去实现该目标(Vroom,1964)。高绩效工作系统通过薪酬、福利、晋升、绩效等方面的人力资源管理实践,把员工的需求满足与知识技能的更新和有效利用相连接,从而能引导和激发员工在人力资本更新和利用方面的主动性,达到维护人力资本岗位适用性的目的。即使员工看重的有价值资源不是人力资本更新和利用所带来的物质报酬,而是声誉(如同事称赞、领导认可)或者自我价值实现等精神需求的满足,则人力资本贬值构成对这种有价值资源的威胁。根据资源保存理论,当有价值资源面临失去的风险时,个体会采取措施予以保护(Hobfoll,2002)。因此,员工也会主动采取相应措施避免人力资本贬值,以维护或获取有价值资源。

第二,高绩效工作系统通过控制组织内氛围引导员工进行人力资本更新。氛围是员工就组织中正式以及非正式政策、实践和程序等达成的共识,员工能从中得知哪些行为是组织所期望和会受到奖励的(Lin & Liu, 2016)。员工对于组织氛围的主观感知会影响其行为选择。当员工感知到周围的同事都采取了某种行为,或者组织极为看重某种行为,也很可能会采取该行为(Cialdni,1991)。人力资源管理实践被认为是组织氛围的重要前因变量,能通过营造组织氛围进而影响员工态度和行为。具体来说,高绩效工作系统借助有关人力资本维护与利用的能力、动机和机会实践,既鼓励员工更新并有效利用自身知识技能,又为员工更新和利用自身知识技能提供必要的资源支持和保障,从而营造出组织十分看重员工更新并有效利用自身知识技能的氛围。身处其中的员工即使不情愿,也很可能在这种"社会压力"之下被迫采取相应的人力资本更新和利用行为,从而维护人力资本的岗位适用性,并提高其实际利用率,降低或消除人力资本贬值。

此外,在战略人力资源管理研究中,人力资本常被作为高绩效工作系统与相关绩效结果变量之间的中介变量,并且诸多研究已经证明高绩效工作系统有助于改善人力资本状况。因此,由能力、动机和机会三类管理实践构成的高绩效工作系统能有效抑制人力资本贬值。基于以上分析,笔者认为:

观点1:高绩效工作系统有助于降低员工的人力资本贬值程度。

二、高绩效工作系统对员工学习的直接影响

根据AMO理论,行为是能力、动机和机会的函数(Appelbaum 等,2000)。动机从根本上决定了行为能否发生,能力和机会则分别是保证行为得以有效实施的内外部条件(Jiang 等,2012)。因此,由能力、动机和机会三类管理实践构成的人力资本维护系统能有效促进员工的学习行为。

一方面,"动机"关乎"愿不愿",员工如果缺乏进行知识学习的动机,则很可能不会采取相应的学习行为;"能力"关乎"能不能",员工如果缺乏进行知识学习的能力(如已有知识水平太低,而所要学习的知识极为高深复杂),则

只能"有心无力";"机会"关乎"可不可以",员工如果缺乏进行知识学习的机会(如无法通过相关渠道或途径获取所需知识),则知识学习行为亦很难发生。所以,唯有进行知识学习的能力、动机与机会三者同时具备,员工才愿意,且有能力,也有条件进行知识学习,知识学习行为才能有效发生。

由能力、动机和机会三类管理实践构成的人力资本维护系统恰可以满足员工学习的三种决定因素:第一,能力管理实践中的培训与发展可以直接提升员工已有知识技能的水平或使员工掌握工作所需的其他种类的知识技能(Cabellc-Medina 等,2011);招聘与甄选则有助于选择与组织文化和价值观更加匹配或具有更好资质的员工,这样的员工更愿意或更有能力进行知识技能维护与更新(Guan 等,2010;Ployhart 等,2011)。第二,绩效管理、薪酬福利、晋升发展等动机管理实践可以将知识技能维护与更新作为考评与奖惩的考虑因素,从而向员工传递出鼓励和重视知识技能更新与维护的信号,引导员工对自身知识技能进行更新和维护(Ehrnrooth 和 Björkman,2012)。第三,工作设计、员工参与、信息分享等机会管理实践能为员工进行知识技能维护和更新提供必要的条件与支持(Jiang 等,2012),便于员工获取所需资源,有效开展知识技能维护与更新。

另一方面,能力、动机和机会三者之间还存在相互作用,进而对员工学习行为产生影响。首先,机会和能力决定了行为能否得到有效实施,因而会影响个体对行为目标能否达成的预期。根据期望理论,这种对目标可达性的预期会影响个体的行为动机(Harel & Conen,1982;Fossum 等,1986)。当员工相信自己有能力通过维护或更新知识技能达到恢复或保持岗位胜任力的目的,且可以在该过程中较好地掌控所需的各种资源(如及时且便捷地通过正式培训或非正式交流讨论等获取所需知识)时,其进行知识技能维护或更新的动机会更强。其次,动机体现了个体为实现目标而愿意付出的努力程度和坚持性,具有强烈动机的个体面对困难时会顽强拼搏,持之以恒,直到目标达成。因此,即使能力不足或缺乏机会,具有强烈动机的个体也可能会努力提升自身能力,争取或创造机会,以使目标达成。能力较强的个体也很可能得到更多的机会。最后,能力和机会也会相互影响。因为能力强的员工更受组织的重视,也更能吸引同事或朋友,从而容易得到更多的机会;丰富的机会和有利的资源支持为员工学习提供了便利,有助于员工提升能力。据此,笔者认为:

观点 2:高绩效工作系统能促进员工的学习行为。

三、员工学习与人力资本贬值

人力资本贬值表现为个体所拥有知识技能的种类或水平与工作所需要知识技能的种类或水平出现差距。因此,从逻辑上讲,改善个体知识技能状况，缩小或弥补它与工作要求之间的差距，便能缓解或消除人力资本贬值。根据人力资本理论，知识、技术、能力类的人力资本主要通过教育和培训两种途径积累和获得。而教育和培训两种重要人力资本投资途径的实质即知识学习。正式学习，如进行学历深造，参加正规培训、会议、论坛等，属于正式教育和培训；非正式学习，如同事或朋友之间私下的指导和帮助，工作之余的非正式交流与讨论，自己阅读报刊书籍等，属于非正式教育和培训。通过两种形式的学习，个体可以掌握工作需要的新知识技能或巩固已经退化遗忘的知识技能，从而使自身人力资本恢复到与工作要求相一致的状态。因此，员工的学习行为水平与其人力资本贬值程度间呈负向关系。

进一步的，笔者认为，员工学习与人力资本贬值间的关系还受到知识种类的影响。知识管理研究表明，知识隐性强度对知识传播效果有重要影响。员工学习是知识在不同主体间的转移和沟通，其结果也会受知识隐性度影响。显性知识能够通过结构化的方式（如语言、文字、图表等）表达，易于传递和理解。故对于显性知识，个体能比较容易地从知识源那里获取，并吸收转化为自己的知识，有效弥补自身知识不足，降低人力资本贬值。相反，隐性知识难以言状和描述，不便于传递，也不利于理解和吸收，所以个体学习隐性知识的效果会在一定程度上打折扣。因此，知识隐性对员工学习与人力资本贬值间关系存在一定影响；随着知识隐性度提高，员工学习对人力资本贬值的抑制作用减弱。

观点 3：员工学习行为水平越高，其人力资本贬值程度越低。具体而言，员工学习在高绩效工作系统与人力资本贬值间起到中介作用。

观点 4：员工学习对人力资本贬值的负向影响随知识隐性强度的提高而减弱。

图 4－3 综合了上述四个观点：其中，高绩效工作系统负向影响人力资本贬值；正式学习与非正式学习在高绩效工作系统与人力资本贬值间起到部分中介作用；正式学习与非正式学习对人力资本贬值的影响受到知识隐性强度的调节。

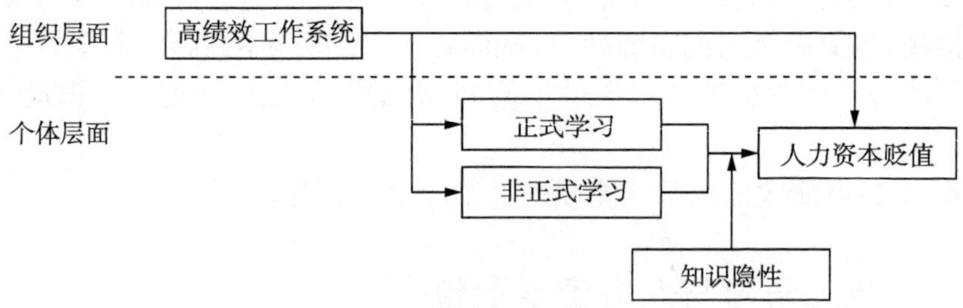

图 4－3　人力资本贬值-高绩效工作系统模型

第三节 人力资本贬值
——高绩效工作系统模型的实证检验

为了进一步印证第二节提出的四个观点，本书基于笔者所在课题组前期取得的调研数据（数据来源与收集方法详见附注八），进行了实证检验。测量工具方面：人力资本贬值测量采用本书自编量表（第三章第三节已对此进行了具体介绍）；高绩效工作系统测量采用 Jiang（2012）的研究；员工学习测量采用 Rowden（2002）的研究；知识隐性测量采用 Hansen（1999）的研究。具体量表介绍与题项内容详见附注九。所有量表皆采用 Likert 五点式：1 代表“极不同意”，5 代表“非常同意”。此外，为排除不必要因素的干扰，以更好地探究目标变量之间的关系，基于先前研究，选择性别、年龄、学历、行业，以及企业性质、规模、成立年限 6 个变量作为控制变量。为确保测量结果有效性，所有量表均进行了信、效度检验，具体结果详见附注十（一、第四章测量工具的信、效度检验）。

一、描述性统计分析

表 4-1 为各主要变量的均值、方差及相关系数。其中，正式学习及非正式学习均与人力资本贬值显著负相关（$r=-0.262, p<0.001; r=-0.271, p<0.001$）；高绩效工作系统与正式学习及非正式学习均显著正相关（$r=0.263, p<0.001; r=0.330, p<0.001$）；高绩效工作系统与人力资本贬值显著负相关（$r=-0.215, p<0.001$）。这与模型假设基本一致，下文将利用多层线性回归进一步检验第二节所提出的观点。

表 4-1 描述性统计分析结果

变量	均值	标准差	1	2	3	4	5
高绩效工作系统	3.343	0.553	1				
人力资本贬值	2.609	0.908	−0.215***	1			
正式学习	3.762	0.563	0.263***	−0.262***	1		
非正式学习	3.638	0.732	0.330***	−0.271***	0.565***	1	
知识隐性度	2.962	0.793	−0.199***	0.072**	−0.260***	−0.267***	1

注：*** $p<0.001$，** $p<0.01$，* $p<0.1$，+ $p<0.10$，下文同。

二、回归分析结果

由于高绩效工作系统和员工学习、人力资本贬值等属于不同层面变量，笔者利用多层线性模型技术(HLM)对变量间关系进行检验。跨层次分析前须先通过零模型确定个体层变量组间差异的显著性。表 4－2 中零模型 M0-1、M0-2 和 M0-3 分别是关于正式学习、非正式学习和人力资本贬值三个个体层变量的零模型。结果显示,三者的组间差异显著,可进行跨层次检验。进一步计算可得三者的 ICC(1)指数分别为 0.161、0.311、0.157,表明三者各自的变异中分别有 16.1%、31.1%、15.7%来自组间。

表 4－2 中 M1、M3 和 M5 分别是关于正式学习、非正式学习和人力资本贬值的控制变量模型。结果显示,学历和企业规模对正式学习有显著影响($\beta=0.069, p<0.01$;$\beta=0.066, p<0.001$);年龄和企业规模对非正式学习有显著影响($\beta=0.065, p<0.01$;$\beta=0.085, p<0.10$);企业规模和成立年限对人力资本贬值有显著影响($\beta=-0.071, p<0.01$;$\beta=0.064, p<0.05$)。其他影响都不显著。

表 4－2　高绩效工作系统对人力资本贬值的影响及员工学习的中介作用检验

变量		正式学习			非正式学习		
		M0-1	M1	M2	M0-2	M3	M4
固定效应截距		3.753***	3.521***	2.761***	3.640***	3.418***	2.210***
个体层变量	性别		−0.052	−0.052		−0.053	−0.053
	年龄		0.027	0.027		0.065**	0.065**
	学历		0.069**	0.069**		0.009	0.009
	正式学习						
	非正式学习						
组织层变量	性质		0.025	0.023		0.030	0.029
	规模		0.066***	0.024		0.085*	0.019
	成立年限		−0.021	0.016		−0.047	0.007
	高绩效工作系统			0.243***			0.384***
方差构成	组内残差	0.266	0.264	0.265	0.364	0.363	0.364
	组间残差	0.051	0.047	0.031	0.164	0.159	0.121
	组内方差解释量			0.376%			0
	组间方差解释量			39.216%			26.220%
离差		1 243.477	1 260.289	1 248.791	1 532.962	1 550.502	1 538.650
变量		人力资本贬值					
		M0-3	M5	M6	M7	M8	M9
固定效应截距		2.618***	2.658***	3.532***	4.362***	4.410***	4.336***

续表

变量		人力资本贬值					
		M0-3	M5	M6	M7	M8	M9
个体层变量	性别		−0.065	−0.065	−0.084	−0.076	−0.085
	年龄		0.073	0.073	0.082	0.086	0.086
	学历		−0.029	−0.029	−0.005	−0.028	−0.007
	正式学习				−0.300*		0.134*
	非正式学习					−0.401**	−0.412**
组织层变量	性质		0.007	0.009	0.016	0.019	0.018
	规模		−0.071*	−0.024	−0.017	−0.016	−0.016
	成立年限		0.064*	0.025	0.029	0.030	0.029
	高绩效工作系统			−0.280**	−0.202*	−0.129*	−0.125*
方差构成	组内残差	0.698	0.698	0.698	0.667	0.669	0.688
	组间残差	0.130	0.125	0.102	0.102	0.080	0.074
	组内方差解释量			0	4.441%	4.155%	4.298%
	组间方差解释量			21.538%	21.538%	38.462%	43.077%
离差		1 981.910	1 999.609	1 996.159	1 964.633	1 961.044	1 976.413

M2 和 M4 分别在 M1 和 M3 的基础上加入自变量高绩效工作系统，检验高绩效工作系统对两种形式员工学习的影响。结果显示，高绩效工作系统与正式学习和非正式学习均显著正相关（$\beta=0.243$，$p<0.001$；$\beta=0.384$，$p<0.001$）。M6 在 M5 的基础上加入自变量高绩效工作系统，检验高绩效工作系统对人力资本贬值的影响。结果显示，高绩效工作系统与人力资本贬值显著负相关（$\beta=-0.280$，$p<0.01$）。因此观点 1 与观点 2 均得到证实。

M7 在 M6 的基础上加入中介变量正式学习，检验正式学习的中介作用。结果显示，正式学习与人力资本贬值显著负相关（$\beta=-0.300$，$p<0.05$），高绩效工作系统与人力资本贬值仍显著负相关（$\beta=-0.202$，$p<0.05$），但系数大小和显著性均降低，从而表明正式学习在高绩效工作系统和人力资本贬值之间起部分中介作用。M8 在 M6 的基础上加入中介变量非正式学习，检验非正式学习的中介作用。结果显示，非正式学习与人力资本贬值显著负相关（$\beta=-0.401$，$p<0.01$），高绩效工作系统与人力资本贬值仍显著负相关（$\beta=-0.129$，$p<0.05$），但系数大小和显著性均降低，从而表明非正式学习在高绩效工作系统和人力资本贬值之间也起到部分中介作用。

最后，M9 在 M6 基础上同时加入正式学习和非正式学习。结果显示，两种形式员工学习均与人力资本贬值显著负相关($\beta=-0.134$,$p<0.05$;$\beta=-0.412$,$p<0.01$),高绩效工作系统与人力资本贬值仍显著负相关($\beta=-0.125$,$p<0.05$),但系数大小和显著性降低。这表明,两种形式员工学习同时存在亦只在高绩效工作系统和人力资本贬值之间起部分中介作用。因此,观点 3 也得到证实。

表 4-3　员工学习对人力资本贬值的影响以及知识隐性度调节作用的检验结果

变量		人力资本贬值				
		M1	M2	M3	M4	M5
常数项		−0.533***	−0.618***	−0.578***	−0.424**	−0.386**
控制变量	性别	−0.041	−0.066	−0.072	−0.055	−0.056
	年龄	0.105***	0.109***	0.107***	0.105***	0.093**
	学历	0.107**	0.142***	0.139***	0.079*	0.083**
自变量	正式学习		−0.450***	−0.457***		
	非正式学习				−0.330***	−0.325***
交互项	正式学习×知识隐性度			0.160**		
	非正式学习×知识隐性度					0.132**
R^2		0.020	0.097	0.103	0.090	0.097
调整后 R^2		0.016	0.092	0.098	0.086	0.091
ΔR^2		0.020***	0.077***	0.007*	0.070***	0.007*
F 值		5.267***	20.684***	17.801***	19.182***	16.580***
ΔF		5.267***	65.616***	5.758**	59.726***	5.706**

关于知识隐性对员工学习与人力资本贬值间关系的调节作用,结果如表 4-3 所示。M1 为控制变量模型,结果显示年龄和学历与人力资本贬值显著正相关($\beta=0.105$,$p<0.001$;$\beta=0.107$,$p<0.01$)。M2 和 M4 在 M1 的基础上分别加入自变量正式学习和非正式学习,检验两种形式员工学习对人力资本贬值的影响。结果显示,正式学习和非正式学习均与人力资本贬值显著负相关($\beta=-0.450$,$p<0.001$;$\beta=-0.330$,$p<0.001$),这与表 4-2 中得到的结论一致。M3 和 M5 分别在 M2 和 M4 的基础上加入各自对应的交互项,检验知识隐性的调节作用。结果显示,两个交互项均与人力资本贬值显著正相关($\beta=0.160$,$p<0.01$;$\beta=0.132$,$p<0.01$),说明知识隐性削弱了正式学习和非正式学习对人力资本贬值的负向影响。观点 4 同样得到证实。

第四节　高绩效工作系统的实施与员工学习的改进

本章结合战略人力资源管理理论、知识管理理论、AMO 等理论，分析了高绩效人力资源管理系统对人力资本贬值的作用机制，结果显示：

高绩效工作系统有助于抑制人力资本贬值，部分原因在于它能促进员工学习，加速人力资本更新，从而降低人力资本贬值的影响。进一步对比高绩效工作系统及其各维度对两种形式员工学习及人力资本贬值的影响系数（表 4-4）可以发现，三类管理实践各自对员工学习及人力资本贬值的影响系数均小于同时包含能力、动机和机会三类管理实践的高绩效工作系统对员工学习及人力资本贬值的影响系数。这印证了战略人力资源管理“形态观”研究所强调的“系统”思想，即能力、动机和机会三类管理实践围绕激发员工学习这一目标相互协调和促进，从而构成一个有机系统，系统的效应大于三者任何一者单独的效应。笔者认为，在人力资本贬值问题日益加剧的今天，组织亟须构建适应自身情况的高绩效工作系统，激发员工学习行为，以预防或消除人力资本贬值。但需要注意两点。第一，高绩效工作系统须同时包含能力、动机和机会三类管理实践，才能有效促使员工不断对自身知识技能进行维护和更新。第二，能力管理实践主要通过培训直接改善员工知识技能状况，或者通过招聘、甄选等措施挑选出具有更强动机或能力进行知识学习的员工；动机管理实践借助绩效管理、薪酬福利、晋升发展等实践鼓励和引导员工进行学习；机会管理实践则以工作设计、员工参与、信息共享等方式为员工学习提供必要的支持和保障。实践中，组织可参照上述建议，结合实际情况选择合适的管理措施。

表 4-4　高绩效工作系统及其各维度对两种形式员工学习及人力资本贬值的影响系数对比

因素	正式学习	非正式学习	人力资本贬值
高绩效工作系统	0.243***	0.384***	−0.280**
能力管理实践	0.142***	0.327***	−0.184
动机管理实践	0.176***	0.236***	−0.195**
机会管理实践	0.112***	0.250***	−0.205***

此外，高绩效工作系统与人力资本贬值间关系还受到知识隐性的调节。这表明，随着知识隐性强度提高，员工学习对人力资本贬值的抑制作用会减弱。通过系数比较不难发现，这种效应在正式学习中更为显著。这可能是由

两种学习形式本身的特点以及员工在两种形式学习中的参与度不同所致。私下的经验交流与讨论或自己查阅资料等非正式学习多是员工因当前工作需要或以备未来之需而主动进行的，受场所和时间限制较少，可以进行比较深入的沟通、探讨和思考，员工参与度相对较高，因而更适合传递隐性度较高（结构化程度低或难以理解）的知识。相反，正式的会议、培训等正式学习多以有组织的结构化方式进行，主要表现为培训人员或主讲人员讲解和分享知识，而员工聆听和接受知识，员工处于被动的地位，参与度相对较低，因而比较适合于传递隐性程度低（结构化程度高或易于理解和掌握）的知识。在实践中，组织应根据知识种类帮助员工选择合适的学习形式以更好地应对人力资本贬值。隐性程度较低的知识可以通过结构化程度较高的正式途径进行，而隐性程度较高的知识更适合通过员工参与度更高和形式更加灵活的非正式途径进行。例如，对于需要通过个人经验积累而获得的技术秘诀、洞察力、感觉等，组织可以建立“师傅带徒弟”的制度，而对于标准化的操作技术可以统一安排培训等。

第五章 人力资本贬值背景下的知识员工胜任素质

面对人力资本贬值，组织内普遍采取的措施包括：构建知识管理系统与加强培训等，它们具有一定作用但也存在不足。一者，知识管理系统并不能激励人们主动分享知识，员工在遇到问题时更乐于求教同事；二者，培训的有效性很难得到保证，也很少有企业对此进行评估，且培训不利于隐性知识的传递。特别在外部环境加速变化的今天，这种“头痛医头，脚痛医脚”的应对策略无疑是短视的。从长期来看，组织将陷入更为被动的局面。可见，上述方法只能作为辅助手段，作为人力资本的承载者、使用者和维护者，贬值问题的应对措施最终要落脚于员工自身。

鉴于人力资本贬值问题复杂性，笔者认为，对组织而言一个理想的选择就是在选人用人阶段便识别出那些能够有效预防或对抗人力资本贬值的员工，这也是上一章中提到面向人力资本贬值的高绩效工作系统所对应的具体人力资源管理实践之一。但在这方面，现有研究大多仅关注人口统计学变量的影响，如：年龄、性别、教育程度、工作年限等，且未得到一致结论，难以为组织提供借鉴。相较下，胜任素质作为稳定的个人特征，能够将高绩效员工与一般绩效员工区分开来，而工作绩效又取决于人力资本，胜任素质很可能是人力资本贬值重要的预测变量。基于以上考虑，本章以员工学习为视角，分析胜任素质如何通过影响知识创造行为作用于人力资本贬值。同时考虑到激励机制对人力资本使用、维护的重要影响，检验其对胜任素质与人力资本贬值间关系可能存在的调节效应，以探索组织环境的潜在作用。

第一节 胜任素质与激励机制相关研究回顾

一、胜任素质

胜任素质决定了工作绩效，与人力资本贬值间很可能有着紧密联系。McClelland(1973)最早提出了胜任素质的概念，将其定义为：与工作绩效或生活中其他重要成果直接相似或相联系的知识、技能、能力、特质或动机。Boyatzis(1982)认为胜任素质是个人所拥有的，导致在某个工作岗位上取得出色绩效的特征，可能是动机、特质、技能、自我形象、社会角色或相应的知识等。Spencer 和 McClelland(1994)指出，胜任素质能够将绩效表现杰出的员工与一般员工区分开，它是一种能通过可信的方式度量出来的动机、特性、自我概念、态度、价值观、知识、可识别的行为技能与个人特质。Tobias(2006)将胜任素质定义在认知、情感、行为、动机等各方面的一系列特征，后者能使个人在特定环境中表现出色。

胜任素质大致可分为两类：通用胜任素质与专业胜任素质(Asumeng，2014)。前者是对所有职业和组织均适用的，有效完成工作所需的重要通用型能力；后者为适用于某个组织目的，为某一类特殊工作所需要的专业型能力。考虑到人力资本贬值是全行业、所有岗位均面临的普遍性问题，本章关注的是与人力资本贬值相关的通用胜任素质而非专业胜任素质。

胜任力模型描绘了组织所期望的绩效表现，以及为达成绩效所必需的各项能力要求。它识别并定义出那些具体的知识、技能和行为，后者是员工取得优异表现以实现组织目标的基础。胜任力模型已被证实对提升组织人力资源管理水平有重要影响，特别是在人员选用、绩效评估和职业发展方面(Amage et al.，2014)。纵观现有研究，目前有五类较为著名的通用胜任力模型：

(一) 行为模型(Behavioural Models)

行为模型强调某些与工作相关行为的重要性，后者能有效地预测个人工作绩效，具体包括：成就导向、系统性分析、归纳性思考、自信、组织觉悟、团队领导、信息搜寻、创新、灵活性、影响力等。行为模型具有一定的普适性，能够被运用于不同类型的组织当中，在预测管理者表现方面有一定价值。其不足之处在于，该模型过分强调行为对于工作绩效的决定性作用，忽略了其他潜在因素的影响，如：知识、技能、态度、能力等(Mathis & Jackson，1997)，因而其视角过于狭隘，不利于胜任素质的概念化与模型化。此外，它未给予工作相关技能足够的重视，后者对个人绩效同样具有重要影响。

（二）功能模型（The Functional Model）

功能模型强调个人达到特定工作绩效标准的能力（Knasel & Meed，1994），它聚焦于员工当前岗位。该模型提出的胜任素质标准源于现实工作，该理念对许多联邦制国家及欧盟国家的发展有着一定影响。其不足之处在于，模型同样未涉及与工作相关的特定的知识、技能与能力。

（三）工作胜任力模型（The Job Competence Model）

工作胜任力模型中，胜任素质由三部分组成：任务、任务管理以及角色环境。任务是指为达成特定目标所需的知识、技能；任务管理指当多种任务同时出现时，对不同知识、技能的组合使用；角色环境则是应对特殊工作情况（如：危急情形）的能力。这三种胜任素质间相互影响、相互作用。其不足在于，模型同样未具体说明与任务管理、角色环境相关的具体个人能力。

（四）整体性模型（Holistic Model）

整体性模型（Cheetham & Chivers，1998）是对上述三类模型的整合与改良，提出了更为完整的胜任素质组成，具体包括：知识/认知胜任力——拥有及有效运用工作相关知识的能力；功能胜任力——有效地处理一系列工作相关任务以达成特定结果的能力；行为胜任力——在特定工作情境下采取适当行为的能力；价值胜任力——拥有合适的价值观及在特定工作情境下基于价值观进行判断的能力；元胜任力——即沟通、自我发展、创新、逻辑分析、解决问题的能力。根据 Cheetham 等（1998）的观点，前四类属于核心胜任力，彼此间界限清晰，但又相互作用、相互依赖。元胜任力能协助其余四类胜任力的发展，几乎适用于所有职业或岗位，是一种通用胜任力。整体性模型的不足在于未将个人的自我认知能力与领导能力纳入胜任素质范围，这一缺陷在领域模型中得到了完善。

（五）领域模型（Domain Model）

领域模型认为，胜任素质可划分为四个领域（Hogan & Warrenfeltz，2003），具体包括：商业技能、自我认知能力、人际交往能力和领导能力。其中，商业技能又可理解为技术胜任力（Reio & Sutton，2006），定义为工作所需的认知能力与专业技术知识，例如：规划、成本预测、预算监督、战略规划等。该模型认为，若缺乏合理的人际交往能力与领导力，商业技能难以体现其应有的价值。自我认知能力是核心自我评估的体现，是个人对自身的总结和评价。相关能力包括：自尊、自我效能感、内控或外控、自我控制、情绪智力、诚实正直、富有弹性等(Kaiser & Hogan, 2010)。核心自我评价是预测员工工作满意度最好的指标(Judge & Bono, 2001),具有出色自我认知能力的个人能较好地胜任管理类型的工作。人际交往能力是指与上级、下级、同事之间建立、维持良好社会关系的能力。这是个人所必须具备的基础能力,对绩效与工作有效性有着重要影响。特别对于管理者而言,高质量的人际关系尤为重要。它能增强工作满意度、组织承诺与组织公民行为(Schriesheim et al., 1999),决定了管理质量。领导能力是影响、激励、指导个人与团队实现组织任务、目标与愿景的能力(Chemers, 2001),具体包括:人际影响、说服他人、目标制定、团队建设,对组织的成功至关重要(Furnham, 2002),对员工幸福感、工作态度和绩效也有重要影响。管理者需要适度地展现个人的领导能力,避免组织缺乏领导或者过度领导。

胜任素质测量方面,随着研究的不断细化,目前不存在统一量表。这是因为不同行业与岗位对个人能力要求有很大区别。学者们大多是针对每一类职业设计并构建相应的胜任力模型与测量工具,如:建筑工人(Wang & Xiao-Peng, 2009)、医院护士(Vaughn, et al., 2016)、医学教师(Li, 2016)、创新领导者(Gliddon & Gregory, 2006)、知识员工(Jia et al., 2009)等等。因此,下一节实证部分使用的胜任素质测量工具也是笔者基于 Spencer 等(1993)通用胜任素质辞典,在前期调研的基础上,不断完善所形成的针对人力资本贬值的知识员工胜任素质测量量表。

二、激励机制

不同时代、不同背景下,人们的需求有着较大差异。相对应的,激励的内容和重心也发生了根本性改变。知识经济时代下,如何进行科学激励,引导员工正确地应对人力资本贬值,值得深入思考。激励机制是组织激发、鼓励员工动机和行为的一系列制度、政策、措施和手段。早期一些国外的学者也将组织的激励机制等同于报酬机制。随着研究的发展,激励机制的内容也更加丰富化,Steiner 等(1986)认为,组织激励机制包含工资的提升、晋升、成就被认可、自我发展的机会、职责范围、附加福利和决策权七个方面。Bartol 和 Loche(2000)认为组织激励机制主要有感知的报酬公平性、员工可通过设立具有挑战性的目标来获得诱人的奖励、能保证员工在工作中具有高自我效能感的实践措施等。

随着知识经济时代的到来,激励机制的研究越来越侧重于知识员工。研究表明,与非知识型员工相比,知识员工的激励因素存在较大区别(张望军,彭剑锋,2001)。知识员工具有高自主性、高创造性、高度熟练、高教育程度、知识技能容易过时、忠于职业等等特征(廖建桥,文鹏,2009)。著名管理学家 Tampoe(1993)的研究发现,能够激励知识员工的有效因素,按重要性排序依次为：个体成长、工作自主、业务成就和金钱财富。安盛咨询（1994）通过对澳大利亚、美国和日本多个行业的员工研究发现，知识员工的激励机制中，最重要的前五个因素分别为：报酬、工作的性质、职业提升、同事间关系与决策影响力。

当然，知识员工激励在不同国家之间也存在较大区别。我国的一些学者在研究中就发现，中国知识员工的激励因素与国外存在差异。张望军等（2001）的研究显示：工资报酬与奖励、个人成长与发展、企业的前途、挑战性的工作、工作保障性和稳定性是中国知识员工的五大激励因素。类似的，杨春华（2004）发现，职业成长与发展、报酬、有挑战性和成就感的工作、福利和稳定是中国知识员工前五个重要激励因素。文魁和吴冬梅（2003）通过对北京市软件企业和生物制药企业高科技人才的调研发现：个体成长、业务成就、金钱财富、工作自主和人际关系是被调查者需求度最高的五大激励因素。

激励机制的测量方面，目前尚无权威量表。Tampoe（1993）在提出知识员工激励模型后，并没有形成测量组织激励机制状况的量表。国内学者在研究时，只是将组织激励机制的多个因素列入其中，调查员工对这些激励因素的感知需求程度，没有形成具体的测量问项。当然，有部分研究对知识员工激励因素进行了分类细化，为激励机制量表的开发提供了借鉴和参考。例如，激励因素中的工作兴趣、专业知识、发展机会、承担挑战等可归为个体成长类；工作任务、工作同事、工作时间、工作方法等可归为工作自主类；自我认可、领导认可、同事认可、同行认可等可归为业务成就类；现金收入、实物收入、未来收入等可归为金钱财富类。结合已有结论与研究需要，本章主要考虑薪酬激励、发展激励与工作激励对知识员工人力资本贬值的影响。

第二节　胜任素质与激励机制对人力资本贬值的影响

一、胜任素质与人力资本贬值

胜任素质，也作胜任力或胜任特征，它能有效预测员工绩效，是个体所拥有使其在工作岗位上取得出色业绩的潜在特征，包括：知识、技能、能力及其他相关内容（KSAOs）。胜任素质可分为两部分，一类与工作任务相关（浅层胜任素质），是一种狭义的能力，如特定的知识、经验、技术等（Morris et al.，2013）；一类与个人特质相关（深层胜任素质），是一种广义的能力，如动机、自我效能感等（Edwards-Schachter et al.，2015）。根据 McClelland 冰山模型，前一类胜任素质属于人力资本，位于冰山表层，容易改变和发展；后一类胜任素质是一种潜在的个人属性，位于冰山深层，其更加稳定并可预测，比浅层胜任素质对工作绩效更具有决定作用。因此，本书关注的是后一类胜任素质。

深层胜任素质决定了个人核心能力，包括：规划（Administrative）、沟通（Communication）、认知（Cognitive）与监督（Supervisory）（Parry，1998），前三类对人力资本贬值有重要影响。第一，规划能力有助自我管理，加强个人学习。随着知识技能的加速过时，个人必须在工作中不断学习，以保持竞争优势。由于时间和精力是有限的，在快节奏工作中，良好的规划能力显得尤为重要。高胜任素质员工能更好地进行时间管理，合理地制定工作与学习的目标、计划，有效平衡两者间关系，提高个人学习水平，降低人力资本贬值程度。第二，沟通能力促进知识分享，加速信息获取。社会关系是知识获取的重要途径，员工间知识传递以信任为前提。良好的沟通一来能增进彼此互信，打消因知识共享产生的权利威胁感与职业不安全感；二来能加强相互了解，为知识的快速传播和吸收奠定基础。高胜任素质员工能有效传递、接收和过滤信息，加速了知识更新，缓解人力资本贬值。最后，认知能力强化信息处理，提高知识效用。研究表明，个体运用知识的能力是不一样的，即便知识储量相等，人力资本贬值程度也可能存在较大差异。高胜任素质员工具备更好的认知能力，能准确识别问题、评估风险，系统地进行思考和判断，并在此基础上，灵活运用现有知识解决实际问题，制定科学的决策，以最大化知识效用，应对人力资本贬值冲击。结合上述分析，笔者认为，胜任素质对人力资本贬值具有负向影响。

目前这方面的实证研究较少，但有学者发现，具有适应变革、高职业期望、责任感、成就需求、前瞻性、内控性等特征个体的人力资本值程度通常较低，而这些属于典型的深层次胜任素质。此外，胜任素质可以将高绩效与一般绩效员工区分开来，而工作绩效又主要取决于人力资本，可见高胜任素质员工具备较强的适应与学习能力，能及时更新人力资本以降低贬值影响。

观点 1：胜任素质越高的员工，其人力资本贬值程度越低。

二、胜任素质通过知识创造对人力资本贬值的影响

外部环境引发的人力资本贬值通常是不可逆的，能否快速及时地获取新的知识技能，成为满足工作需要的关键因素。员工学习是人力资本更新的主要手段，既包括对现有知识的获取与吸收，又涉及新知识的开发和创造（Kim，1998）。而相较于知识获取，员工在知识创造能力方面的差异要更为明显，它受到智力、人格、动机、思维模式等诸多因素的影响（Kaufman，

2011)，很可能是个体间人力资本贬值差异的重要原因。

胜任素质对知识创造有重要影响。首先，竞争日趋激烈使创新成为了组织的战略目标，而员工的胜任素质与组织目标间存在紧密联系，对预测、评估创新的产生和价值有重要作用。知识创造是一个路径依赖过程，受制于现有人力资本。高胜任素质员工具备更多与组织目标相关的知识、技能，有助于促进创新行为的产生（Mumford & Gustafson，1987），提升个人创造解决方案的能力，为高水平的知识创造建立了基础。其次，高胜任素质员工具有更好的创造性思维，后者对创新绩效同样有重要影响（Carnabuci & Diószegi，2015）。高胜任素质员工能够以新颖的方式处理信息，不断重塑认知，将孤立的观点以新方式联系起来，以促进新知识的产生。最后，高胜任素质员工更善于处理复杂信息，这能帮助他们获得更多的隐性知识。研究指出，创新的关键就在于隐性知识的交流、运用和转换，后者能帮助个人获得更多独特的想法、思维模式和解决问题的技术，促进创造力的提升，为创新活动提供重要、深入的信息（Buhl et al.，2016）。因此笔者认为，员工的胜任素质越高，知识创造行为水平也就越高。

知识创造有助于个人在现有基础上，进一步拓宽自身知识的广度和深度，促进人力资本的动态更新，降低贬值影响。知识创造有助于员工改善现有工作流程以提高效率，能帮助员工发现新的方法以提高工作有效性（Gong et al.，2009），从而更好地满足工作需求。研究发现，具有高创造力的员工更可能将新点子应用到实际工作中，因此知识创造对人力资本贬值应具有负向影响。

观点 2：高胜任素质员工拥有更高的知识创造水平，能更好地应对人力资本贬值。

三、激励机制对胜任素质与人力资本贬值间关系的调节作用

激励机制是组织执行的一套特定管理方法与体系，以引导、控制员工行为（Liu，2012），其本质在于满足员工需求（贺伟，龙立荣，2011）。为什么要激励？这是因为人力资本与个人不可分割，即使雇佣了员工，人力资本实际控制权仍在个人手中，组织不可能对其进行计量、监督和管理。当需求未得到满足时，员工可以选择减少人力资本的投入和使用，不对其进行更新维护，造成存量、效用损耗，加剧了人力资本贬值。因此，组织需对员工进行激励，使其意识到人力资本的使用与维护具有价值。激励就是把现时或预期人力资本开发利用的价值信号传导给个人，由他或她决策在何种范围内、以多大的强度来利用其人力资本，进而决定其人力资本投资的未来方向和强度（周其仁，1996）。激励越强，市值信号越显著，个体更有意愿和动机更新其知识技能，从而降低人力资本贬值程度。Fossum 等研究也指出，组织激励能促进员

工维护其人力资本。

具体影响方面，根据情境强度理论（Situational Strength Theory），高强度情境下，组织对员工行为的期望是清晰一致的，这在一定程度上引导及控制了员工的后续表现，削弱了个体差异对工作绩效的影响；反之，弱情境缺乏对员工明确的期望和指示，工作行为差异主要取决于个人倾向（Judge & Zapata，2015）。同理，高强度激励下，组织在工作表现与个人需求间明确了联系，促使员工更新人力资本以降低贬值程度，这种外界干预淡化了胜任素质的影响。而低强度激励下，组织对工作行为的引导作用较弱，员工缺乏行为与回报间联系的感知，对需求得到满足的预期也较低。此时，行为的选择更多取决于个人，高胜任素质员工在对抗人力资本贬值上的优势更为明显。因而在低强度激励下，胜任素质对人力资本贬值的直接影响也就更为显著。此外，员工作为创新的基础（Zhou & Li，2012），在创造、应用知识方面有很大自主性，该过程同样受激励机制的类似影响。在低强度激励下，高胜任素质员工能展现出相对更强的知识创造与应用水平，进而缓解人力资本贬值。可见，激励机制对胜任素质与人力资本贬值间间接关系亦具有调节作用。

目前在知识员工激励方面，尚未有被普遍接受的模型或理论（Frick，2010），各类研究中提及较多的包括：薪酬福利、个人发展、工作成就、工作环境等（Zingheim & Schuster，2001；张术霞等，2011；吕微，唐伟，2012），大致可分为三类：薪酬激励——组织运用薪资、奖励、福利等政策和措施激发和鼓励个人的程度；发展激励——组织中个人可以得到提升、发展的程度；工作激励——组织中所从事工作的特征激发和鼓励个人的程度。许多学者（闫威，邓鸿，2011；胡蓓，邱敏，2016）在研究中证实了内部激励的作用与重要性，它能使个体自愿行动并长时间维持动机水平，因此发展激励与工作激励对胜任素质与人力资本贬值间关系应具有调节作用。当然，对我国知识员工而言，薪酬激励仍十分重要。尽管部分学者认为，薪酬激励对知识员工的作用要弱于发展及工作激励，但也有研究表明，至少在短期内，薪酬激励的价值引领作用或者情境激励强度是最大的（Rynes et al.，2005）。基于此，笔者认为，薪酬激励同样具有调节作用。

观点 3：薪酬、发展、工作激励对胜任素质与人力资本贬值间关系具有调节作用：激励强度越大，胜任素质对人力资本贬值的直接影响与间接影响也就越弱。

图 5－1 是根据理论分析提出的人力资本贬值—胜任素质模型，其综合了上述三者观点。其中，胜任素质对人力资本贬值有直接负向影响；知识创造在胜任素质与人力资本贬值间起到部分中介作用；激励机制削弱了胜任素质对人力资本贬值的直接影响与间接影响。

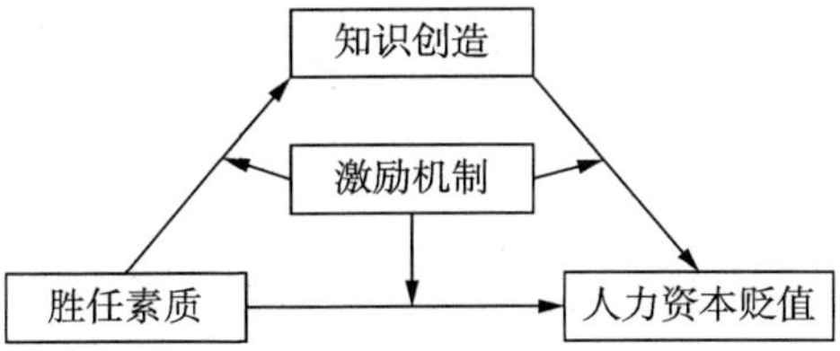

图 5-1　人力资本贬值-胜任素质模型

第三节　人力资本贬值
——胜任素质模型的实证检验

本节将基于实证分析，检验之前提出的人力资本贬值——胜任素质模型。数据来源与收集方法同第四章。测量工具方面，人力资本贬值采用本书自编量表；知识创造借鉴蒋天颖(2009)的研究；胜任素质模型在 Spencer (1993)的基础上改变得到；激励机制采用王达明(2013)的研究。具体量表介绍与题项内容详见附注九。所有量表皆采用 Likert 五点式：1 代表"极不同意"，5 代表"非常同意"，同时引入年龄、性别、教育程度、工作种类、岗位层级、工作年限等作为控制变量。关于量表的具体介绍详见附注九。为确保测量结果有效性，所有量表均进行了信、效度检验，具体结果详见附注十(二、第五章测量工具的信、效度检验)。

一、面向人力资本贬值的知识员工胜任素质

胜任素质的测量方面，本书未直接引用现有量表：主要考虑到：第一，胜任素质具有情境特定性(Delamare Le Deist & Winterton, 2005)，不同工作、组织或行业所需胜任素质间有较大差异(Nordhaug, 1998)，现有研究中胜任素质模型往往聚焦于特定职业或职位；第二，已有文献研究用途不同，其量表也存在较大差异(贾建锋等, 2016)；第三，知识经济时代下，工作内容和要求处于不断变化过程中，在人力资本贬值问题日益严重的今天，胜任素质模型同样需要调整和完善。参照贾建锋(2009)等建议，根据研究主题，综合运用问卷法与访谈法修订胜任素质量表。

具体而言，在 Spencer(2013)等通用胜任素质辞典的基础上，采用德尔菲法，邀请六家知识密集型代表企业中的管理人员背对背进行评判。首先，向企业管理人员阅读研究背景，介绍人力资本贬值相关概念；其次，将通用胜任素质辞典展示给企业管理人员阅读；再次，让对方判断并选择与人力资本贬值相关

的胜任素质，同时为每一条胜任特征重要性打分（1 至 10 分），分数越高表明该条胜任素质越有利于应对人力资本贬值并有助于知识员工在本行业中取得高绩效。最后，对评分结果进行统计，从 91 项中提取平均分大于 7 分的题项共 25 条。

在此基础上，利用焦点小组访谈法，邀请三位管理学研究领域高校老师进行研讨以精炼题项，形成了包含 9 条胜任素质在内的初始量表。之后，笔者所在课题组收集数据进行了预调研，基于探索性因子分析、验证因子分析，剔除共同度偏低以及存在交叉载荷的题项，最终保留了 7 项胜任特征：包括："我明晰自身优势，有把握完成既定目标，敢于挑战，行动迅速，坚持不懈"；"我清楚认识自我角色，主动承担岗位责任，为实现组织目标兢兢业业"；"我关注客户利益，以客户需求和客户满意作为工作改进的指南和动力"；"我了解他人需求和观点，阐明自我需求和认知，以便默契合作"；"我对行业中新事物敏感性高，注重潜能开发，学习能力强"；"我搜集、整理和管理有效信息，结合企业实际，分析并提出预见性建议"；"我擅长逻辑分析，洞悉事物本质与事物间联系"。下文将进一步检验上述胜任素质对人力资本贬值的影响。

二、描述性统计分析

首先对样本数据进行统计分析，表 5－1 为各主要变量的均值、标准差及皮尔逊相关系数。数据显示，胜任素质与人力资本贬值（$r=-0.270, p<0.01$）负相关，与知识创造（$r=0.562, p<0.01$）正相关。知识创造与人力资本贬值负相关（$r=-0.261, p<0.01$）。此外，薪酬激励（$r=-0.153, p<0.01$）、发展激励（$r=-0.216, p<0.01$）、工作激励（$r=-0.234, p<0.01$）均与人力资本贬值呈负相关关系。上述结果初步证实了之前的假设，下文将采用层次回归法检验相关变量的中介效应和调节效应。

表 5－1　主要变量描述性统计及相关矩阵

变量	均值	标准差	1	2	3	4	5	6
胜任素质	3.614	0.507	1					
知识创造	3.660	0.559	0.562**	1				
薪酬激励	3.046	0.808	0.278**	0.154**	1			
发展激励	3.314	0.676	0.455**	0.331**	0.595**	1		
工作激励	3.581	0.644	0.560**	0.400**	0.371**	0.578**	1	
人力资本贬值	2.899	0.680	−0.270**	−0.261**	−0.153**	−0.216**	−0.234**	1

三、回归分析结果

本文模型属于典型的既存在中介效应又存在调节效应的混合模型，因此采用 Edwards 等提出的全效应调节模型（Total Effect Moderation Model）来检验假设。它包括两个一般回归方程：

方程一：$M=\alpha_0+\alpha_1X+\alpha_2Z+\alpha_3XZ+\varepsilon$

方程二：$Y=\beta_0+\beta_1X+\beta_2M+\beta_3Z+\beta_4XZ+\beta_5MZ+\mu$

方程一用来检验激励机制对胜任素质与知识创造间关系的调节效应。方程二用来检验知识创造于胜任素质与人力资本贬值间的中介效应，又用于检验激励机制对知识创造与人力资本贬值间关系的调节效应，以及对胜任素质与人力资本贬值间关系的调节效应。

表 5-2 知识创造在胜任素质和人力资本贬值中的中介作用及激励机制的调节作用

变量	知识创造					
	M1	M2	M3	M4		
自变量						
胜任素质	0.614**	0.611**	0.557**	0.532**		
调节变量						
薪酬激励		0.005				
发展激励			0.094**			
工作激励				0.124**		
交互项						
胜任素质×薪酬激励		−0.011				
胜任素质×发展激励			0.041			
胜任素质×工作激励				0.090*		
控制变量	（已控制）					
F	45.11**	36.84**	38.62**	39.76**		
Adjust R^2	0.321	0.319	0.330	0.336		
变量	人力资本贬值					
	M5	M6	M7	M8	M9	M10
自变量						
胜任素质	−0.374**	−0.246**	−0.210**	−0.203**	−0.199**	−0.191**
中介变量						

续表

变量	人力资本贬值					
	M5	M6	M7	M8	M9	M10
知识创造		−0.208**	−0.202**	−0.197**	−0.195**	−0.192**
调节变量						
薪酬激励			−0.068*			−0.031
发展激励				−0.084*		−0.042
工作激励					−0.080+	−0.045
交互项						
胜任素质×薪酬激励			0.077			−0.031
胜任素质×发展激励				0.147*		0.202+
胜任素质×工作激励					0.013	−0.087
知识创造×薪酬激励			0.055			0.068
知识创造×发展激励				0.048		−0.104
知识创造×工作激励					0.155*	0.185*
控制变量	(已控制)					
F	8.94**	10.04**	8.66**	9.03**	8.92**	6.61**
Adjust R^2	0.078	0.097	0.106	0.110	0.109	0.112

表5-2中M1检验胜任素质对知识创造的影响，正向作用显著（$\beta=0.614$，$p<0.01$）。M2至M4分别检验了薪酬激励、发展激励和工作激励对胜任素质与知识创造间关系的调节效应。其中，只有工作激励具有显著调节作用（$\beta=0.090$，$p<0.05$），其强化了胜任素质与知识创造间正向联系，表明工作激励在知识创造方面对高胜任素质员工的促进作用要高于低胜任素质员工。从调节变量系数来看，发展激励（$\beta=0.094$，$p<0.01$）与工作激励（$\beta=0.124$，$p<0.01$）对知识创造有显著的正向作用，薪酬激励则无影响（$\beta=0.005$，$p>0.10$）。

M5检验了胜任素质对人力资本贬值的影响，负向作用显著（$\beta=-0.374$，$p<0.01$）。M6检验了知识创造的中介作用，结果显示，知识创造对人力资本贬值同样具有负向作用（$\beta=-0.208$，$p<0.01$），同时胜任素质影响系数降低（$\beta=-0.246$，$p<0.01$），说明知识创造起到部分中介作用。

M7至M9分别检验了薪酬激励、发展激励与工作激励的调节作用。不难发现，不同激励对人力资本贬值均有直接负向影响。调节效应方面，薪酬激励对胜任素质与人力资本贬值间关系（$\beta=0.077$，$p>0.10$）以及知识创造与人力资本贬值间关系（$\beta=0.055$，$p>0.10$）均不具有调节作用；发展激励正向调节

（削弱）胜任素质与人力资本贬值间负向关系（$\beta=0.147, p<0.05$）；而工作激励正向调节（削弱）知识创造与人力资本贬值间负向关系（$\beta=0.155, p<0.05$）。

最后将所有相关变量一并纳入 M10 中。结果显示：胜任素质（$\beta=-0.191, p<0.01$）与知识创造（$\beta=-0.192, p<0.01$）对人力资本贬值的负向影响仍然显著；发展激励对胜任素质与人力资本贬值间关系的调节效应（$\beta=0.202, p<0.10$）以及工作激励对知识创造与人力资本贬值间关系的调节效应（$\beta=0.185, p<0.05$）也仍然显著。综合上述结果，观点 1 与观点 2 得到了证实。假设 3 方面，数据表明：发展激励削弱了胜任素质与人力资本贬值间直接负向关系；工作激励通过影响知识创造与人力资本贬值间关系间接削弱了胜任素质对人力资本贬值的负向影响；薪酬激励则无显著调节作用，初步看来，观点 3 得到了部分证实。更为具体的数据检验结果可参见附注十一——第五章相关回归分析结果。

为进一步揭示激励机制对胜任素质与人力资本贬值间关系的调节作用，根据 Edwards 等的建议，应用自主重复抽样法（Bootstrap）进行 1000 次重复抽样，当 95%的置信区间不包括 0 时，表示参数或参数间差异显著。

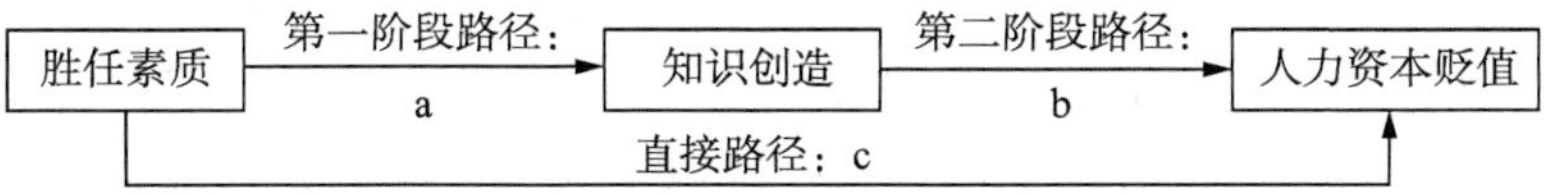

图 5-2　间接效应与直接效应

图 5-2 中，第一阶段路径是指胜任素质对知识创造的影响，第二阶段路径是指知识创造对人力资本贬值的影响，直接路径是指胜任素质对人力资本贬值的影响。此外，间接效应是指胜任素质通过影响知识创造对人力资本贬值的作用，数值上等于第一阶段路径系数乘以第二阶段路径系数，即 $a \cdot b$；直接效应则是指胜任素质对人力资本贬值的直接作用影响，数值上等于 c。

为判断不同强度激励机制下，各路径系数、间接效应以及直接效应间是否存在显著差异，笔者以调节变量标准差为单位区分高强度激励机制（均值＋单位标准差）与低强度激励机制（均值－单位标准差），并进行了相关系数的计算，详见表 5-3。从间接效应来看，只有工作激励的影响是显著的（一阶段系数差异 $\Delta\beta=0.116, p<0.05$；二阶段系数差异 $\Delta\beta=0.200, p<0.05$；间接效应差异 $\Delta\beta=0.084, p<0.10$），其通过调节第一、第二阶段路径，对胜任素质与人力资本贬值的间接效应产生影响。从直接效应来看，只有发展激励的影响是显著的（$\Delta\beta=0.198, p<0.05$），其正向调节胜任素质对人力资本贬值的直接作用。在总效应方面，发展激励的影响同样显著（$\Delta\beta=0.223, p<0.01$）；另外，虽然薪酬激励对间接效应与直接效应均无调节作用，在路径效应总和上却存在显著影响（$\Delta\beta=0.183, p<0.05$）。由此可见，不同激励机制对胜任素质与人力资本贬值间关系的作用模式存在较大差异。

表 5-3 不同激励机制下胜任素质对人力资本贬值的间接效应与直接效应分析

调节变量		阶段		效应		
		第一阶段	第二阶段	间接效应	直接效应	总效应
薪酬激励	高	0.602** [0.500, 0.701]	−0.158** [−0.296, −0.028]	−0.095** [−0.187, −0.020]	−0.148* [−0.291, −0.001]	−0.243** [−0.372, −0.129]
	低	0.620** [0.528, 0.708]	−0.247** [−0.379, −0.116]	−0.153** [−0.244, −0.072]	−0.273** [−0.433, −0.140]	−0.425** [−0.547, −0.315]
	差异	−0.018 [−0.145, 0.104]	0.089 [−0.096, 0.264]	0.058 [−0.056, 0.172]	0.125 [−0.046, 0.321]	0.183* [0.027, 0.324]
发展激励	高	0.585** [0.495, 0.675]	−0.165* [−0.305, −0.024]	−0.096* [−0.184, −0.016]	−0.104 [−0.269, 0.037]	−0.200** [−0.330, −0.082]
	低	0.529** [0.421, 0.633]	−0.229** [−0.360, −0.092]	−0.121** [−0.205, −0.046]	−0.302** [−0.448, −0.163]	−0.423** [−0.548, −0.302]
	差异	0.056 [−0.079, 0.172]	0.065 [−0.111, 0.260]	0.025 [−0.088, 0.143]	0.198* [0.005, 0.366]	0.223** [0.071, 0.354]
工作激励	高	0.590** [0.498, 0.678]	−0.095 [−0.225, 0.047]	−0.056 [−0.139, 0.026]	−0.190* [−0.374, −0.027]	−0.246** [−0.381, −0.123]
	低	0.474** [0.377, 0.574]	−0.295** [−0.426, −0.158]	−0.140** [−0.217, −0.073]	−0.207** [−0.339, −0.062]	−0.347** [−0.476, −0.220]
	差异	0.116* [0.005, 0.222]	0.200* [0.028, 0.370]	0.084+ [−0.024, 0.184]	0.017 [−0.187, 0.166]	0.101 [−0.040, 0.217]

注：[ ]内为 95% 的校正偏差置信区间，若置信区间不包含 0，说明数值在 5%统计学意义上显著。

值得注意的是，工作激励对胜任素质与人力资本贬值间总体关系无调节作用，与假设相左。这是否意味工作激励不具有对知识员工行为的引导功能。笔者认为，恰好相反，正是因为工作激励对高、低胜任素质员工均有显著的促进作用，从而掩盖了其在胜任素质与人力资本贬值间的调节效应。相较而言，薪酬激励与发展激励对低胜任素质员工的促进作用要远大于高胜任素质员工，使得高强度情境下激励机制对胜任素质与人力资本贬值间关系的弱化调节作用进一步显现。为了证实这一想法，利用均值分析，比较了不同水平胜任素质员工在各类激励条件下的人力资本贬值程度差异，如表 5-4。

表 5-4　人力资本贬值程度差异比较

自变量 \ 调节变量		薪酬激励		均值差异	发展激励		均值差异	工作激励		均值差异
		高	低		高	低		高	低	
胜任素质	高	2.743	2.844	−0.101	2.757	2.810	−0.053	2.675	2.983	−0.308**
	低	2.958	3.121	−0.163*	2.835	3.077	−0.242**	2.905	3.089	−0.184**

注：以各变量的中位值为依据区别高、低水平样本组。

首先，低胜任素质员工在高强度薪酬激励下的人力资本贬值程度要显著低于低强度薪酬激励情况（$2.958-3.121=-0.163, p<0.05$）；而这种差异在高胜任素质样本中并不明显（$2.743-2.844=-0.101, p>0.10$），说明薪酬激励对高胜任素质员工的作用不显著。其次，低胜任素质员工在高强度发展激励下的人力资本贬值程度要显著低于低强度发展激励情况（$2.835-3.077=-0.242, p<0.01$），这种差异在高胜任素质样本中亦不明显（$2.757-2.810=-0.053, p>0.10$），说明发展激励对高胜任素质员工的作用不显著。最后，工作激励对高胜任素质员工（$2.675-2.983=-0.308, p<0.01$）与低胜任素质员工（$2.905-3.089=-0.184, p<0.01$）均有影响。上述结果印证了之前的观点，也为不同激励机制的差异化调节效应提供了一种新的解释。

最后为了更加直观地显示不同激励的调节作用，将高于及低于调节变量中位数的两组数据分别进行回归，观察胜任素质与人力资本贬值间关系不同的作用模式。

图 5-3 为薪酬激励对胜任素质与人力资本贬值间关系的调节作用。其中，实线为低薪酬激励组数据进行回归分析得到的趋势线，斜率为−0.444；虚线为高薪酬激励组数据进行回归分析得到的趋势线，斜率为−0.272。表明低薪酬激励水平下，胜任素质对人力资本贬值的负向作用更强。

图 5-4 为发展激励对胜任素质与人力资本贬值间关系的调节作用。其中，实线为低发展激励组数据进行回归分析得到的趋势线，斜率为−0.445；虚线为高发展激励组数据进行回归分析得到的趋势线，斜率为−0.200。表明低发展激励水平下，胜任素质对人力资本贬值的负向作用更强。

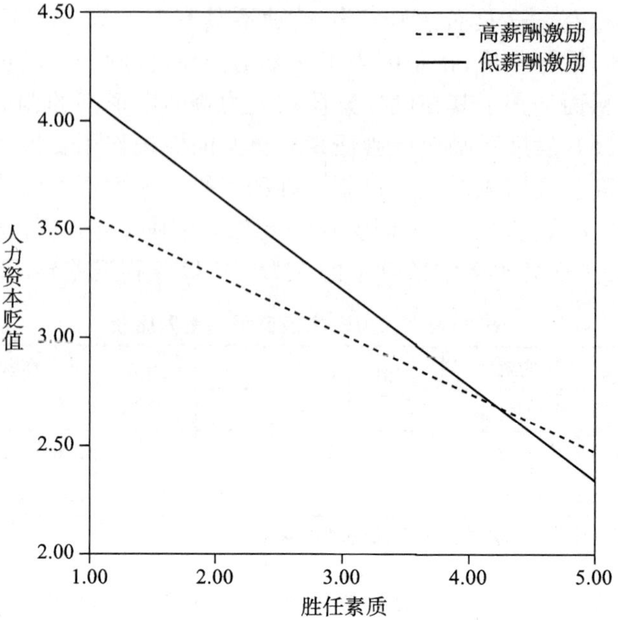

图 5-3　薪酬激励的调节作用

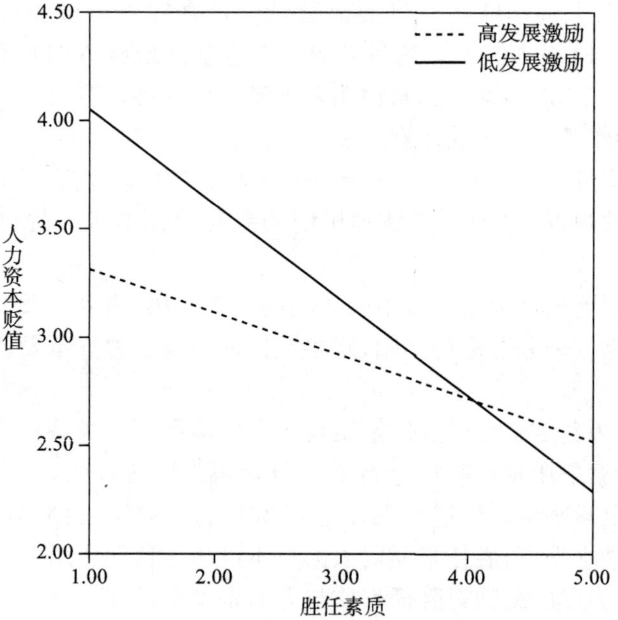

图 5-4　发展激励的调节作用

图 5－5 为工作激励对胜任素质与人力资本贬值间关系的调节作用。其中，实线为低工作激励组数据进行回归分析得到的趋势线，斜率为－0.286；虚线为高工作激励组数据进行回归分析得到的趋势线，斜率为－0.264，两者间不存在显著性差异。因此从总体上看，工作激励的调节作用并不显著。

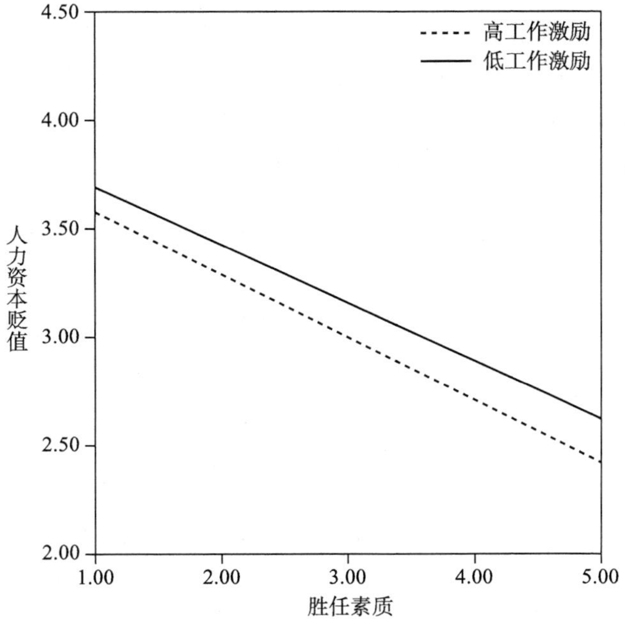

图 5－5　工作激励的调节作用

第四节　人力资本贬值背景下基于胜任素质的人员管理

本章结合胜任素质理论、员工学习理论，推演并分析了胜任素质与人力资本贬值间内在联系；同时基于激励理论、情境强度理论，进一步检验了两者间关系在不同激励情境下的差异性，对组织完善知识员工招聘选拔、激励机制设计具有一定借鉴作用。

笔者尝试拓展并深化了人力资本贬值的研究视角。以往多数研究主要关注外部因素，如技术进步、组织发展等，对个人因素的分析相对较少。部分学者曾探索过人力资本贬值在不同性别、年龄、教育程度间的差异，但未得到一致结论。笔者认为，相较于上述人口统计学变量，胜任素质作为深层次、稳定的个人特征，在预测人力资本贬值方面更具有时效性与解释力度。高胜任素质个体能较快地适应外部环境变化，展现出更高水平的学习行为，进而降低人力资本贬值程度。因此,组织应加强对高胜任素质员工的使用及培养。胜任素质重要性一直被强调,但组织的选人用人往往只聚焦于知识技能,忽略了对深层次内容的关注,导致企业发展缺乏灵活性(Rodriguez et al.,2002)。人力资源管理应更加关注胜任素质,帮助组织获取持续竞争优势(Ürü Sanı et al.,2016)。本章构建的胜任素质模型指出,那些具有较好自我认知与执行力、富有敬业精神与合作精神、以客户为导向、善于信息整合、有较强的逻辑分析能力、注重自我发展的个体,通常能更好地应对外部环境的冲击,具备较强适应性。组织可以此为标准,加强对员工的选拔任用,并进一步完善培训、激励、职业发展等,真正做到胜任素质与战略目标相结合,从而推动员工绩效(Redmond,2013)。

此外,高胜任素质有助于提高个体知识创造水平进而降低人力资本贬值的影响。该结论一方面突出了员工学习,特别是知识创新的重要性,强调在信息爆炸时代下,唯有积极探索并应用新知识的个体才能跟上工作发展的步伐,给予胜任素质对人力资本贬值作用机制一种可信的解释。另一方面,该结论证实了胜任素质对知识创造具有正向影响,突出了个人因素对于知识创造的重要性。并且研究发现,唯有工作激励才能促进胜任素质与知识创造间的正向联系。该结论告诉我们,组织通过促进员工知识创造行为,可以降低人力资本贬值的影响。知识创造尽管取决于个人能力(Dodd er al.,2002),但同时也受环境调节(Moss,2002)。组织在培育员工创新能力的同时,应关注发展激励与工作激励的直接正向影响。特别是工作激励,它能有效促进知识员工,特别是高胜任素质员工的知识创造行为。但在实践中,内部激励往往要困难得多,组织通常还是以薪酬激励为主(Manolopoulos,2006),从而难以激发员工在知识创造上的主动性。可见这种短期的、单一的激励模式不再满足创新需要。组织应转变传统观念,重视发展激励与工作激励对知识创造的促进作用。

最后,结果还显示,胜任素质与人力资本贬值间关系受到激励机制的影响。具体而言,薪酬激励正向调节胜任素质与人力资本贬值间总体关系;发展激励正向调节胜任素质对人力资本贬值的直接作用与总体关系;工作激励正向调节胜任素质对人力资本贬值的间接作用,对总体关系无显著影响。上述结果表明,对于低胜任素质员工,薪酬、发展与工作激励均能促使其降低人力资本贬值水平;而只有工作激励才对高胜任素质员工有效。目前很少有实证研究关注组织管理制度对人力资本贬值的作用,该结果证实了 Fossum 等(1986)关于组织激励对人力资本贬值存在影响的观点,是对现有相关研究的补充。实践方面,组织应当通过激励机制的合理设计与使用,引导个人主动对抗人力资本贬值问题。尽管随着激励强度的提高,胜任素质对人力资本贬值的负向作用逐步减弱,但并不表示两者间属于此消彼长的关系。相反,激励机制的使用能显著降低人力资本贬值水平,对低胜任素质员工的作用更为明显。实践中,激励必须具有差异性与针对性。在胜任素质普遍不高的情况下,管理者应当结合组织实际,综合利用三种激励方式;而对于高胜任素质员工,唯有采用工作激励才有显著效果。组织应根据个体间差异,灵活地使用不同的激励手段,提高人力资源管理的精细化水平。最后需要指出的是,胜任素质对人力资本贬值的影响要远甚于激励机制,后者只能作为辅助手段。管理者只有真正着手于员工的挑选和培养,才能更好地解决人力资本贬值问题。

第六章 人力资本贬值背景下组织内社会关系管理

社会资本是知识、信息获取的重要途径，对人力资本贬值有重要影响。然而在新时期下，两者间关系正出现悄然变化，彼此间联系变得更为复杂而紧密。现实方面，技术进步在对人力资本造成巨大冲击的同时也促进了社会资本积累。特别是信息技术的发展，拉近了人与人之间的距离，新媒介的出现打破了时间及空间的限制，个人能够在更广阔的范围内构建社会关系，寻求所需资源。社会资本的这种相对变化如何影响人力资本贬值值得思考。此外，随着工作复杂性的不断提高，组织内研究、计划等非常规认知任务(Non-routine Cognitive Task)比重大幅增加。在此背景下，相较于个人能力，组织更为看重员工间的互动与协作，社会关系也成为管理重点。理论方面，社会关系已被证实能通过降低工作压力维持个体健康，有助于知识获取和创新以适应环境变化，对人力资本贬值具有负向作用。但随着研究深入，学者们发现不同强度的社会关系影响是不一样的。它也可能会诱发压力，降低个人知识获取水平。因此，社会关系与人力资本贬值间究竟存在何种形式的关系值得探讨和研究，本章也将深入探讨社会关系对人力资本贬值的影响，揭示两者间具体作用机制，为组织完善非正式关系的管理提供借鉴。

第一节 社会资本与人力资本间关系研究回顾

组织管理领域，社会资本概念受到了高度重视，它已被成功地应用在组织管理研究的诸多问题中，并具有较强的解释效力。什么是社会资本？有学者指出，它是个人或团体所拥有的社会连带加总。Burt(1992)认为社会关系包括人际间关系及嵌入其中的各类资源。Brown(1997)提出社会资本在微观层面上指个体所拥有的社会关系网络及嵌入其中的情感、信任、规则等。Nahapiet 与 Ghoshal(1998)将社会资本分为结构维度、关系维度与认知维度。其中,结构维度是指社会关系的形式、目的、形态(如:网络密度、层次性、连通性)等,社会连带是其中心内容。关系维度聚焦于关系实质,与结构维度不同,它是指个体间或群体间通过较长时间一系列交往所形成的关系,信任是其中最重要的内容。最后,认知维度是指人们对于某样事物共享的看法、观点等,例如共享的语言、符号、故事。

组织管理领域多数研究均基于结构维度,即应用社会网络分析方法解释一系列管理问题。在社会资本理论的基础上,Granovetter(1985,1992)的镶嵌(Embeddedness)理论和弱连带(Weak Ties)理论、Burt(1992)的结构洞(Structural Holes)理论、Krackhardt(1992)的强连带理论以及 Watts 和 Strogatz(1998)的小世界理论等对社会网络理论的发展起了重要作用。

目前,此类研究主要集中在三个方面,即:个体层面、群体层面与组织层面。例如:在个体层面,社会资本能够影响职业成功(Seibert et al., 2001; Burt, 1992;Gabbay & Zuckerman,1998)与高管人员薪酬(Belliveau et al., 1996;Burt, 1997),有利于个人寻找工作(Granovetter,1973;Lin,Dumin,1996);在群体层面,社会资本能够促进资源交换(Hansen,1998;Tsai,Ghoshal,1998)、智力资本的创造(Hargadon,Sutton, 1997; Nahapiet & Ghoshal, 1998;Chua,2002),提高跨功能团队的有效性(Rosenthal,1996);在组织层面,它降低了员工离职率(Krackhardt & Hanson, 1993)、组织衰退率(Pennings et al., 1998),促进了企业家精神(Chong & Gibbons, 1997)与初创企业的建立(Walker et al., 1997),此外还加强了组织与供应商之间的关系(Asanuma, 1985),提高了区域销售网络质量(Romo & Schwartz, 1995)与组织内部学习(Kraatz, 1998)。总体而言,目前直接与人力资本贬值相关的社会资本研究并不多,但以下两类研究为搭建社会资本与人力资本贬值间理论桥梁提供了参考和借鉴。

一、社会资本与健康

健康是人力资本贬值的内因,是知识、技能发挥效用的前提。社会资本与健康之间的关系很早便受到了学者们的关注(House et al. 1988)。

早期研究聚焦于社会资本与人口死亡率之间的关系。有学者(Durkheim,1951)发现,社会融入程度越低,个体自杀概率越高;Berkman 和 Syme(1979)研究指出,四种社会连带(social tie)——婚姻、家人朋友、教会、团体,均对死亡率均有一定预测作用;House 等(1982)发现,社会关系与活动综合指数与死亡率之间呈反向关系,即社会化程度越高,死亡率越低;Orth-Gomer 等(1987)研究发现,与家人、朋友、邻居、同事间的互动频率可以作为死亡率的预测因素;另外,由收入不平等带来的社会资本侵蚀(Kennedy et al. 1996; Kaplan et al. 1996; Brehm & Rahn, 1997)提高了人口死亡率

(Kawachi et al. 1997)。此外,其他学者的研究(Schoenbach et al. 1986; Tibblin et al. 1986;Welin et al. 1985)也得到了上述类似结果。

近年来,越来越多的实证研究证实了社会资本与健康结果变量之间的关系(Fujiwara & Kawachi,2008)。Veenstra(2000)发现同事间交往频率与自我健康评价有显著正向联系;Rosen(2000)研究认为,社会资本比人力资本更能提升个体生理及心理健康水平;Fujiwara 与 Kawachi(2008)发现,社会信任、归属感与社区参与程度与个体感知到的生理及心理健康有显著关系;Fukui 等(2012)研究表明,社会网络规模与精神健康存在正相关关系。其他诸多研究(Steptoe & Feldman,2001;Hyyppa & Maki,2001;Mitchell & LaGory,2002;Lindstrom,2004;Carlson,2004)也证实了社会资本对于健康的重要性。

可见社会资本对于健康的促进作用已得到公认,有学者分析了两者间的作用机制。Bovard(1985)从心理生理学(psychophysiology)视角进行了解释,指出社会关系和社会交往能够通过扁桃体间接作用于下丘脑前端区域刺激生长激素的释放,同时抑制下丘脑后端区域,带动促肾上腺皮质激素等的分泌,加强交感神经活动,促进个人健康。

亦有学者(Umberson et al. 2010)从社会学及心理学视角展开了分析,指出社会资本主要通过影响健康行为来作用于个体健康,而社会网络中他人的规范和价值观念对自我健康行为有重要影响(Bearman & Bruckner 2001, Gaughan 2006),其中产生的社会支持能够缓解个体压力(Cohen et al. 2004),加强社会关系的象征意义(Call & Mortimer 2001,Crosnoe,2006),从而促进心理健康(Uchino, 2004)。支持性的社会关系能够带来有益的生理效应(比如血压及心率降低等)(Uchino, 2004),从而减少反健康行为的产生。另外,社会关系能够产生直接或间接的社会控制,帮助人们形成健康行为(Umberson,1992)。

当然,社会资本的影响并非都是正面的,已有学者关注其对健康的负面影响。他们指出,社会关系亦会导致反健康行为的出现。压力是社会关系的负面组成部分(Cohen et al. 2004),人际交往常常会给成年人带来压力(Repetti et al. 2002,Walen & Lachman 2000),并进一步产生心理困扰及负面生理反应(Physiological arousal,如心率加快)。而个体容易通过特定行为(如酗酒、暴饮暴食等)来应对压力,减少不愉快的刺激(Ensel & Lin 2004, Kassel et al. 2003),却对健康产生了负面影响。另外,压力的存在也削弱了社会关系的支持性作用(Umberson et al. , 2010)。

二、社会资本与信息获取

环境变化是人力资本贬值的外因,知识获取是对抗由环境变化引起的人力资本贬值的最主要途径。许多研究指出,嵌入在不同强度社会关系中的资源是存在差异的。因此,社会关系强度对于信息获取有着重要影响。强度是社会关系基本属性之一,强度高低取决于四个方面:关系远近、互动频率、亲密程度以及互惠内容,它对个体在社会网络中信息、资源的获取有着重要影响。在这方面,目前主要存在着两种理论解释:弱连带理论与强连带理论。

弱连带理论源于 Granovetter 的研究,用于解释弱连带在个人求职过程中较强连带更具有优势的原因。Granovetter 指出,同一社会群体内彼此间关系强度通常较高,这虽然有助于信息的快速传播,但也导致了信息的重复、赘余。相反,介于不同社会群体间的连带强度一般较弱。因此对个人而言,弱连带数量越多意味着自身与不同社会群体间存在联系的可能性越大,这有助于获得差异化的信息和资源。这一观点后续得到了研究证实。

相对应的,Krackhardt 分析了强连带的优势,认为强连带更有利于促成协作,进而提高信息和资源的可获得性。特别对于那些缺乏工作安全感或稳定性的个体,强连带的发展能为他们提供保护,并降低不确定性。强连带是信任的基础,它能淡化部门边界,帮助组织更好地适应外部环境的变化,还能降低组织内变革阻力,减少员工面对不确定性时的负面感受。此外,强连带能提供社会支持,后者有利于个人健康与幸福感。

在社会关系强度与信息获取的关系方面,寻找工作成为了学者们研究的焦点。Granovetter(1974)研究了弱连带较强连带所具有的优势——它有助于个体获得多样化的工作信息。Granovetter(1982)认为,作为桥,弱连带能够带来超出自身所处社会群体内的,额外的信息和资源;Lin(1982,1990)强调了其他嵌入在弱连带中的资源,指出个体能够通过弱连带与那些具有权利、财富、声誉的社会网络成员建立联系。两位学者之所以认为强连带在地位获取方面缺乏有效性,是因为强连带通常难以建立跨越社会边界或等级的联系,但目前实证研究尚未得到一致的结果。Granovetter(1974)研究发现,美国职业工人更多运用弱连带寻求工作;Watanabe(1987)在对日本职业及技术工人的研究中却得到了相反的结果;Lin 等(1981)发现在寻求高声誉工作时,弱连带比强连带更有作用;Marsden 和 Hurlbert(1988)的研究却发现,连带强度与社会地位的获取不存在相关关系。Granovetter(1995)认为,关于社会关系对寻找工作的影响还需结合制度背景。自由市场经济下的网络资源往往是商业关系或信息的载体,而非自由市场经济条件下的网络资源可带来权力的影响和捷径(Guthrie,1998)。Bian(1997)在对 20 世纪 80 年代天津市的研究中发现,强连带在人们寻找工作的过程中起到更为重要的作用,这是因为在计划经济体制下,工作由政府指派,人们通过社会网络更多是为了获取影响力而非信息。

由此可见,不论是个体健康,还是信息获取,现有研究对于社会关系在这两方面的作用尚未得到一致结论,但学者们的观点却为后续研究提供了思路和启发。笔者认为，社会关系对人力资本贬值的影响形式很可能受制于强度高低，两者间并非单纯的线性关系，下节将结合不同学者的观点，从管理学视角出发，梳理社会关系强度与人力资本贬值间的内在联系。

第二节　社会关系对人力资本贬值影响的理论分析

上一节提到，个体健康与知识获取是影响人力资本贬值的两大基本因素，社会关系对两者有重要影响，本节将从这一视角入手剖析社会关系对人力资本贬值的作用机制。

一、个体健康、知识获取对人力资本贬值的影响

人力资本贬值的两类基本形式为：存量减少与价值降低。前者源于身体机能老化、生理损害等内部因素，与健康联系紧密。个人越是健康，其获取工作专用型知识、技能的速度也就越快，保留的时间也越长久（McFadden，2008），故健康程度与人力资本贬值间应存在负向关系。但在研究中，健康的测量往往缺乏准确性。一者，健康状况属于个人隐私，一手资料很难获取；二者，相关调查较为敏感，被调查者容易高估自身健康状况，导致数据失真。从当前来看，管理学领域内，工作压力与健康的联系最为密切，已被证实对个人健康存在负面影响（Ganster & Rosen，2013），进而不利于人力资本的保留，将加剧贬值。也有研究指出，一定条件下，工作压力能推动员工绩效，促进个人发展。若不保持适度压力，人力资本贬值可能更快。工作压力部分源于工作挑战性（Hargrove et al.，2015），后者对人力资本贬值有重要影响。低水平压力下，挑战性的缺乏将不利于员工绩效表现。而工作越是多样化，人力资本贬值程度相对越低。Kaufman 发现早期技术变革的经历有助于提升工程师未来的职业胜任素质。相反，从事挑战性不足的工作将使低教育程度员工人力资本贬值更为严重。综合上述分析，笔者认为，过高或过低的工作压力均会加剧人力资本贬值，即：

观点 1：工作压力与人力资本贬值呈 U 型关系：相对于低水平和高水平工作压力，中等水平工作压力个体的人力资本贬值程度更低。

人力资本价值降低源于外部因素，技术进步是最主要原因，它使得员工的知识、技能迅速过时。此外，组织发展对工作内容造成深远影响，引发岗位专用型人力资本贬值；经济结构转型使得劳动力市场对某些专业化知识技能的需求减少，造成组织专用型人力资本贬值。诸如此类由外界环境变化引起

的人力资本贬值通常是不可逆的，能否快速及时地获取新的知识技能，提高个体对环境变化的适应能力，成为满足工作需要的关键因素，对人力资本贬值有着重要影响。知识获取是一种学习行为，能较为全面、直接地反映员工在知识、技能更新方面的总体情况。通常而言，知识获取水平越高，个体掌握的知识、技能也就越丰富。研究指出，赋予员工完成创造性工作的知识与技能可以充分激发他们的积极性，促进更多新知识的产生（Ng & Feldman，2012）。

观点 2：知识获取水平越高，人力资本贬值程度越低。

二、社会关系强度对人力资本贬值的影响

（一）社会关系强度通过工作压力对人力资本贬值的影响

强连带理论认为，一定强度的社会关系能提供社会支持，它有助于减缓工作压力。Cohen 的压力缓冲模型（Stress-buffering Model）指出，社会支持能够预防及调节个体对于压力事件的反应，降低对健康的伤害。面对压力时，人们常通过吸烟、酗酒等反健康行为进行宣泄，感知到的社会支持能够使人们在面对压力时对环境作出更为良性的评价，从而预防心理及行为上的负面回应，减少反健康行为的发生。强关系通过社会支持对工作压力的减缓作用在管理学研究中也得到了证实（Lambert et al.，2016）。此外，强关系是信任的基础，有助于控制因人际关系互动带来的工作压力，其中最典型的就是因缺乏信任产生的紧张和焦虑（Guinot et al.，2014）。因此，一定强度的社会关系是降低工作压力，维持健康的保证。

然而从现有研究来看，随着强度的增加，社会关系本身亦会诱发压力。首先，高强度社会关系意味着个人需要投入大量的时间和精力应对社会交往，这会使人感受到压力（Repetti et al.，2002）。其次，高强度社会关系下，压力容易传染（Contagion）。职场中，领导情绪容易传染给下属，从而对他们的工作绩效产生影响（Visser et al.，2013）。彼此间联系越是紧密，个体越是容易对他人的压力感同身受。例如女性在建立社会关系时，情感投入程度更高，更容易为他人之事所困扰。最后，高强度社会关系凸显了个体间相互回报的义务。当资源不对称时，一方会因难以实现他人请求而产生负面感受（Belle，1987），进而形成压力。具体而言，关系强度越大，因违背互惠原则产生的不安以及由此带来对关系破裂的担心也就越强。事实上，那些最需要从社会网络中获取支持的个体通常最难获得社会支持，他们承担着并不对称的社会网络卷入成本。综合以上分析，社会关系强度与工作压力间可能并非单纯的线性关系。工作压力水平将随着社会关系强度的增加先下降后上升。

观点 3：社会关系强度通过影响工作压力作用于人力资本贬值。其中，社

会关系强度与工作压力呈 U 型关系：相对于低强度和高强度社会关系，中等强度社会关系个体的工作压力水平更低。

（二）社会关系强度通过知识获取对人力资本贬值的影响

知识获取是主观行为，很大程度取决于个人，但外部环境的作用同样不容忽视。社会认知理论指出，知识获取常发生于社会交往中。人们通过沟通、模仿获取新的知识技能，并在此过程中受到社会关系强度的影响和制约。在不同强度的社会关系下，个人在资源价值、可获取性等方面的感知是不一样的，这种差异将影响知识获取行为水平。弱连带理论指出，低强度社会关系更有利于差异化信息和资源的获取。可见社会关系强度越弱，知识获取水平应该越高。但笔者认为，随着时代发展，弱连带优势正逐步减弱。信息技术的变革拓宽了显性知识的传播途径，人们可通过各类媒介获得想要的信息，从而淡化了弱连带对知识获取的影响。而随着不确定性增加，人们更倾向于建立强连带关系以应对各类变化。根据强连带理论：首先，强连带关系能促进彼此间协作，从而提高知识分享的可能性。由于知识分享需要付出时间和精力，若无特殊原因，他人无动机主动分享。其次，强连带关系能培育相互间信任，使他人更愿意承担知识转移带来的风险。具体而言，个人通常对知识转移存有顾忌，担心此举会削弱在组织中的地位和权利，降低职业安全感（Bloice & Burnett，2016），而信任能消除由此产生的疑虑。最后，强连带关系能加速信息传播，促进相互了解，便于隐性知识共享。当前隐性知识已成为可持续竞争优势的关键来源（Lecuona & Reitzig，2014），但它通常难以描述，需要基于共有知识，在一定强度社会交往过程中，通过观察、模仿以及对经验的共享而取得（Jones & Mahon，2012）。因此强连带关系是获取此类知识的必要条件。结合上述分析，一定强度的社会关系将有助于知识获取。

同时，Granovetter 在弱连带理论中也提到了强连带在信息、资源获取方面存在的不足，笔者认为，由此带来的影响将对知识获取产生负面效应。首先，高强度社会关系内传递的知识具有重复性。由于人们倾向于同自身社会特征相近的个体交往（Park et al.，2012），高强度关系下个体间较为相似，难以从中获取差异化的知识或信息（Perry-Smith，2014）。第二，高强度社会关系虽然能加速信息传递，也易使人们形成共享的态度、观点和信念。相互间情感联系将迫使人们遵从既定的行为模式与主导思维（Battilana & Cassciaro，2013），阻碍了个体对不同观点和想法的开放性，限制了知识获取行为。第三，高强度社会关系的维护需占用大量时间、精力，无形中减少了个人对知识获取的投入。研究发现，超过一定水平后，社会关系强度的提高反而不利于知识的获取与创造（Wang，2016）。由此可见，社会关系强度与知识获取间亦可能不是单纯的线性关系。知识获取水平将随着社会关系强度的增加先上升后下降。

观点 4:社会关系强度通过影响知识获取作用于人力资本贬值。其中,社会关系强度与知识获取呈倒 U 型关系:相对于低强度和高强度社会关系,中等强度社会关系个体的知识获取水平更高。

三、社会关系强度对人力资本贬值的差异化影响

研究表明,不同性别(Kunze, 2002;Görlich & de Grip, 2008)、工作种类(Bosma, 2003;Janßen & Backes-Gellner, 2009)、岗位层级间群体的人力资本贬值程度各异。笔者认为,社会关系强度对人力资本贬值的影响在不同群体间也是存在差异的。第一,社会关系的影响对于人力资本贬值风险较高的群体更为明显。在高人力资本贬值风险情境中,现有知识、技能受外部环境变化冲击的可能性就越高,个体通过社会关系进行人力资本更新的动机也就越强,因此较低风险情境而言,社会关系的作用将更加突出。第二,社会关系的影响对于组织内缺乏资源的群体更为明显。社会关系并不是信息获取的唯一途径,个人还可以通过"干中学"、参加培训等其他方式获得新的知识、技能。而当人力资本更新需求能够通过其他途径获得满足时,社会关系对人力资本贬值的影响自然将被削弱。换言之,两者间关系还取决于个体是否拥有其他知识获取途径及自身在人力资本更新时对社会关系的偏好程度。

(一) 性别间的差异

性别对社会关系强度与人力资本贬值间关系的影响主要表现在两方面。

(1) 女性比男性面临着更大的人力资本贬值风险。学者(Görlich & de Grip, 2008)指出,受家庭因素影响——生育、抚养等,女性在工作中更容易出现职业中断,使得知识、技能长时间处于闲置或未充分使用状态,造成人力资本衰退。此外,随着人力资本专用性不断提高,当女性受家庭因素影响被迫变更工作时,其组织专用型人力资本将失去效用,面临贬值。当然,也有学者(Polachek, 1981)认为,女性在择业时会充分考虑上述影响,选择特定的职业以最小化工作中断所带来的对人力资本的不利影响,继而形成性别间的职业分割,因而女性的人力资本贬值程度要低于男性职业。但该观点尚未得到一致认可,许多学者(England, 1982;Kunze, 2002)在研究中得到了相反的结论。因此,笔者认为,女性员工面临的人力资本贬值风险应该更高。相对应的,社会关系强度对女性员工人力资本贬值的影响要高于男性员工。

(2) 从人力资本更新途径来看,女性较男性更加依赖社会关系。一方面,研究表明,在大多数国家,女性的外倾性与随和性要来得更强(Schmitt et al., 2008)。她们具有高社会性,善于同他人建立起良好的人际关系。与男性相比,同事间关系更为密切(Scott & Barnes, 2011),在团队活动中更多采取亲社会行为,而男性则多以自我为中心。个性上的差异决定了女性在遇到

困难时会更多地寻求社会帮助。另一方面，女性在组织内拥有的正式权利和资源较少（颜士梅等，2008），进一步凸显了社会关系在降低人力资本贬值方面的重要性。一者，组织内不同性别间社会网络的构成有着明显区别，个体更倾向于建立同性别之间的非正式关系。在组织内，男性通常掌握着绝对资源和权利，他们为了巩固在组织中的统治地位，会把女性排除在非正式关系圈子外。数据显示，2016 年我国上市公司总经理中，仅有 5.75%为女性担任，差距可见一斑。二者，女性受家庭生活所限，投入到工作事业中的时间和精力远不及男性（Bird & Sapp，2004），这不利于她们的职业生涯发展与岗位晋升，进而在组织内部处于天然劣势地位。因此在主、客观因素双重影响下，社会关系对女性员工更为重要。

观点 5：社会关系强度对女性人力资本贬值的影响要比男性更为显著。

（二）工作类别间的差异

不同类别的工作在内容、性质以及对知识技能的需求方面存在着较大差异，这使得各类从业者面临着程度各异的人力资本贬值风险。总体而言，工作大致可分为偏创造性与偏常规性两类。前者如创意设计、研发类工作；后者如行政管理、业务类工作。笔者认为，当前外部环境的快速变化对创造性工作的影响尤为明显。一者，作为高技术性职业（High-skilled），从事创造性工作的个人通常需要执行更多具体、复杂的任务，其人力资本较常规性工作而言具有更高的专业性，因而更容易过时或贬值。二者，随着市场竞争日趋激烈以及行业分工进一步细化，越来越多的组织通过开发并积累企业专用型人力资本获取竞争优势。然而，这种专用性的增强也加剧了人力资本贬值风险。一旦员工离开组织，企业专用型人力资本即失去效用，发生贬值。而常规性工作内容相对稳定，对专业知识、技能的要求较低，不易因组织变更而出现贬值。

在工作内容上，创造性工作对创新的要求更高，而员工所处的组织内社会关系对个人创新能力有着深远影响。首先，知识创造是一个路径依赖过程（Dosi，1982），个人知识储备与自身创新能力间存在着紧密联系（Nieto & Santamaría，2007），决定了未来新知识探索的范围与方向，是知识创造的基础。拥有更多相关领域知识有助于促进创新行为与绩效的产生，提高了个人创造解决方案的能力（Perry-Smith，2006）。现实中，人们经常利用社会关系获取并创造知识（Cross et al.，2001），相互间交流有利于深化个人对于专业领域的理解，促进新观点、方法的诞生。其次，创新效率很大程度取决于团队工作有效性，后者又依赖于组织内的社会关系（Oh et al.，2006）。学者指出，在诸多不同专业意见与看法的背景下，协作将有利于融合彼此间观点的差异，提高决策效率，加速创新的产生。最后，社会关系对于创新应用同样十分重要（Carnabuci & Diószegi，2015）。创造性活动充满着风险和挑战（周浩，龙立荣,2011),创造性的思想挑战了大多数人传统和习惯的看法,或威胁了现有利益,往往会遭到排斥和反弹。将新的观点投入实际应用需要内部支持、团结与协作行为。创新只有付诸实现时,才能最终转化为生产力。可见,社会关系贯穿于整个创新活动流程之中,对于创造性工作更为重要。

观点 6:社会关系强度对创造性工作个体人力资本贬值的影响要比常规性工作更为显著。

(三)工作层级间的差异

工作层级对社会关系强度与人力资本贬值间关系的影响主要表现在两方面。第一,在工作性质上,岗位层级的提升使得职责中管理相关内容明显增加。相较于专业知识技能,管理更加看重和需要特定的个人行为与品质。而后者通常是较为稳定的,不易发生改变,其本质决定了外部环境变化对管理类工作的影响要小于技术类工作。此外,从内部因素考虑,管理是一种不断积累的经验和能力,属于典型的经验导向型工作,它与固化智力更为相关——一种基于社会胜任素质与个人经历所形成的能力(Janßen & Backes-Gellner,2009)。有研究发现,相较于可变智力——个人信息处理以及抽象概念理解的能力,一定阶段以后,固化智力不易随年龄增长逐步减弱,相对更加稳定。因此,不论是从外部因素还是内部因素考虑,高层级岗位工作内容朝管理方向的转变,降低了个人可能面临的人力资本贬值风险。

第二,在资源获取方面,高层级岗位更有优势。正式的组织架构,诸如结构安排、内部过程等,决定了不同岗位是否有机会或多大程度上能够获取、交换、传递组织的关键资源(Soda & Zaheer,2012)。通常而言,组织内权利和资源主要掌握在高层手中,这使得他们在信息获取与知识更新方面有着天然优势。而随着层级的不断提升,岗位所赋予的正式权利也就越大,这有助个人能够获得更为丰富的信息和资源。相比之下,低层级员工拥有的权利和资源较少,个人需要难以被组织提供的资源充分满足,而当他们的目标、需要和兴趣不能通过工作或组织实现时,会寻求正规渠道之外的表达或实现途径(王利平,苏雪梅,2007),即组织内的社会关系,借此获取所需要的资源、信息等。研究表明,社会关系有助于促进个人非正式学习,后者能帮助员工持续地更新知识、技能以适应外部环境的变化(Noe et al.,2013)。因此岗位层级越高,个人对组织内社会关系的依赖性也就越弱,不同层级间资源获取的差异性弱化了组织内社会关系强度对人力资本贬值的影响。

观点 7:社会关系强度对低层级员工人力资本贬值的影响要比高层级员工更为显著。

图 6-1 研究模型是对笔者上述七个观点的总结,即:社会关系通过工作压力与知识获取作用于人力资本贬值。其中,社会关系强度与工作压力间呈U型关系,工作压力亦U型影响人力资本贬值;社会关系强度与知识获取间

呈倒U型关系，知识获取负向影响人力资本贬值。因此社会关系强度与人力资本贬值间总体呈U型关系。此外，这种U型关系还受到性别、工作种类、工作层级的调节。具体而言，男性社会关系强度与人力资本贬值间曲线关系要弱于女性；创造性工作强于常规性工作；中、高层级弱于低层级。

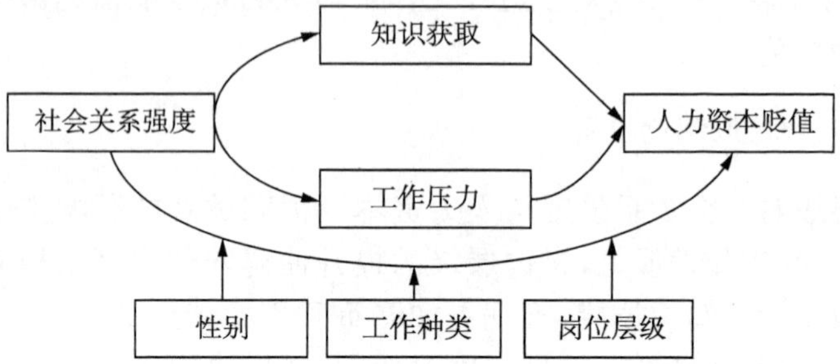

图6-1 人力资本贬值-社会关系模型

第三节 人力资本贬值-社会关系模型的实证检验

本节将基于实证分析，检验之前提出的人力资本贬值——社会关系模型。测量工具方面，人力资本贬值采用本书自编量表；社会关系强度采用个人中心网络问卷中社会关系强度题项进行测量；知识获取借鉴蒋天颖(2009)的研究；工作压力借鉴马剑虹等(1997)、陈志霞等(2005)、Ehrnrooth等(2012)的研究。具体量表介绍与题项内容详见附注九。所有量表采用Likert五点式。人力资本贬值、知识获取、工作压力量表中，1代表“极不同意”，5代表“非常同意”；社会关系强度量表中，1代表“极少数”，5代表“绝大多数”。同时，考虑到年龄、性别、教育程度、工作种类、岗位层级、工作年限等个人特征的潜在影响，引入上述变量进行控制。为确保测量结果有效性，所有量表均进行了信、效度检验，具体结果详见附注十(三、第六章测量工具的信、效度检验)。

一、描述性统计分析

表6-1为各主要变量的均值、方差与相关系数。数据显示，社会关系强度与人力资本贬值($r=-0.147, p<0.001$)呈负相关关系；工作压力与人力资本贬值呈正相关关系($r=0.439, p<0.001$)；知识获取与人力资本贬值呈负相关关系($r=-0.282, p<0.001$)。下文将利用回归分析进一步证实之前

提出的观点。

表 6-1　主要变量描述性统计及相关矩阵

变量	均值	标准差	1	2	3	4	5	6	7
人力资本贬值	2.84	0.767	1						
社会关系强度	2.31	0.786	−0.118**	1					
工作压力	2.88	0.837	0.439***	−0.137***	1				
知识获取	3.75	0.565	−0.282***	0.162***	−0.219***	1			
性别	0.53	0.500	0.044	0.028	0.104**	0.035	1		
工作类型	0.28	0.448	0.060	0.007	0.027	−0.028	0.141***	1	
工作层级	1.37	0.577	0.126***	0.068+	0.138***	0.105**	0.142***	−0.104**	1

二、回归分析结果

（一）社会关系强度通过工作压力、知识获取对人力资本贬值的U型作用检验

研究模型包含四个非线性关系。曲线关系变量间，自变量可视为其与因变量之间关系的调节变量，因此模型属于既存在中介效应又存在调节效应的混合模型。根据Edwards等(2007)的建议，笔者采用直接路径与二阶段路径调节模型(Direct Effect and Second Stage Moderation Model)验证工作压力对人力资本贬值的曲线作用；用全效应调节模型(Total Effect Moderation Model)验证社会关系强度对工作压力、知识获取及人力资本贬值的曲线作用，具体模型介绍详见附注十二。

表 6-2　工作压力对人力资本贬值的U型作用

变量	工作压力	人力资本贬值		
	M1	M2	M3	M4
主变量				
关系强度	−0.129**			−0.047
工作压力		0.376**	0.371**	0.363**
工作压力×工作压力			−0.040	−0.028
工作压力×关系强度				0.055
控制变量	（已控制）			
F 值	4.764**	20.306**	18.655**	16.135**
Adjust R^2	0.050	0.214	0.215	0.217

首先验证工作压力对人力资本贬值的 U 型作用。为避免多重共线性，所有连续变量进行中心化处理。表 6－2 中 M1 列检验了社会关系强度对工作压力的影响，其负向作用显著（$\beta=-0.129, p<0.01$）。

表 6－2 中 M2、M3 列检验了工作压力对人力资本贬值的影响。首先将工作压力代入回归方程，发现其对人力资本贬值有正向作用（$\beta=0.376, p<0.01$）；随后将工作压力的平方项纳入回归方程，其系数不显著（$\beta=-0.040, p>0.10$），观点 1 并不成立；之后，在 M3 的基础上将社会关系强度及其与工作压力的交互项加入回归方程，得到结果 M4。可见，工作压力平方项系数不显著（$\beta=-0.028, p>0.10$），变量间仍为线性正向关系（$\beta=0.363, p<0.01$）。可见，工作压力正向影响人力资本贬值，曲线作用未得到证实。对这一结果，笔者认为主要原因可能在于所使用工作压力量表侧重于压力的负面效应，其激励性未得到体现。压力源可分为挑战性压力源和阻断性压力源两类。前者能激发个人实现专长提升、职业成长等；后者会抑制个体的目标达成和职业成长。笔者在测量时主要关注工作压力对健康的负面影响，其对人力资本贬值的减缓作用未得到数据支持。更为具体的数据检验结果可参见附注十一——回归分析结果中附注表 16。

进一步的，采用全效应调节模型检验工作压力、知识获取于社会关系强度和人力资本贬值间的中介效应以及社会关系强度对相关变量的曲线作用，结果如表 6－3 所示。

表 6－3　工作压力、知识获取在社会关系强度和人力资本贬值中的中介作用

变量	工作压力		知识获取		
	M1	M2	M3	M4	
主变量					
关系强度	−0.129**	−0.182**	0.125**	0.164**	
关系强度×关系强度		0.087*		−0.065**	
工作压力					
工作压力×关系强度					
知识获取					
知识获取×关系强度					
控制变量	（已控制）				
F 值	4.764**	4.849**	5.120**	5.305**	
Adjust R^2	0.050	0.056	0.055	0.063	

续表

变量	人力资本贬值				
	M5	M6	M7	M8	M9
主变量					
关系强度	−0.097**	−0.149**	−0.086*	−0.088*	−0.049
关系强度×关系强度		0.085*	0.060+	0.065*	0.047
工作压力			0.360**		0.316**
工作压力×关系强度			0.071+		0.058
知识获取				−0.399**	−0.291**
知识获取×关系强度				−0.123*	−0.078
控制变量	(已控制)				
F 值	5.516**	5.627**	16.406**	10.631**	17.669**
Adjust R^2	0.060	0.067	0.221	0.150	0.261

表 6－3 中，M1、M2 列检验了社会关系强度对工作压力的影响。结果显示，社会关系强度的平方项系数显著（$\beta=0.087$，$p<0.05$），说明社会关系强度与工作压力间为 U 型关系。图 6－2 更加直观地展示了两者间的曲线关系。

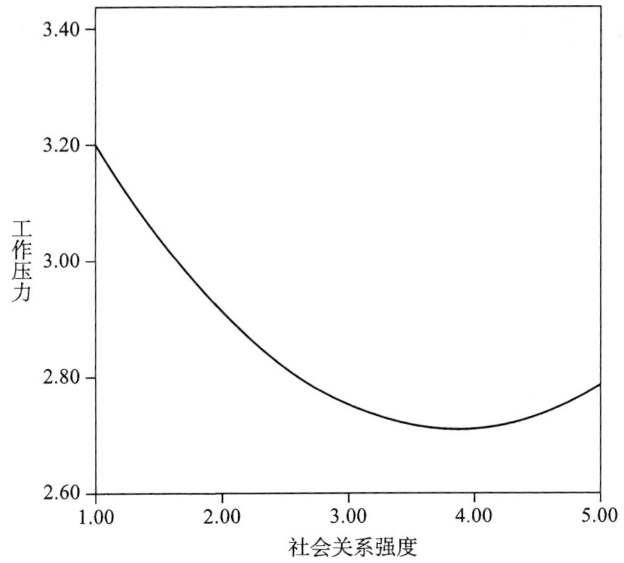

图 6－2　社会关系强度与工作压力 U 型关系图

M3、M4 列检验了社会关系强度对知识获取的影响。首先将社会关系强度加入回归方程，发现其对知识获取有正向作用（$\beta=0.125$，$p<0.01$）；之后将社会关系强度的平方项纳入回归方程，该项系数显著（$\beta=-0.065$，$p<$

0.01)，说明社会关系强度与知识获取间为倒 U 型关系(如图 6-3)，即相较于高、低社会关系强度，中等社会关系强度下个体知识获取水平更高。

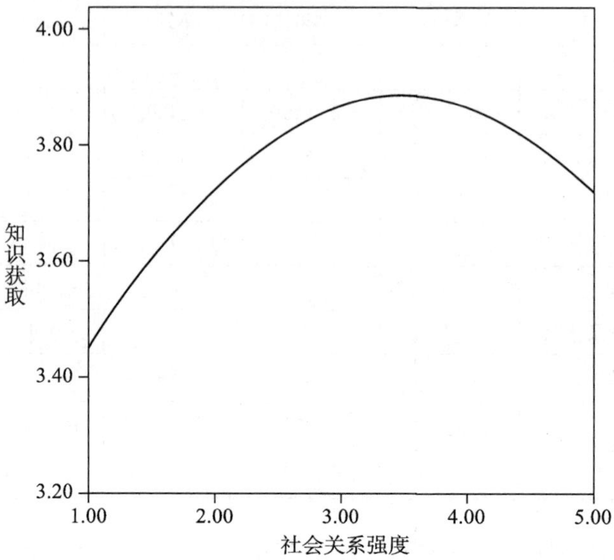

图 6-3　社会关系强度与知识获取倒 U 型关系图

M5、M6 检验了社会关系强度对人力资本贬值的影响作用。将社会关系强度加入回归方程，发现其对人力资本贬值有负向作用($\beta=-0.097$，$p<0.01$)；随后将社会关系强度的平方项纳入回归方程，该项系数显著($\beta=0.085$，$p<0.05$)，说明社会关系强度与人力资本贬值间为 U 型关系(如图 6-4)，即相较于高、低社会关系强度，中等社会关系强度下个体人力资本贬值程度更低。

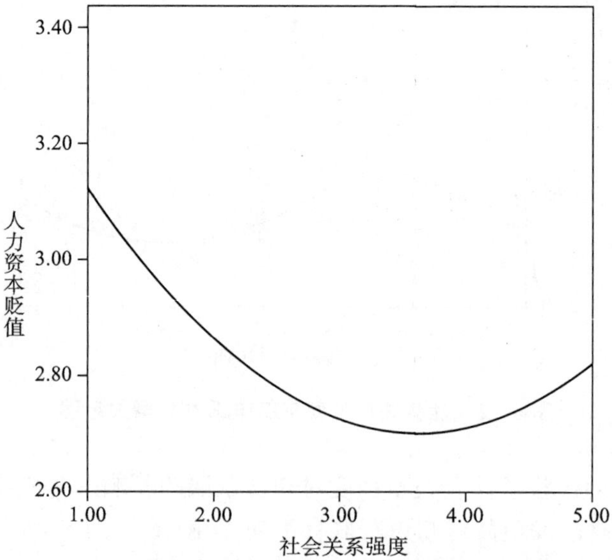

图 6-4　社会关系强度与人力资本贬值 U 型关系图

在 M6 的基础上，将中介变量工作压力及工作压力与社会关系强度的交互项一并纳入回归方程，结果见 M7。一方面，工作压力对人力资本贬值的正向作用显著（$\beta=0.360$，$p<0.01$），同时社会关系强度与人力资本贬值间 U 型关系仍然存在（社会关系强度二次项系数 $\beta=0.060$，$p<0.10$），因此工作压力于社会关系强度与人力资本贬值间起到了部分中介作用。此外，社会关系强度还正向调节了工作压力对人力资本贬值的影响（$\beta=0.071$，$p<0.10$）。观点 3 得到证实。

同样在 M6 的基础上，将中介变量知识获取及知识获取与社会关系强度的交互项一并纳入回归方程，结果见 M8。一方面，知识获取对人力资本贬值的负向作用显著（$\beta=-0.399$，$p<0.01$），同时社会关系强度与人力资本贬值间 U 型关系仍然存在（社会关系强度二次项系数 $\beta=0.065$，$p<0.05$），因此知识获取于社会关系强度与人力资本贬值间起到了部分中介作用。此外，社会关系强度还负向调节了知识获取对人力资本贬值的作用关系（$\beta=-0.123$，$p<0.05$）。观点 2 与观点 4 得到证实。

最后同时将知识获取、工作压力及其各自与社会关系强度的相互项纳入回归方程，结果见 M9。此时，工作压力（$\beta=0.316$，$p<0.01$）、知识获取（$\beta=-0.291$，$p<0.01$）对人力资本贬值的作用关系仍然显著，但社会关系强度与人力资本贬值间的关系已不再显著（一次项系数 $\beta=-0.049$，$p>0.10$；二次项系数 $\beta=0.047$，$p>0.10$），说明工作压力、知识获取完全体现了社会关系强度与人力资本贬值间的关系。另外，社会关系强度对工作压力（$\beta=0.058$，$p>0.10$）、知识获取（$\beta=-0.078$，$p>0.10$）与人力资本贬值间关系的调节效应亦不再显著。详细的数据处理结果可参见附注十一——回归分析结果中附注表 17～附注表 18。

（二）性别、工作种类、岗位层级调节作用的检验

采用两种方法检验性别、工作层级与工作类型的调节作用：第一，回归方程中代入调节变量与自变量交互项，观察系数是否显著；第二，根据调节变量对数据进行分组回归，检验系数间是否存在显著差异。根据第一种方法，在表 6-3 中 M6 的基础上加入了调节变量与社会关系强度的交互项（下文简称一次交互项）以及调节变量与社会关系强度平方项的交互项（下文简称二次交互项），得到结果如表 6-4 中 M1 至 M3 所示。M1 列为性别调节作用检验结果：其中，一次交互项系数并不显著（$\beta=0.031$，$p>0.10$）；二次交互项系数在 5%统计学水平下显著，数值上等于－0.148。这表明女性样本中社会关系强度与人力资本贬值间 U 型关系较男性更为显著，观点 5 得到证实。M2 列为工作类别调节作用检验结果：同样，一次交互项系数不显著（$\beta=0.120$，$p>0.10$）；二次交互项系数在 5%统计学水平下显著，数值上等于－0.153。这表明常规性工作个体样本中社会关系强度与人力资本贬值间 U 型关系较创

造性工作更为显著，与观点 6 正好相反。最后，M3 为工作层级调节作用检验结果，其一次交互项系数($\beta=-0.059$, $p>0.10$)与二次交互项系数均不显著($\beta=-0.049$, $p>0.10$)，说明工作层级对社会关系强度与人力资本贬值间的曲线关系无调节作用，观点 7 未得到证实。详细的数据处理结果可参见附注十一——回归分析结果中的附注表 19。

表 6-4　社会关系强度对人力资本贬值 U 型关系检验

变量	人力资本贬值		
	M1	M2	M3
主变量			
关系强度	−0.232***	−0.248***	−0.199***
关系强度×关系强度	0.273***	0.255***	0.199***
关系强度×性别	0.031		
关系强度×关系强度×性别	−0.148*		
关系强度×工作类型		0.120	
关系强度×关系强度×工作类型		−0.153*	
关系强度×工作层级			−0.059
关系强度×关系强度×工作层级			−0.049
控制变量			
F 值	8.000	9.183	7.626
Adjust R^2	0.122	0.111	0.116

根据第二种方法，再次对调节效应进行检验。按性别、工作层级与工作类型对样本进行分组回归得到结果如表 6-5 所示。可以发现，所有子样本中社会关系强度对人力资本贬值的 U 型影响仍然成立，表明变量间的这种曲线关系具有普遍性。其中，男性样本中社会关系强度二次项系数($\beta=0.125$, $p<0.05$)要低于女性样本($\beta=0.272$, $p<0.001$)；创意类工作样本中社会关系强度二次项系数($\beta=0.092$, $p<0.10$)要低于非创意类工作样本($\beta=0.249$, $p<0.001$)；中、高层级样本中社会关系强度二次项系数($\beta=0.151$, $p<0.05$)要低于低层级样本($\beta=0.192$, $p<0.001$)。更为具体的数据处理结果可参见附注十一——回归分析结果中附注表 20。

表 6-5 社会关系强队对人力资本贬值 U 型关系的分组检验

变量	人力资本贬值					
	男性	女性	创意类	常规类	低层	中、高层
主变量						
关系强度	−0.198***	−0.233***	−0.106	−0.246***	−0.198***	−0.218**
关系强度×关系强度	0.125*	0.272***	0.092+	0.249***	0.192***	0.151*
控制变量	（已控制）					
F 值	4.275	5.888	5.277	7.885	4.485	4.879
Adjust R^2	0.085	0.139	0.141	0.093	0.073	0.156
样本量	353	303	183	473	445	211

进一步的，采用连玉君等（2008）提出的组间差异检验 bootstrap 法对分组回归系数差异的显著性进行检验。该方法原假设 H_0 为分组回归系数间不存在显著性差异。检验统计量是采用 bootstrap 法计算出的经验 p 值，表示实际观察到的组间回归系数差异可能出现的概率。具体操作方面，以本研究性别分组为例：第一，把男性、女性样本混合起来，得到总样本 656=353+303；第二，从总样本中随机抽取 353 个样本分配至男性组，剩余 303 个样本分配至女性组；第三，对抽取的样本进行回归分析，记录系数差异；第四，重复第二与第三步骤（1000 次），最终计算出大于实际系数差异的百分比，即经验 p 值。若 $p<0.10$，表明在原假设条件下，实际系数差异是很少出现的，因此拒绝原假设，认为分组回归系数间存在显著差异。

表 6-6 分组回归系数差异检验

	性别		工作类型		工作层级	
主要变量	系数差异（男性—女性）	经验 p 值	系数差异（创意-常规）	经验 p 值	系数差异（低级-中高层）	经验 p 值
关系强度	0.035	0.346	0.140+	0.052	0.020	0.401
关系强度^2	−0.147*	0.019	−0.157*	0.016	0.041	0.278

表 6-6 为检验结果：性别方面，社会关系强度二次项系数差异（$\beta=0.125-0.272=-0.147$，$p<0.05$）具有显著性，而社会关系强度系数间无明显差异（$\beta=-0.198-(-0.233)=0.035$，$p>0.10$）；工作类别方面，社会关系强度二次项系数间（$\beta=0.092-0.249=-0.157$，$p<0.05$）与社会关系强度系数间（$\beta=-0.106-(-0.246)=0.140$，$p<0.10$）均存在显著差异；最后在工作层级方面，系数间差异均不显著。由此可见，方法一与方法二得到的结果是一致的。

最后为了更加直观地显示性别、工作种类的调节效应，对分组后样本数据(未中心化)进行了二次曲线拟合，得到结果如图 6 - 5、图 6 - 6 所示。可见，女性样本中社会关系强度与人力资本贬值间的曲线关系更加显著；常规性工作样本中社会关系强度与人力资本贬值间的曲线关系更加显著。

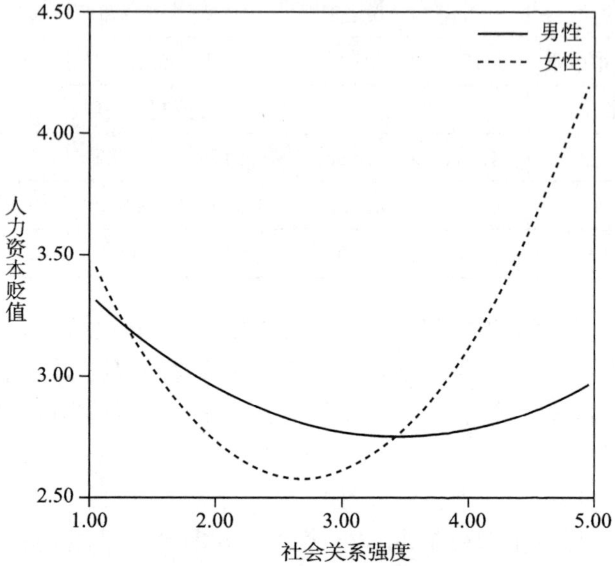

图 6 - 5　性别对社会关系强度与人力资本贬值间关系的调节作用

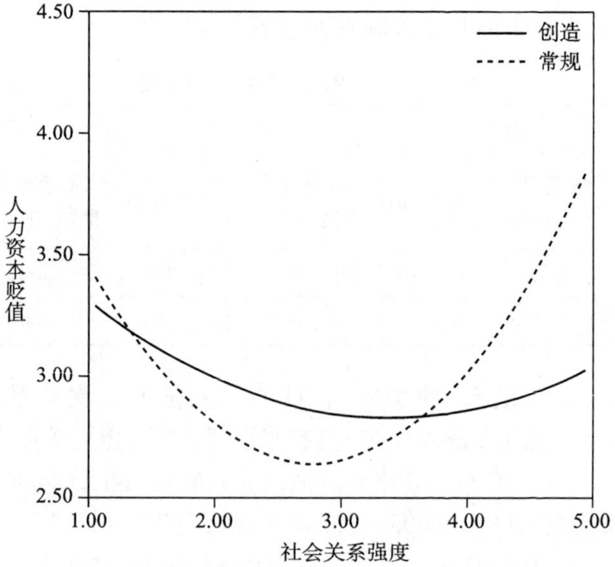

图 6 - 6　工作类型对社会关系强度与人力资本贬值间关系的调节作用

第四节 人力资本贬值背景下组织内社会关系管理对策

本章基于管理学研究视角，结合人力资本贬值理论与强、弱关系理论，以长三角地区信息技术业、金融业知识员工为对象，分析并实证检验了社会关系强度对人力资本贬值的作用机制，得到如下管理结论。

社会关系强度U型影响人力资本贬值，即中等强度社会关系下，人力资本贬值程度较低。有学者指出，中国人在社会生活中的首要任务就是应对复杂的人事关系。把握及处理好不同的社会关系对各类资源的获取有着重要影响，这一点在人力资本贬值问题上也得到了体现。从社会关系在获取知识、信息方面的作用入手，结合强、弱关系理论分析，得出了在国内组织中，保持适当的社会关系强度最有利于控制及预防人力资本贬值的结论。一方面，中国人之间的资源交换以一定强度社会关系为基础，彼此间信息传递往往是人情关系的结果。强社会关系能加强人情中回报的义务性，还能使个体确信所获得的信息是真实可靠的，从而促进知识获取。另一方面，中国人主要为社会取向——高融合性与低自主性，其特征包括关系形式化、权威敏感、权威崇拜、顾虑他人、顺从他人等。因此在高强度关系群体内，出于维护权威、保持关系和谐等需要，新的观点、想法很难再被接受，致使信息冗余，不利于人力资本更新。数据结果也证实了社会关系确实具有两面性，唯有平衡好强、弱关系利弊，才能有效应对人力资本贬值。实践方面，组织应构建员工间合理强度社会关系以应对人力资本贬值。既要充分发挥社会关系在帮助员工获取资源、信息等方面的重要作用，又要防止频繁交往占用过多的时间和精力，影响正常工作，阻碍自我学习和发展。实践中，组织要培育开放、包容的文化氛围，加速员工组织社会化；在选人用人上更加关注那些具备良好人际关系处理能力且以成就需要为导向的员工，此类个体重视工作、争取成功，能以工作为出发点构建社会关系，减少彼此间的赘余联系；可策略性利用结构设计或工作安排等手段引导社会关系的形成，让员工将重心置于工作而非个人情感联系中。

工作压力在社会关系强度与人力资本贬值间起中介作用，即社会关系强度U型影响工作压力，后者正向作用于人力资本贬值。第一，证实了工作压力确实会加剧人力资本贬值，而这种作用很可能通过对健康的不利影响所传导。此外笔者认为，适度的压力有助于激发个人学习与成长，降低人力资本贬值程度。但受测项可能被其他因素影响，该效应未获数据证实。第二，有别于社会关系能减缓工作压力的传统观点，社会关系强度对工作压力的影响同样具有两面性。这表明在我国特殊文化背景下，社会关系也是压力来源。人与人之间的社会交往通常具有特殊性，表现之一即存在人情因素，它会使个人陷入规则(理性)与情谊(感情)间的选择冲突，产生"角色上的紧张"，继而引发压力。正如金耀基先生所指出，在人情压力面前，个体通过追求"君子之交淡如水"以减轻人际间社会关系浓度，取得不为人情压垮的自主地位。可见，社会关系强度的一味增加将提高压力发生的可能性与程度。组织应加强知识员工压力管理，减少其对个人健康的负面影响，防止人力资本流失。组织要平衡社会关系的作用，它既是排解压力的途径，亦是压力来源。因此，在利用社会关系调节压力的同时，还要主动干预这一问题，降低员工对社会关系的依赖性，防止强关系的负面效应。实践中加强正式管理，提高组织在权利分配、信息传递、社会交往等方面的完全性，降低员工的非正式组织化水平；及时关心员工的情绪变化，通过各类培训，提高员工的抗压能力与心理调节能力；定期组织户外运动，帮助员工以健康的方式排解压力，并多倾听员工意见，消除他们的顾虑。

知识获取在社会关系强度与人力资本贬值间起中介作用，即社会关系强度倒U型影响知识获取，后者负向作用于人力资本贬值。第一，证实了知识获取对人力资本贬值的负向作用，突出在技术不断进步背景下，人力资本维护与更新的重要性。第二，结合强、弱关系各自特点，分析并证明了在国内组织中，保持适当的社会关系强度最有利于知识获取。一方面，中国人之间的资源交换以一定强度的社会关系为基础，彼此间信息传递往往是人情关系的结果。强社会关系能加强人情中回报的义务性，还能使个体确信所获得的信息是真实可靠的，从而促进知识获取。另一方面，中国人主要为社会取向——高融合性与低自主性，其特征包括关系形式化、权威敏感、权威崇拜、顾虑他人、顺从他人等。因此在高强度关系群体内，出于维护权威、保持关系和谐等需要，新的观点、想法很难再被接受，致使信息冗余，不利于知识获取。对此，个体应当通过"君子和而不同"，保持思想上的独立性及开放性。上述发现突破了以往研究对强、弱关系优势单一比较的局限，认为在知识获取方面，应当在自我独立与他人依赖间保持适度平衡。该结论具有一定创新性，也体现了杨国枢先生关于"折中自我"论述的重要意义。组织应激发员工知识获取行为，预防或减缓人力资本贬值。一方面，利用社会关系，培育员工间信任，促进知识的分享和传递。例如：可通过工作的团队化设计，加强员工间任务的相关性，促进沟通交流，引导员工内部信息网络的形成。另一方面，要避免强社会关系带来对不同观点的抵制和排他性。特别在我国受集体主义文化、等级文化以及人情文化影响，个体畏于上级权力或碍于同事情面，通常会遵从领导或集体意见，降低了组织对不同观点和想法的开放性。对此，组织应减少权威式领导，降低行政权力对知识管理的干预，营造包容、开放的组织氛围，打破员工心理顾虑，调动员工内部动机，促进新知识的产生和传播。

社会关系影响的差异性方面。首先在性别上，社会关系强度对于女性人力资本贬值的影响更为显著，表明受制于家庭因素，女性面临着更高的人力资本贬值风险，同时也更加依赖于社会关系。进一步的，社会关系强度与人力资本贬值间关系在性别间的差异主要表现在高强度社会关系部分，即当超过一定水平后，随着社会关系强度的提高，女性与男性间的人力资本贬值程度差异将迅速拉大。对此笔者认为，由于女性具有高度社会倾向性，彼此间更易形成紧密联系，这种惯常性的高强度社会关系使群体间不会因为关系强度的进一步提高而更愿意进行信息交换与知识共享，这显然是不利于降低人力资本贬值水平的。相比较下，男性则能够从高强度社会关系中获益更多。该结果也从侧面印证了社会关系回报在性别间的差异性。因此，组织要根据性别角色，有针对性地处理不同性别间的人力资本贬值问题。社会关系对员工的影响是不一样的，男性、女性存在差异化的心理感知、态度及行为趋向。男性在内部资源方面具有优势，其知识共享行为受理性驱动，组织可通过加强社会关系，培育彼此间信任，激励知识共享和传递，同时采取配套的管理手段以避免高强度社会关系的不利影响；但对于女性而言，高强度社会关系更像是保健因素，其知识共享行为除被社会关系影响外，亦受权威所驱动。因此，在女性员工居多的组织中，管理者可通过行政手段，促进女性员工的知识共享。此外，在心理特征方面，女性的成就动机较男性更低，即使遇到人力资本贬值，也可能会放之任之，从而不利于工作绩效。从这点来看，女性人力资本贬值问题的处理更需要得到组织的正式支持，而不能仅仅依靠非正式的社会关系。最后，女性员工通常面临着更高的人力资本贬值风险，组织除了要在工作中淡化性别歧视之外，还要在生活方面给予女性员工更多的照顾和帮助，降低家庭因素对正常工作的干扰，减少工作中断产生的人力资本贬值。

其次在工作种类上，与理论假设相反，社会关系强度反而对常规性工作人员的影响更为明显。对此，笔者认为可能有以下原因：第一，创造性工作拥有更多的组织内部资源，从而降低了对社会关系的依赖程度。市场竞争日益激烈使得创新成为组织生存与发展的关键引擎，为获得可持续竞争优势，组织自然会将内部资源由常规性工作向创造性工作倾斜。第二，即使是常规性工作，面临的人力资本贬值风险也在不断提高。外部环境快速变化对工作内容的影响是普遍、深远的，创新几乎涵盖了所有岗位，即使那些看似固化的工作，在流程、方法上也有着较大变化。此外，人力资本专业化程度的不断提高也加剧了贬值风险。第三，创造型工作绩效除社会关系外，很大程度还受个人因素影响。一些学者认为，创造性思维源于个人天赋（Sternberg & Lubart, 1996），富有创造力的个人在感知能力与某些人格特质方面更为突出，能更有效率地应用现有知识（Kilgour, 2007）。这表明，即使知识储备相同，个体间的创新效率和结果也是存在区别的。这削弱了社会关系通过知识获取对人力资本贬值的影响。组织应加强对常规性岗位人力资本贬值问题的重视。一要完善组织结构设计。当前多数企业中，如行政、财务、人力资源管理等中后台服务部门均采用职能型组织结构，部门间界限清晰但较为封闭，容易形成高强度社会关系，不利于人力资本更新。因而，常规性工作也要突破传统结构设计，可采用如团队、业务合作伙伴等模式，将常规性工作岗位嵌入到业务部门，促进对其他条线知识的学习，更好满足内部客户的需要。二要进行合理的工作设计。多数组织的管理者，甚至是员工自身，对常规性岗位没有深入的认识，认为此类工作内容单一、没有变化，进而忽视了人力资本的更新。管理者应破除这种错误观点，明晰环境变化所带来的冲击和影响，适时地调整与更新岗位说明书，确定新的目标要求；同时科学地安排工作内容，使员工将知识、技能的学习视为一种乐趣而不是一种任务，充分激发他们进行人力资本更新的内在动机。

最后在岗位层级上，尽管未发现社会关系强度对人力资本贬值的差异化影响，但这种 U 型关系在不同层级间仍高度显著。该结果表明，虽然中、高层级人员在权利、资源方面具有相对优势，组织内社会关系对其知识、技能的更新同样具有重要影响。另外在复杂、多变的环境面前，较高层级的管理人员必须具备更为专业、丰富的知识、技能，才能做出正确的判断和决策，其人力资本贬值风险同样较高。综上所述，研究在证实社会关系强度与人力资本贬值间存在曲线关系的基础上，结合不同群体自身特点，进一步揭示了这种关系在不同性别、工作种类间的差异化表现，深化了变量间作用的机制解释。

第七章 知识管理、信息传递媒介与人力资本贬值

对组织而言，应对人力资本贬值最为直接的方法便是采取适当的管理手段，增强员工对新知识、技能的获取与吸收，缩短人力资本更新周期，加速员工对组织内、外部环境变化的适应及磨合。因此，有效的知识管理便成为现代企业成功的关键因素（Holste & Fields, 2010）。超级竞争中，各个组织都必须求新求变，充分盘活内部知识资源，以应对不断变化的客户需求与一系列运作及创新活动（Sandhawalia & Dalcher, 2011）。作为最具价值的无形资产，知识在组织内的嵌入和流动有利于价值创造（Chuang et al., 2013），是提升现有产品与服务质量、促进创新活动的关键要素（Lopez-Cabrales et al., 2009）。而作为知识的承载者与使用方，员工不仅仅是任务的执行者，更是创新的重要基础（Zhou & Li, 2012）。在此背景下，探索及研究新时期员工知识活动的特征和影响，有助于提高组织知识管理水平，为更好地应对人力资本贬值找到着力点。

现有研究表明，知识可分为显性与隐性两类。前者指那些易于编码、沟通的知识；后者指那些难以记录、表达的知识（Shamsie & Mannor, 2013）。从效用上看，学者们普遍认为隐性知识对个人和组织更为重要（Jones & Mahon, 2012; Lecuona & Reitzig, 2014），它具有较高的价值、难以获取且不易被模仿，是一种核心竞争资源（Nakano et al., 2013）。显性知识尽管对日常工作同样重要，但它也容易引起组织惯性，使得内部运行变得僵化，不利于创新（Shamsie & Mannor, 2013）。但在成本方面，个人时间往往是有限的（Seibert et al., 2001），隐性知识的传递、吸收需要投入更多的精力，可能不利于知识获取的总体水平；反之，显性知识能够以各种形式记录，获取更为方便，特别是随着信息技术的发展，显性知识的传播途径大大拓宽，人们可通过各类媒介获得想要的信息。因此，显、隐性知识各有利弊，在高人力资本贬值风险情况下，员工更倾向于获取哪一类知识；抑或是哪一类知识更有助于员工应对不断变化的内、外部环境，便成为一个值得研究的主题。此外，各类信

息传递媒介(以下简称媒介)对员工的知识活动也有显著影响。研究表明,不同媒介的丰富性各异,其承载复杂信息的能力是不一样的,在传递显、隐性知识的有效性方面也各有差别。因此,员工在知识活动中关于媒介的选择也可能对人力资本贬值存在影响,两者间的作用机制需要进一步探索和挖掘。

第一节 知识隐性与媒介选择相关研究回顾

一、知识隐性

隐性知识的概念由 Polanyi 最早提出,用以描述那些难以通过语言或文字所表达的知识。对隐性知识的理解在学术界引起了不少争论。有学者认为,隐性(Tacitness)是一种程度,不同个体对同一知识隐性程度的感知可能是不一样的(Nelson & Winter, 1982)。还有学者认为,在隐性与显性知识之间存在中间地带,并将之描述为能够被表达的隐性知识(Ryan & O'Connor, 2009)。尽管学者们的看法不同,但隐性知识的概念在学术界得到广泛认可,在之后的研究中,学者们多将组织内知识分为显性与隐性两个部分。其中,显性知识指那些易于编码、解释、理解的知识(Sobol & Lei, 1994),较隐性知识更便于沟通、传播、处理与记录。显性知识更为个体和组织所熟知,是人们普遍所接受的、客观的标准,具有公共产品的性质(Cavusgil et al., 2003)。它常以操作手册、使用说明、科学公式等文字形式进行记录(de-Alwis-Seidler & Hartmann, 2008)。隐性知识是指那些抽象的,难以编码,只能通过非正式学习手段或过程掌握的知识(Howells, 1996),又被称为过程性知识、实践性知识、经验性知识(Ambrosiny & Bowman, 2001),难以用文字或语言表达,与个人的意识、感知、经验、技能、直觉、思维模式、隐含的经验法则紧密联系(Nonaka & von Krogh, 2009)。学者指出,显性知识与隐性知识间联系紧密,两者并不是两种完全隔离的知识形态(Nonaka & von Krogh, 2009),几乎所有知识中都含有隐性成分(Leonard & Sensiper, 1998)。与其强制将知识二分为显、隐性,不如将知识隐性作为从低(高显性)到高(低显性)连续变化的特征变量更为合适(Chuang et al., 2013)。

知识作为一种核心资源,其重要性日益显现,显、隐性知识间的区别也逐渐被人们关注(Castillo, 2002)。在组织层面,越来越多的证据表明,由于显性知识更容易传播,企业更可能从相对独特的隐性知识中获取竞争优势(Pisano, 1994);然而在个体层面,员工能否从隐性知识中获得"竞争优势",进而降低人力资本贬值程度还不得而知,目前也较少有这方面的实证研究。

笔者拟着眼于知识类型，探究显、隐性知识的获取与人力资本贬值间内在联系，以进一步明晰上述问题，拓展和深化此类研究。

二、媒介选择

对于人们在媒介选择方面的差异性，目前主要有三种理论解释。第一是媒介丰富理论，它最早由 Daft 与 Lengel 提出，在媒介选择研究中被广泛引用(Gu et al.，2011)，其聚焦于个体媒介选择与管理者之间的信息交换。该理论认为，根据信息的模糊性选择适宜的媒介能够促进有效的沟通，从而降低信息交换时的不确定性。各类沟通媒介间是存在区别的，主要表现在三个方面：克服沟通障碍(如：时间、地点)的能力、传递复杂信息的能力以及传递社会性非语言类提示(如：表情、肢体语言等)的能力(Trevino et al.，1987)。不同的媒介有着不一样的客观属性，它决定了媒介的信息承载能力，具体影响因素包括：能否提供即时反馈、包含提示及意义的数量、个性化程度以及语言的多样性。媒介传递丰富信息的能力越强，其越能有效降低信息的歧义与模糊性。目前有大量研究证实了媒介丰富理论的观点(Fulk & Collins-Jarvis，2001；Kahai & Cooper，2003)，也有一些研究得到了不一致的结论(Mennecke et al.，2000)。

第二是社会观点理论，由 Fulk 等学者提出，他们在社会信息处理理论的基础上，建立了关于媒介选择过程的社会影响模型。该理论否认丰富性是沟通媒介的一种客观、稳定的属性，认为管理者的上级与同事会影响个体媒介的选择。根据社会观点理论，人们对于媒介丰富性的感知是不一样的，决策的制定受到从他处获得信息的影响，具有高度主观性。因此，即使是低丰富性的媒介，也能传递高度复杂信息。与此观点类似，媒介扩张理论认为，经验能够帮助个人通过低丰富性媒介传递高度复杂的信息。社会观点理论也得到了部分实证研究的证实(Fulk，1993；Schmitz & Fulk，1991)。

媒介契合理论认为，个体会根据实际情况选择特定的媒介进行沟通。根据该理论，有学者建立了研究框架，认为媒介与沟通事项间的契合度(Fitness)、媒介使用者或使用群体、外部支持性环境，均会影响媒介选择决策。这一观点同时融合了上述两种不同理论，指出媒介选择决策既有对媒介丰富性的纯理性考量，又包含了对社会影响的思考。在此基础上，媒介契合理论又将沟通资源的限制性问题引入到了媒介选择因素中。

各类媒介的信息传递质量与效率各有不同，它对员工的知识活动与人力资本贬值是否存在影响需要进一步证实；此外，目前有不少学者提到媒介与知识属性间关系，例如隐性知识宜通过面对面沟通的形式传递等(Athanassiou & Nigh，2000)，但研究未深入开展，鲜有对应的实证分析(Panahi et al.，2016)，笔者希望从人力资本贬值视角挖掘两者间的内在联系。

第二节 知识种类、信息传递媒介对人力资本贬值影响的理论分析

不同种类的知识在性质与特征方面有着较大区别。快速竞争时代，个人能够自由支配的时间越来越少，在此背景下，何种知识更有利于对抗人力资本贬值？是倾向于知识价值，还是追求知识获取效率，抑或是两者兼顾，尚不得而知。此外，各类媒介的信息承载能力各不相同，它们对知识获取是否存在影响，又存在何种形式的影响也不明了。本节将结合现有研究，对上述问题进行深入的探讨和分析。

一、知识隐性对人力资本贬值的影响

显、隐性知识有着紧密联系，不属于相互隔离的知识形态。几乎所有知识中都含有隐性成分，与其强制将知识二分为显性与隐性，不如将知识隐性视作一种本质特征，由低(高显性)到高(低显性)连续变化，低隐性知识即为高显性知识，反之亦然。

知识隐性对人力资本贬值的影响具有两面性。从知识价值来看，隐性知识更有利于应对人力资本贬值。第一，隐性知识是显性知识应用的基础。有研究发现，青年员工的人力资本贬值程度通常较高。这是因为，青年员工虽然拥有高学历和丰富的知识储备，但缺乏经验等隐性知识，并不能有效地运用自身的知识、技能(Shearer & Steger，1975)。类似的，Badaracco(1991)在研究中指出，人们若缺乏必要的隐性知识，则难以有效地利用新获得的信息。换言之，即使显性知识存量相等，个体人力资本贬值程度也可能是不一样的，隐性知识在其中有着关键影响。通常情况下，拥有更多隐性知识的个体能够“以经验弥补技术上的不足”，更加熟练使用知识技能以解决复杂问题，灵活地应对环境的变化，因而即便是知识储量相对不足，也不会感到人力资本发生贬值。隐性知识能够帮助员工更好地管理自己，并在复杂的任务上获得更好的表现(Hedlund & Sternberg，2000)，通过增强个人问题应对与决策能力(An & Ahmad，2010)，提升个人、团队乃至组织整体绩效(Shamsie & Mannor，2013)。

第二，隐性知识更有利于创新。当前，工作内容日益复杂，非常规认知任务比重大幅增加(Spitz-Oener，2006)。同时，随着市场竞争日趋激烈以及行业分工进一步细化，组织内显性知识的专用性不断提高，已难以应对灵活、多变的外部环境。个人与组织想要获取竞争优势，必须“求新、求变”，创新便成为了解决人力资本贬值问题的必要途径。有学者指出，显性知识对组织运

营非常重要，但隐性知识才是组织长期生存与发展的关键（Jones & Mahon，2012）。甚至有学者认为，组织的可持续竞争优势只能来自于隐性知识的创造（Lara et al，2012；Lecuona & Reitzig，2014）。知识创新的关键在于交流、运用和转换隐性知识（Bordum，2002），它并不是单纯地寻找新的想法或观点，创新与实践活动以及各类形式的学习紧密联系（Hasu et al.，2011）。因此，员工的创新行为受制于隐性知识，充分利用现有的隐性知识，员工能为创新活动提供重要的、深入的信息（Buhl & Blazejewski，2016）。隐性知识的交换和获取能帮助个体获得更多独特的想法、思维模式和解决问题的技术，促进创造力的提升（Levin & Cross，2004）。相较于"固化"的显性知识，隐性知识更加"灵活"，它更偏重于过程，而非结果，是一种经验、思维模式，能更好地帮助个人适应变化。可见在快速变化与混乱的环境中，隐性知识是成功的关键（Jones & Mahon，2012）。因此从知识价值角度来看，隐性知识有利于个体降低人力资本贬值程度。

而在知识获取成本方面，对于知识承载者而言，隐性知识的传递是困难、复杂、耗费时间的（Hislop，2009）。隐性知识具有更高的信息黏性（Information Stickiness）（Von Hippel，1994），其转换尤为困难，需要花费更多的时间与精力将它以一种可理解的方式传递给信息搜寻者（Murray & Hanlon，2010）。相对应的，员工的知识共享意愿也会受到信息黏性的影响，隐性知识的分享需要更多的内部与外部回报（Hau et al.，2013）。有学者指出，显、隐性知识的经济价值存在差异（Reychav & Weisberg，2010），最主要体现在传递成本上。显性知识相对"廉价"，是因为它容易传递；而隐性知识难以理解，其传递方式更为复杂，需要较高知识转化成本。研究表明，隐性知识的开发和内化都需要经过较长时间（Teerajetgul & Chareonngam，2008；姚伟，2012）。对于知识搜寻者而言。隐性知识根植于个人，很难以书面形式记录（Reiche et al，2009），员工在获取知识前，需要努力寻求隐性知识的来源。此外，隐性知识具有很强实践性，是人们凭借经验，甚至是直觉获得的。隐性知识描述了解决问题的过程，告诉人们应该怎么做，却难以解释其中的原因或逻辑。这种非理性特征使人们难以完全、深刻地理解此类知识。即使拥有隐性知识的个人也很难清楚地解释知识的内容及区别（Hansen et al.，2005），为员工准确地理解此类知识设立了天然的障碍，必然会对知识获取的效率和结果产生影响。由此可见，知识隐性强度的提高会使得知识获取成本大幅增加，不利于减缓人力资本贬值。

需要指出的是，隐性知识的获取成本并不是一味增加的，如同学习曲线一般，它会随着隐性知识存量的增多而逐渐下降（Kikoski & Kikoski，2004）。具体而言，知识获取成本将随着隐性强度的提高而逐渐上升，到达一个临界值后出现下降。原因在于：第一，学习效应。隐性知识的大量积累帮助个人获得了许多不同的观点及想法，隐性知识越多，个人处理此类知识的经验就越丰富，有助于降低在搜寻、获取及吸收隐性知识方面时间投入，进而提高知识获取效率。第二，强社会关系基础。隐性知识大多通过社会交往所取得（Choi & Lee, 2003），高度隐性知识的获取一定以强关系为基础，后者对于复杂信息与隐性知识的传递至关重要（Hansen, 1999）。一方面，强社会关系能培育相互间信任，信任能消除由知识分享产生的职业不安全感，对隐性知识的获取至关重要（Foos et al.，2006；Gluckler, 2007；Venkitachalam & Busch, 2012）。另一方面，强社会关系双方相互了解，具有相似的知识基础以及共享的态度、观点和信念，为隐性知识的快速吸收创造了条件。隐性知识具有很强的特定性（Ambrosini & Bowman, 2001），根植于行动中，其难以获取并规范化，需要基于共有的知识和经验，在社会交往过程中，通过观察、模仿以及对经验的共享而取得（Jones & Mahon, 2012）。想要在组织内分享这种知识，员工间必须相互协作，在外化隐性知识的基础上进行传播（Heredia et al.，2013）。强社会关系增进了互信，加强了默契，推动了隐性知识在组织内的扩散。根据上述分析，高度隐性知识背后的学习效应与强社会关系基础是减少知识获取成本的驱动因素。因而从知识获取角度来看，员工所获取知识的隐性程度与人力资本贬值间可能呈现出倒 U 型的曲线关系

观点 1：知识隐性与人力资本贬值呈倒 U 型曲线关系：随着知识隐性强度的提高，个体人力资本贬值程度表现为先上升后下降的变化规律。

二、媒介选择对人力资本贬值的影响

员工获取知识、信息的途径是多种多样的，各类媒介有着不同的信息承载与传送能力，一定程度上决定了知识获取的效率和效果，对员工更新人力资本，降低贬值程度有着重要影响。一般认为，媒介的丰富性越高，其对人力资本贬值的负向作用也就越大。根据媒介丰富理论：首先，高丰富性媒介传递的信息更为准确。信息通过低丰富性媒介传递时，内容易为接收者所误解（Teevino et al.，1990），需要花费额外的成本来确认信息的真实意义（McGrath & Hollingshead, 1993）；而高丰富性媒介能降低信息模糊性，消除因个体背景差异产生的对信息理解的不一致，其更有利于传递复杂、主观的信息（Lengel & Daft.，1984），帮助员工精确地表达不同的观点（Hinds & Weisband, 2003），提高信息准确性，加强员工知识学习（Kirkman et al.，2013）。其次，高丰富性媒介具有反馈速度快的特点。即使员工对收到的信息存在误解或疑虑，也能够快速与信息发送者进行确认、调整，提高知识获取的效率，减少问题解决的时间，帮助个人发送和接收更多的信息（Rice, 1992）。最后，高丰富性媒介的信息传递方式更为多样。高丰富性媒介还能传递一些非语言类的信息，增加社会存在感，通过传递如专注、热情、理解、情感等内在信息，加深彼此间的社会联系（Short et al.，1976），促进员工间知识的主动分享。

具体在不同媒介的丰富性方面，有学者进行过比较。例如：Lengel(1983)认为面对面沟通的媒介丰富性最强，之后依次为电话、个人文字记录(如书信、备忘录等)、组织文字记录(如：公告、文件等)、数字化信息。在此基础上，Zumd等(1990)列举了更多的媒介，并通过实证研究比较了它们的丰富性，由高到低分别为：面对面沟通、电话、视频影像、语音会议、传统会议、语音信息、图表、计算机报表、书面文件、备忘录、传真、信函。此外，Schmitz和Fulk(1990)等学者也进行了类似研究。

Vickery等人(2004)的研究指出，面对面沟通(高丰富性)、电话沟通(中等丰富性)、组织文件(低丰富性)是三种最为典型的信息传递媒介。从当前研究来看，学者们均认为面对面沟通的媒介丰富性最强，它除了能传递书面信息之外，还能传递非文字类信息，例如音调、面部表情、肢体语言等(Daft & Lengel, 1986)，沟通者能够对收到的信息进行确认、调整，具有最快的反馈速度。其次是电话沟通，它的回馈速度同样较快，但视觉的线索和身体语言已经被过滤，个人只能依赖语言内容和声音线索(如声音语调)来传递信息以求了解(张鹏程，2010)。最后是组织文件，较上述两种媒介而言，它只能传递书面信息，方式较为单一且反馈缓慢，媒介丰富性最小。结合上文关于媒介丰富性对人力资本贬值的影响分析以及不同媒介的丰富性排序，得到如下观点：

观点2：高丰富性媒介对人力资本贬值的负向作用要强于低丰富性媒介：即面对面沟通对人力资本贬值的负向作用最强；其次为电话沟通；组织文件的负向影响最弱。

三、媒介选择对知识隐性与人力资本贬值间关系的调节作用

前述关于知识隐性以及媒介选择对人力资本贬值影响的分析是相互隔离的，未考虑两者间可能存在的交互作用。按照媒介契合理论，个人通常会根据实际情况选择合适的媒介传递及获取信息，达到快速、高效沟通的效果。显性与隐性是知识的两个对立面(Foos et al., 2006)，两者有着截然不同的性质与特点。同时，不同的交流媒介会形成不同程度的交流效果(姚伟，2012)，其传递不同类型知识的能力是存在差异的。研究表明，个体在理解或解释隐性知识时，会利用可行的媒介展现对应内容(Wu et al., 2010)。因此有理由相信，知识种类与媒介间的相互契合，能够进一步提高知识获取的效率和效果，对降低人力资本贬值程度有着显著影响。

显性知识比隐性知识具有更高的流动性(López-Sáez et al., 2010)，能够被迅速分享，可以凭借文件、会议、公告、电子文档等各种途径传播；而隐性知识很难清晰表述，只能通过社会交往等隐性化的方式获得(Choi & Lee, 2003)。需要强调的是，高丰富性媒介同样适用于传递显性知识，但并不是最合适的选择。特别是在信息与通信技术(以下简称ICT技术)快速发展的背

景下,显性知识的传播途径大幅拓宽,人们可通过各类媒介获得想要的信息,知识获取成本大大降低。与此同时,学术界对 ICT 技术能否促进隐性知识共享却始终存在争论(Panahi et al., 2013)。有学者指出,传统 ICT 技术更聚焦于知识管理,而非知识互动,难以调动知识承载者的主动性,但又恰恰是后者对隐性知识的分享更为重要(Huysman & Wulf, 2005)。

对于隐性知识而言,高丰富性媒介是此类知识传递的基础。第一,高丰富性媒介在传递复杂信息上具有优势。隐性知识与显性知识间的最大区别在于其难以编码化(van den Berg, 2013),很难以书面形式保存,故不适用以文字记录的方式进行传递。隐性知识的传递要求知识接受者通过频繁的交流、面对面的沟通、信息的自由共享、互通的观念达到对内容本身更深入的理解(Noorderhaven and Harzing, 2009; Chang et al., 2012)。第二,隐性知识的获取需要良好的社会基础。人们从日常社会经验中获得的隐性知识要远多于结构化训练(Vera-munoz et al., 2006)。研究表明,团队内隐性知识需要通过良好的社会互动取得及共享(Ryan & O'Connor, 2013);有学者在对 IT 企业员工的调查中发现,那些在工作场所有着良好社会互动的个体具有更高的隐性知识分享行为水平(Borges, 2013)。高丰富性媒介能提高沟通的有效性,加强隐性知识的交换(Arnett & Wittmann, 2014)。它能够提高双方对沟通质量的感知(Cavusgil et al., 2003),加强彼此间社会关系,深化个体对他人知识的信任(Szulanski, 1996),促进知识传递,为隐性知识的交换奠定基础(Lin, 2007)。第三,高丰富性媒介对隐性知识应用也至关重要。隐性知识的出现往往与特定的问题或情况相联系(Tsoukas, 2003),员工取得或拓展隐性知识一定是基于某种社会情境。当前,随着工作复杂性不断提高,团队有效性已成为组织成功的关键要素(DeChurch & Mesmer-Magnus, 2010)。在此背景下,员工必须学会与他人协作(Nonaka & von Krogh, 2009; Tsoukas & Vladimirou 2001),才能有效地应用隐性知识。换言之,即便个人知道如何利用隐性知识解决特定的任务或问题,他也需要良好的媒介将指令传递给团队成员,以提高团队有效性。综合上述分析,高丰富性媒介的使用能降低因知识隐性强度提高增加的知识获取成本,削弱知识隐性程度与人力资本贬值间的曲线关系。

观点 3:知识隐性与人力资本贬值间关系形态还取决于不同信息传递媒介的使用强度。具体而言,即面对面沟通、电话沟通的使用强度越高,知识隐性与人力资本贬值间的倒 U 型关系越为平坦;组织文件的使用强度越高,知识隐性与人力资本贬值间的倒 U 型关系越为显著。

四、知识获取对媒介调节作用的影响

信息传递媒介对知识隐性与人力资本贬值间关系的调节作用还受到个

人开展知识活动水平的影响。简单而言，当媒介中传递的多为非知识类信息时(例如：发送指令、联络情感等)，媒介本身的影响是有限的。只有在个人真正地利用媒介寻求并获取知识的情况下，媒介对知识隐性与人力资本贬值间关系的调节效应才得以显现。

知识获取是组织成员吸收有利于工作的知识进而产生新想法的行为，受个人、团队、组织层面多重因素的影响(张文勤，孙锐，2014)，能较为全面、直接地反映员工在知识、技能更新方面的总体情况。通常而言，知识获取水平越高，个体掌握的知识、技能也就越丰富。它能提升个人创造力，促使员工改善现有工作流程以提高效率，亦能帮助员工发现新的方法以提高工作有效性(Gong et al.，2009)，从而更好地满足工作需求。实证研究发现，知识获取水平的提高有助于降低人力资本贬值程度(黄维德等，2017)。

高水平的知识获取必然建立在个人存有学习意图的基础上，后者为知识的流动提供了动机(南旭光，2010)。特别是对于隐性知识而言，其转移主要依靠个体内在动机的驱动完成(Yong et al.，2016)。作为知识输入者，只有对某一类知识产生兴趣，才会产生学习的动力，并向组织内其他成员发出知识共享请求，促进个体学习有关领域相关技巧和创造相关技巧的隐性知识(汤超颖等，2011)。此外，知识获取水平较高的个体通常有着更好的信息处理能力(Neuman & Wright，1999)，能够快速识别、传递并吸收所需要的知识，提高各类知识在媒介中的传播速度与频率。由此可见，知识获取水平越高，媒介中知识流动的存量和频率也就越大，媒介对知识隐性与人力资本贬值间关系的影响也越显著。

观点 4：信息传递媒介对知识隐性与人力资本贬值间关系的调节作用受到知识获取水平的影响：知识获取水平越高，三类媒介的调节作用越显著。

结合上述观点，笔者提出了人力资本贬值的知识管理模型，如图 7－1 所示。其中，知识隐性与人力资本贬值间呈倒 U 型关系；高丰富性媒介对人力资本贬值的负向作用更强；高丰富性媒介对知识隐性与人力资本贬值间关系具有调节作用，弱化了二者间倒 U 型关系；知识获取强化了媒介的调节作用。

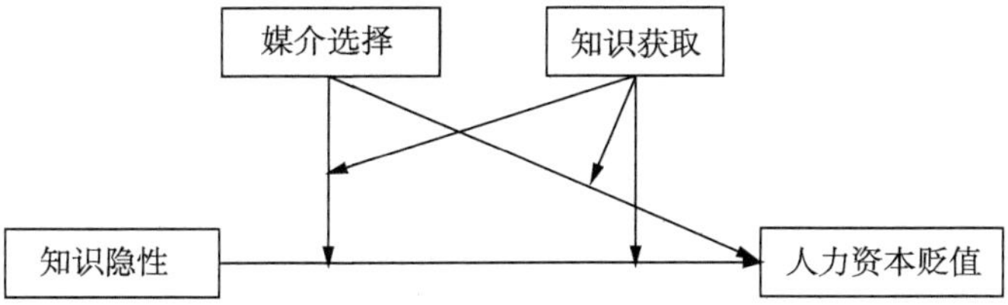

图 7－1　人力资本贬值——知识管理模型

第三节 人力资本贬值——知识管理模型的实证检验

本节将基于实证分析，进一步证实上节中提出的四个观点。测量工具方面，人力资本贬值仍采用本书自编量表；知识获取的测量同第六章，采用蒋天颖(2009)的研究；此外，知识隐性采用 Hansen(1999)的研究；媒介选择借鉴 Vickery(2004)的研究，具体量表介绍与题项内容详见附注九。所有量表皆采用 Likert 五点式：1 代表“极不同意”，5 代表“非常同意”。同时引入年龄、性别、教育程度、工作种类、岗位层级、工作年限等作为控制变量。为确保测量结果有效性，所有量表均进行了信、效度检验，具体结果详见附注十(四、第七章测量工具的信、效度检验)。

一、描述性统计分析

表 7-1 为各主要变量的均值、方差及相关系数。数据显示，人力资本贬值与知识隐性间无显著相关关系($r=0.061, p>0.10$)，两者间是否存在倒 U 型关系将在下文进一步证实；信息传递媒介中，书面文件($r=-0.129, p<0.001$)、面对面沟通($r=-0.156, p<0.001$)与人力资本贬值的负相关关系显著，电话沟通与人力资本贬值间关系不显著($r=-0.027, p>0.10$)；此外，知识获取与人力资本贬值亦呈负相关关系($r=-0.255, p<0.001$)。下文将采用层次回归法进一步检验相关变量的主效应和调节效应。

表 7-1 主要变量描述性统计及相关矩阵

变量	均值	方差	1	2	3	4	5	6
人力资本贬值	2.86	0.71	1					
知识隐性	2.95	0.73	0.061	1				
知识获取	3.74	0.52	−0.255***	−0.241***	1			
书面文件	2.96	0.97	−0.129***	−0.352***	0.180***	1		
电话沟通	3.61	0.95	−0.027	−0.287***	0.216***	0.222***	1	
面对面沟通	3.32	0.91	−0.156***	−0.262***	0.233***	0.259***	0.308***	1

二、回归分析结果

表 7 - 2 中 M1-M2 对观点 1 进行了验证。

表 7 - 2 知识隐性、媒介丰富度对人力资本贬值的作用

变量	人力资本贬值				
	M1	M2	M3	M4	M5
主变量					
知识隐性	0.064+	0.087*			
知识隐性^2		−0.146***			
文件			−0.090**		
电话				−0.032	
面对面					−0.101***
控制变量	(已控制)				
F 值	6.816	7.810	7.594	6.614	7.712
Adjust R^2	0.082	0.103	0.092	0.079	0.094
变量	人力资本贬值				
	M6	M7	M8	M9	M10
主变量					
知识隐性		0.070+	0.086*	0.084*	0.071
知识隐性^2		−0.124**	−0.137***	−0.144***	−0.122**
文件	−0.071*	−0.103**			−0.073*
电话	0.008		−0.034		0.006
面对面	−0.083*			−0.154***	−0.141***
调节变量					
知识隐性×文件		0.037			0.041
知识隐性×电话			0.015		0.010
知识隐性×面对面				−0.033	−0.048
知识隐性^2×文件		0.052			0.021
知识隐性^2×电话			0.024		0.014
知识隐性^2×面对面				0.096*	0.092*
控制变量	(已控制)				
F 值	6.945	8.070	6.348	7.136	6.722
Adjust R^2	0.099	0.132	0.103	0.117	0.150

其中,M1 检验了知识隐性对人力资本贬值的线性影响,可见尽管知识隐性正向作用于人力资本贬值($\beta=0.064$,$p<0.10$),但系数显著性并不高;在 M1 的基础上,将知识隐性的平方项代入回归方程,其系数高度显著($\beta=-0.146$,$p<0.001$),且模型修正后拟合优度有明显提高,表明知识隐性对人力资本贬值倒 U 型作用的解释力度更强,两者间倒 U 型的曲线关系成立,观点 1 得到证实。

在此基础上,利用 SPSS 统计软件对样本数据(未中心化)进行二次曲线拟合(下同),得到结果如图 7-2 所示。不难发现,个体人力资本贬值程度随着知识隐性强度的提高呈现先上升后下降的倒 U 型变化规律。

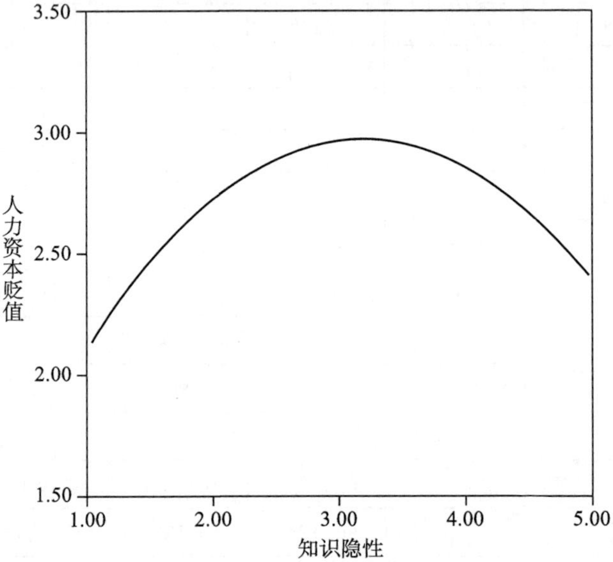

图 7-2　知识隐性与人力资本贬值 U 型关系

表 7-2 中 M3 至 M6 对观点 2 进行了验证。其中,M3—M5 分别检验了不同信息传递媒介的使用对人力资本贬值的影响。结果显示,除电话沟通以外,组织文件($\beta=-0.090$,$p<0.01$)和面对面沟通($\beta=0.101$,$p<0.001$)对人力资本贬值均有显著的负向作用。之后,将三种媒介变量一并代入回归方程,结果如 M6 所示。其中,组织文件($\beta=-0.071$,$p<0.05$)和面对面沟通($\beta=-0.083$,$p<0.05$)的负向作用仍然显著,电话沟通对人力资本贬值无影响。针对这一结果,笔者认为,尽管电话沟通的媒介丰富性高于组织文件,但与其他两类媒介相比,较少被员工用于知识获取,因此对人力资本贬值的影响是有限的。面对面沟通具有较高的媒介丰富性,对人力资本贬值的负面影响要高于组织文件,符合推论。观点 2 得到了部分证实。

表 7-2 中 M7-M10 对观点 3 进行了验证。M7 至 M9 检验了不同信息传递媒介与知识隐性对人力资本贬值的交互作用。结果显示,只有面对面沟

通对知识隐性与人力资本贬值间的倒 U 型作用关系存在调节作用($r=0.096$，$p<0.05$)。具体而言，低水平面对面沟通条件下知识隐性与人力资本贬值间的倒 U 型关系要更为显著。M10 列同时检验了三种媒介变量对知识隐性与人力资本贬值间关系的调节作用。其中，知识隐性对人力资本贬值的倒 U 型影响($r=-0.122$，$p<0.01$)以及书面文件($r=-0.073$，$p<0.05$)和面对面沟通($r=-0.141$，$p<0.001$)对人力资本贬值的负向影响仍然显著；而面对面沟通对知识隐性与人力资本贬值间关系的调节作用也同样存在，说明回归结果具有稳健性。图 7-3 是将高于及低于调节变量中位数的两组数据分别进行曲线回归拟合的结果，它具体展示了面对面沟通模式对知识隐性与人力资本贬值间关系的调节作用。图中实(虚)线代表高(低)频率面对面沟通条件下个体人力资本贬值程度受知识隐性影响的变化规律。其中，实线的变动幅度要显著弱于虚线，来得更为平坦。这表明，高丰富性媒介在信息承载能力上的优势能有效减缓因知识隐性强度增加引起的信息传递问题，进而抑制人力资本贬值程度的提高，观点 3 得到了部分证实(更为具体的数据处理结果可参见附注表 21～附注表 22)。

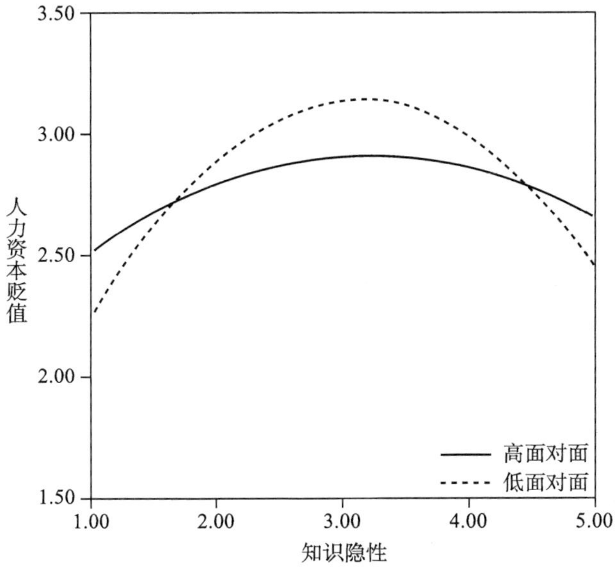

图 7-3　媒介(面对面沟通)的调节作用

针对观点 4，笔者在对经典调节作用回归方程作适当变形的基础上作进一步验证。公式一是检验单变量调节作用的回归方程：Y 为因变量，X 为自变量，Z 为调节变量。现假设变量 Z 的调节作用还受到变量 W 的影响，即：$\alpha_0=\beta_1+\beta_2W$；$\alpha_1=\beta_3+\beta_4W$；$\alpha_2=\beta_5+\beta_6W$；$\alpha_3=\beta_7+\beta_8W$，将其代入公式一得到结果如公式二所示。其中，前半部分定义了截距项，后半部分定义了 X

对 Y 的影响。将公式二展开后即得到公式三，当交互项 XZW 系数 β_8 显著时，变量 W 对变量 Z 调节作用的影响是显著的。

公式一：$Y=\alpha_0+\alpha_2 Z+(\alpha_1+\alpha_3 Z)X$

公式二：$Y=(\beta_1+\beta_2 W+\beta_5 Z+\beta_6 ZW)+(\beta_3+\beta_4 W+\beta_7 Z+\beta_8 ZW)X$

公式三：$Y=\beta_1+\beta_3 X+\beta_5 Z+\beta_2 W+\beta_7 XZ+\beta_4 XW+\beta_6 ZW+\beta_8 XZW$

基于上述方法，表 7-3 中 M1 至 M3 分别检验了知识获取对三类媒介调节作用的影响。M1 中，知识隐性×知识获取×组织文件交互项系数显著($\beta=0.223$, $p<0.010$)，表明知识获取对组织文件的调节作用具有显著影响。此外，知识获取与知识隐性相关相互项、组织文件与知识隐性相关交互项系数均未高度显著，由公式二可知，这表明实际对知识隐性与人力资本贬值间关系具有调节作用的是知识获取×组织文件交互项，后者代表个体通过组织文件获取知识的水平。

表 7-3　知识获取对媒介选择调节作用的影响

变量	人力资本贬值			
	M1	M2	M3	M4
主变量				
知识隐性	0.017	0.017	0.032	0.029
知识隐性^2	−0.112**	−0.133***	−0.154***	−0.145***
调节变量				
文件	−0.073*			−0.065+
电话		−0.015		0.016
面对面			−0.125**	−0.113**
知识获取	−0.352***	−0.377***	−0.314***	−0.323***
交互项				
知识隐性×文件	0.042			0.021
知识隐性×电话		0.048		0.048
知识隐性×面对面			−0.041	−0.046
知识隐性^2×文件	0.066+			0.060
知识隐性^2×电话		0.015		0.000
知识隐性^2×面对面			0.074+	0.060
知识隐性×知识获取	−0.009	0.078	0.096	0.105
知识隐性^2×知识获取	0.074	−0.035	−0.087	0.002
知识获取×文件	−0.130+			−0.091

续表

变量	人力资本贬值			
	M1	M2	M3	M4
知识获取×电话		−0.081		−0.048
知识获取×面对面			−0.209**	−0.210**
知识隐性×知识获取×文件	0.223**			0.301***
知识隐性×知识获取×电话		−0.093		−0.084
知识隐性×知识获取×面对面			−0.236**	−0.288**
知识隐性^2×知识获取×文件	0.049			−0.044
知识隐性^2×知识获取×电话		0.171*		0.147+
知识隐性^2×知识获取×面对面			0.256**	0.310**
控制变量	(已控制)			
F 值	8.279	7.481	8.765	6.379
Adjust R^2	0.183	0.166	0.193	0.209

M2 中，知识隐性^2×知识获取×电话沟通交互项系数显著，($\beta=0.171$，$p<0.050$)，表明知识获取对电话沟通的调节作用具有显著影响，又可解释为知识获取×电话沟通交互项对知识隐性与人力资本贬值间关系具有调节作用。M3 中，知识隐性×知识获取×面对面沟通交互项系数显著($\beta=-0.236$，$p<0.010$)；知识隐性^2×知识获取×面对面沟通交互项系数显著($\beta=0.256$，$p<0.010$)，表明知识获取对面对面沟通的调节作用具有显著影响，知识获取×面对面沟通交互项对知识隐性与人力资本贬值间关系具有调节作用。综合上述分析，观点 4 得到验证。最后，M4 同时检验了知识获取对三类媒介调节作用的影响，结果与前述一致，相关交互项与前述一致，仍然显著，此处不加赘述(关于表 7－3 中更为详尽的数据处理结果可参见附注表 23)。

关于调节作用形式：首先，同等知识隐性程度情况下，高水平知识获取×组织文件样本的人力资本贬值程度较低水平样本来得更大，且这种差异将随着知识隐性程度的提高不断增加；其次，知识获取×电话沟通削弱了知识隐性与人力资本贬值间 U 型关系；最后，同等知识隐性程度情况下，高水平知识获取×面对面沟通样本的人力资本贬值程度较低水平样本来得更小，且这种差异将随着知识隐性程度的提高不断增加，知识获取×面对面沟通还削弱了知识隐性与人力资本贬值间的 U 型关系。此外，由上表 M4 不难发现，三类媒介的调节作用同时存在。为更加直观地显示这种综合调节效应，笔者绘制了不同条件下知识隐性对人力资本贬值的影响曲线。

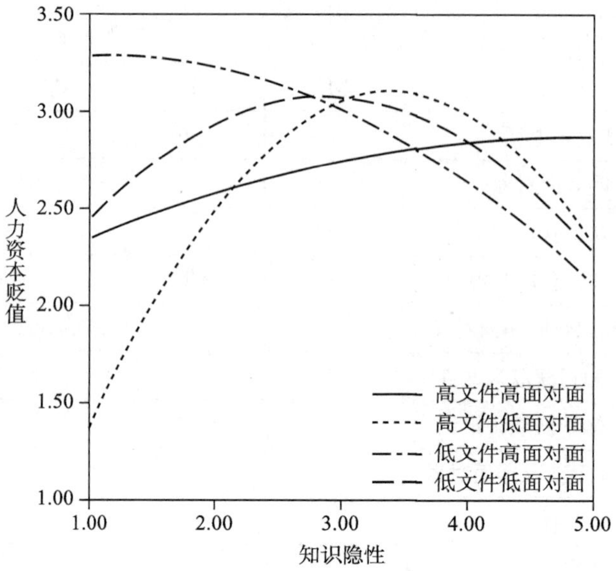

图 7-4　知识获取与信息传递媒介交互项的调节作用

考虑到电话沟通与面对面沟通调节作用相似，此处作适当简化，仅分析在组织文件与面对面沟通双重调节作用下，知识隐性与人力资本贬值间关系形态的差异性。研究以知识获取与媒介交互项的中位数作为划分依据，将样本分为四组：高知识获取×组织文件、高知识获取×面对面沟通（下文简称高文件高面对面），高知识获取×组织文件、低知识获取×面对面沟通（下文简称高文件低面对面），低知识获取×组织文件、高知识获取×面对面沟通（下文简称低文件高面对面），低知识获取×组织文件、低知识获取×面对面沟通（下文简称低文件低面对面），并分别对四组数据进行了曲线回归拟合，得到结果如图 7-4 所示。

首先，实线为高文件高面对面样本组。不难看出，拟合曲线的变动较为平滑，线上各点的人力资本贬值程度差异不大，反映了当个体同时拥有丰富的书面文件及面对面信息传递渠道时，知识隐性对人力资本贬值不具有显著影响。个体既可以寻求通过组织文件获取显性知识，也可以通过面对面沟通获取隐性知识，以此来更新自身人力资本，进而降低贬值程度。

其次，短虚线为高文件低面对面样本组。该拟合曲线的变动幅度最大，当知识隐性强度逐步提高时，个体人力资本贬值程度快速上升，在到达一定水平后逐渐下降。这表明当个体拥有组织文件，但同时不具备丰富的面对面沟通渠道作为知识获取途径时，隐性知识的汲取成本较高，将耗费大量的时间和精力，不利于人力资本贬值程度的降低，不如获取显性知识来得经济。

再次，点画线为低文件高面对面样本组。其在形态上呈现出单调递减的变化规律，当知识隐性强度提高时，个体人力资本贬值程度将快速降低。这说明当个体拥有面对面沟通，但同时不具备丰富的组织文件作为知识获取途径时，隐性知识的汲取成本被高丰富性媒介有效地控制，其对人力资本贬值的负向作用更加突出。这种情况下，个体反而适合通过获取隐性知识来对抗人力资本贬值。

最后，长虚线为低文件低面对面样本组。由于个体不具备高丰富性媒介（面对面沟通）作为知识获取途径，因而拟合曲线同样呈现出明显的倒U型变化规律，且整体人力资本贬值程度保持在较高水平。此外，靠近曲线两端的人力资本贬值程度非常接近。这说明媒介匮乏的个体，缺少知识获取优势，不利于人力资本贬值问题的应对。这种情况下，个人应当在显、隐性知识间进行取舍，或是降低知识获取成本，或是提升知识获取价值。

以上结果正好从另一个角度印证了媒介契合理论，即人们通常会根据情况选择特定媒介进行信息传递和接收。书面文件属于低丰富性媒介，适合于传递高编码化信息，如显性知识等；反之，面对面沟通属于高丰富性媒介，适合于传递那些不易于编码化的信息，如隐性知识。个人只有选择与显、隐性知识相契合的媒介，才能将人力资本贬值程度保持在较低水平。

第四节　面向人力资本贬值的组织内知识管理改进措施

本章结合隐性知识理论、媒介选择理论，探索了知识种类、信息传递媒介与人力资本贬值间内在联系，并检验了两者对人力资本贬值的交互作用，得到了一些有趣的结果，对组织完善内部知识管理有一定借鉴作用。

首先，员工的人力资本贬值程度与自身获得知识的属性有着密切联系。随着知识隐性强度的提高，人力资本贬值表现为先上升后下降的变化趋势。笔者从人力资本贬值视角证实了隐性知识的双面影响，提出在快速竞争时代，知识活动需兼顾投入与价值，争取利用最小的成本换取最有用的知识，才能持续、灵活地应对内、外部环境的冲击。隐性知识虽然能为个人带来持续的核心竞争力，但其获取成本较高，特别在缺乏足够时间、精力的快节奏竞争时代，隐性知识的效用在短期内可能难以实现。因此，组织首先需要做的就是尽力帮助员工降低各类知识的获取成本。不可否认，隐性知识的获取大多属于非正式学习行为，管理者很难进行干预。隐性知识共享多发生在非正式场合，具有很强的偶发性与隐蔽性，难以对其进行监控和记录（金辉，2013），组织管理在这方面具有局限性（Chuang et al.，2013）。尽管如此，组织仍可透过一系列手段促进隐性知识共享。首先，良好的社会关系是隐性知识共享的温床，组织应努力营造和谐、互信的组织氛围，促进员工间的沟通交流，消除由隐性知识交换产生的不安全感；其次，面对高度动态化的外部环境，组织内结构设计应趋于灵活，利用跨职能团队等多种组织形式，建立组织内知识网络地图，帮助员工快速地搜寻对应的知识，以支持高质量知识管理的需要；再次，要将知识学习提升到组织战略层面，通过构建清晰的学习战略（Learning Strategy），明确组织所希望员工在知识学习上表现出的行为与结果，透过行政手段将非正式学习"正式化"；最后，显性知识的传播途径广，成本低，组织应加速隐性知识外化（Externalization），通过隐喻、类比、头脑风暴、建模技术等（Semeon et al.，2015），将晦涩、难以表达的隐性知识以富有逻辑、文字化的形式在组织内传播，将隐性知识学习转变为显性知识学习。

其次，不同媒介的使用对人力资本贬值具有差异化影响。三类媒介中，面对面沟通对人力资本贬值的负向作用最为明显，其次为组织文件。有意思的是，电话沟通的媒介丰富性虽然要高于组织文件，但其对人力资本贬值却无影响。这说明在组织内部，员工主要以面对面沟通与组织文件为渠道开展知识活动，进行人力资本更新。媒介丰富理论在解释该问题上存在局限性。员工在选择媒介时，首先考虑的是其适用性，而非信息承载能力。电话沟通丰富性较高，但在组织内却很少用于知识、技能的获取，原因在于电话及时性、高效性等特点较丰富性更为突出，员工习惯将其用于简单信息的快速传递。相反，组织文件丰富性较低，在知识活动方面却比电话沟通更为有效，这是因为人们已习惯于通过文字记录进行学习，所积累的经验有助于他们更好地使用组织文件这一渠道获取新的知识、技能。最后，只有在同样适用的前提下，高丰富性媒介在应对人力资本贬值方面才更有优势。由此可见，媒介对于员工学习有着非常重要的影响，组织需要完善内部信息传递媒介的建设与使用。ICT 技术的快速发展带动了不少新兴媒介，加速了知识的传播和推广。尽管有学者对 ICT 技术在知识共享方面的作用存在质疑，但几乎所有组织都建立了内部的电子沟通渠道与数据库，如何使用好这些工具便成为关键。显性知识方面，应加强内部资源整合，做好电子化信息、资料的检索和分类工作，提高员工在数据库使用方面的培训力度，减少显性知识的查询时间和成本。隐性知识方面，要充分利用 ICT 技术在信息传递方面不受时间与空间限制的优势，通过远程视频、电话会议等方式，加强组织成员间面对面沟通，促进隐性知识的传递。随着新型技术的不断出现，未来甚至可以考虑利用 VR 技术的交互性、自主性、多感知性和存在感，将员工置于虚拟的工作环境当中，通过模拟实践加深对隐性知识的吸收和理解。

最后，知识隐性与人力资本贬值间关系还受到媒介种类的影响。若不考虑知识获取，高水平面对面沟通条件下，知识隐性与人力资本贬值间曲线关系更为平坦，反之更为显著。若引入知识获取，电话沟通与组织文件的调节作用同样显著。该结果证实了高丰富性媒介在传递复杂信息方面的优势，能降低隐性知识的获取成本，抑制人力资本贬值。组织文件与面对面沟通的双重调节作用表明，知识属性与媒介间契合对降低人力资本贬值程度有重要作用。隐性知识宜通过高丰富性媒介传递，显性知识更适用于低丰富性媒介，两者错配将影响知识活动的效率和效果。低丰富性媒介的信息承载能力不足以传递复杂的隐性知识；而利用高丰富性媒介传递显性知识又会降低媒介的效用。上述结果表明，任何技术与媒介对于员工学习均只是辅助手段，要想从根本上应对人力资本贬值：一方面要注意知识属性与媒介类型间的相互契合，帮助员工拓宽知识来源与传递渠道，引导他们利用正确的媒介汲取不同种类的知识和信息。另一方面要充分激发员工的学习动力，促使他们自觉寻求各类媒介以获得所需要的信息，提高知识获取水平，确保人力资本处于动态更新之中。例如，可采用类似众包(Crowd Sourcing)的形式，在组织内部将一些专业技术问题公开化，广泛征求员工的意见或方案，通过各类奖励促进员工主动参与到知识的学习与问题的解决过程当中。另外，组织可通过合理的工作设计，科学地构建一些挑战性压力源，使员工保持在适度工作压力中，帮助他们实现专长提升、职业成长，进而取得令人满意的工作绩效。

第八章 人力资本贬值的未来研究展望

本书先前章节具体分析了当前我国人力资本贬值背景，系统回顾了人力资本贬值的相关研究现状，详细介绍了该领域研究的理论新进展，同时结合理论演绎与实证分析方法，基于管理学研究框架，从高绩效工作系统、胜任素质、社会关系、知识管理等多个视角提出了一系列应对人力资本贬值的对策和方法，具有一定理论和现实意义，能作为组织完善内部人力资源管理的参考和借鉴。需要指出的是，人力资本贬值不可能根本消除。只要科学技术持续进步，新知识必然会不断替代旧知识，人力资本贬值将始终存在，这是一个永久性问题。而随着外部环境的加速变化，人力资本贬值的成因、结果与表现形式也将更为复杂与多元化。在此背景下，本书所涉及的内容只是人力资本贬值研究的一小部分，相关结论也可能随着时代的发展而不再适用。因此，该领域研究需要持续跟进，不断拓展和深化。本章后续内容将就未来可能的研究方向作分析和介绍。

第一节 人力资本未充分使用的后续研究

本书先前章节指出，从管理学视角来看，人力资本贬值可以分为两大类。一是由技术进步、知识更新、政策变化等引起的人力资本岗位适用性降低；二是受个人主观因素影响、工作条件制约所导致的人力资本未充分使用。目前大部分研究针对的是第一类贬值，对第二类贬值的关注较少。本书第四章至第七章提到的管理对策也是围绕人力资本岗位适用性降低的情况展开。事实上，人力资本未被充分使用在组织内同样常见，它更多是由人为因素引起，是一种人力资本浪费。它意味着人力资本在一定程度上处于闲置状态，容易发生磨损和流失。如何通过科学的管理手段减少或避免上述情况的出现，是值得探索的主题之一。本节将就一些可能的研究切入点作介绍和分析。

一、员工敬业度与人力资本未充分使用

作为知识和技能的载体，人力资本的使用最终取决于个人。研究表明，当员工具有高敬业度时，他们对工作充满热情、专注且努力，能够充分、有效地利用自身知识技能完成工作任务，有助于提高组织绩效，促进创新，帮助组织建立和维持竞争优势（黄昱方和钱兆慧，2014；杨红明和廖建桥，2009）。可见员工敬业度与人力资本的使用有着紧密联系，它衡量了个人对工作的投入程度，一直是人力资源管理研究和实践领域关注的热点。

"敬业"的概念基于戏剧表演中的"角色扮演"概念演化而来。通常认为，敬业是员工全身心投入工作角色的状态，意味着员工自我与工作角色的充分结合（Kahn，1990；May 等，2004）。与以精疲力竭、犬儒主义和低效能感为特征的工作倦怠相对，敬业表现为精力充沛、工作投入和高效能感（Maslach 等，1997，2001），是员工同时从生理、认知、情感、行为等多方面对工作的投入（Schaufeli 等，2002；Rich 等，2010；Christian 等，2011）。换言之，敬业代表着"心"、"脑"、"手"对工作的同时活跃和完整投入，敬业的员工精力充沛，对工作充满热情，在工作中努力付出，坚持不懈，且全神贯注地沉浸其中。因此，敬业度被认为，能比工作卷入、组织承诺等概念更加全面地解释和预测员工工作绩效。

Kahn（1987，1990）认为，敬业的员工有两种表现方式：自我雇佣与自我表达。前者能够激发员工把个人精力投入到生理、认知和情感的工作角色中，构成了努力、工作投入、巅峰体验、专注和内部动机的基础；后者则倾向于展现个性、思维和情感，构成了创造力、建言、情感表达、真实性（Authenticity）、坦诚沟通、活泼性和与伦理有关的行为的基础。也即是说，敬业的员工能够在生理、认知和情感的不同层次上进行充分的自我雇佣和自我表达，认同于工作角色所期望的绩效，且全情投入。因此，可以认为敬业度的提升有助于提高人力资本使用效率。

Harter 等（2002）通过元分析指出，员工敬业度与企业经营绩效具有显著的正相关关系，无论哪个行业，其规模和性质多么不同，平均而言，员工敬业度为前 50%的经营单位与员工敬业度为后 50%的单位相比有以下特点：客户服务质量提高 86%；员工保留率提高 70%；生产率提高 70%；利润率提高 44%；安全性提高 78%。翰威特咨询公司（2005）通过对超过 100 家大型企业的研究发现，高绩效的企业具有比平均水平企业高出 20%～25%的敬业度，员工敬业度与公司 5 年平均股东回报率之间的相关系数为 0.54；与 5 年的销售增长之间的相关系数为 0.46。一项针对 36 家公司的 7 939 个商业单位的分析结果表明，员工敬业度与组织绩效的关系密切，员工敬业度有助于提升组织生产率、利润率和顾客满意度，并减少员工流失率和事故率（刘雪梅，2003）。

人力资本是组织绩效的前提和保证，上述研究均表明，敬业度是预测员工人力资本使用效率的有效变量。

二、高绩效工作系统与人力资本未充分使用

本书第四章已经证实了高绩效工作系统可以通过促进员工正式与非正式学习来缓解人力资本岗位适用性降低。笔者认为，作为一种“最佳的管理实践”，它同样能够提高员工的人力资本使用效率。高绩效工作系统的显著特征之一就是能为员工创造更多的参与机会，引导他们积极自主地参加旨在实现组织目标的各种活动(刘善仕，周巧笑，2004)，最大化员工知识、技能、能力的发挥。其背后蕴含的理论假设是，组织通过改进员工的态度，逐渐改变员工的行为，进而促进组织绩效的改善(Edwards & Wright, 2001)。由此可见，高绩效工作系统的实施之所以有助于提高人力资本使用效率，根本原因在于它能影响个体的工作态度。

笔者认为，高绩效工作系统能增强员工敬业度，继而促进人力资本使用。Robinson 等(2004)指出，敬业度是员工和企业间的双向概念——员工对企业及其价值怀有积极的态度并愿意为企业利润提高自我绩效，而企业有义务从资源上保障和发展员工的这种行为。社会交换理论和互动心理学的匹配理论能为这种双向作用提供一定的理论依据。即，工作的经济因素和社会情感因素是企业提供的资源，员工通过感知、接受到企业提供的资源后决定向企业回馈不同程度的投入和努力(Saks，2006)。高绩效工作系统能够借助能力、动机和机会管理实践即可为员工提供其所需的经济和社会因素。

Kahn(1987，1990)指出，员工敬业度具有三种核心心理状态：意义感、安全感和可获得性。意义感是员工在工作角色中对自我投入回报的一种感知；安全感是员工对能够自我雇佣和自我表达而不必担心会对自我形象、地位或职业带来负面结果的感知；可获得性是指员工感知到能够拥有在工作角色的自我投入中所需的生理、认知和情感上的资源。May 等(2002)证明员工敬业度与三种心理状态显著正相关，并将三种心理状态的影响因素具体化为八个方面：工作丰富化、工作角色匹配、管理关系、同事关系、同事间规范、自我意识、资源和外部活动。这些因素都与高绩效工作系统紧密相关。它们分别保证了员工需求与工作回报以及工作要求与员工能力的一致性，有助于提升员工敬业度(宋晓梅等，2009)。综合上述分析不难发现，高绩效工作系统能够加强员工敬业度，进而提高人力资本的使用效率。

三、高绩效工作系统实施强度的影响

高绩效工作系统对人力资本使用的影响还取决于其实施强度。一般认

为，实施强度的提高有助于高绩效工作系统更好地发挥作用，但这也并不意味着实施强度越大越好。最新研究表明，高绩效工作系统并不一定总是产生积极的作用。例如，Green(2004)指出，高绩效工作系统等人力资源管理与不断加剧的竞争压力和技术变革是造成员工工作压力上升的可能原因。White等(2003)则发现，高绩效工作系统会通过工作家庭溢出效应而与工作压力相连。Ramsay等(2000)在制造业发现了高绩效工作系统对工作压力的影响。Alvesson和Kärreman(2004)以及Kärreman和Alvesson(2004)在专业服务业也发现了类似的效应。Kroon等(2009)发现，高绩效工作系统会增加员工的情绪耗竭。Ehrnrooth和Ejorkman(2012)的研究发现，高绩效工作系统实施强度会通过心理授权的中介作用带来员工创造力和工作负荷上升，从而首次阐释了高绩效工作系统对员工的双重效应。

笔者认为，在适当的范围内，随着高绩效工作系统实施强度的提升，员工会被更好地激发去更新并充分发挥自身知识技能，也能更好地感知到和获得来自组织的支持与帮助，从而有助于提高人力资本使用效率。但如果实施强度超过一定范围，这种通过建构组织意义、价值和导向使员工对组织产生认同和承诺的高绩效工作系统(Alvesson & Karreman，2007)，将对员工的态度和行为产生负面影响。若实施强度过大，员工将长期处于"兴奋"状态，并面临着较大的工作责任和负荷，可能会因此面临较大的工作压力，产生和情绪耗竭等不良反应(Godard，2004；Kroon等，2009；Wood等，2012)。这些消极后果被证实会作为中介因素负向影响人力资源管理和员工绩效的关系(Bakker等，2004)。尤其是长期处于过重的工作压力之下，个体的身体和精神健康状况会受损，进而降低知识技能更新和运用的效率；工作倦怠情绪则可能导致员工敬业度降低。因此，高绩效工作系统与人力资本使用间关系还受到实施强度的影响。

上述内容是笔者基于现有研究提出的，如何应对人力资本贬值中——未充分使用情况的设想，有关结论需要基于实证分析进一步明确。当然，高绩效工作系统只是一个概念，具体如何设计与实施，它与人力资本贬值间关系是否还受到除实施强度外其他因素的影响和制约，这些问题均需要在未来研究中继续摸索。

第二节　社会资本对与人力资本贬值关系的后续研究

社会资本与人力资本一样，是学者们感兴趣的研究热点之一。20世纪90年代以来，社会资本理论逐渐成为学术界关注的前沿和焦点问题。本书在第六章中已分析并检验了社会关系强度与人力资本贬值间内在联系。事实上,社会关系与人力资本贬值间还有许多值得探讨的问题。已有研究表明,个体在网络中所处的位置对人力资本的更新与使用也有着重要影响,未来研究可从该视角入手进行探索。

一、社会网络中心性对人力资本贬值的影响

中心性用来描述网络位置,是社会关系的基本属性之一(Sparrowe et al.,2001),也是社会网络分析中的关键指标(Rogers & Kincaid,1981),反映了个体在网络中与他人交换资源的卷入程度(Jen,2004),其中包括嵌入在网络中的知识(Hansen,2002)。

(一) 社会网络中心性与人力资本更新

结构洞理论(Burt,1992)认为,占据特定位置的个体能够从社会网络中获取资源及优势。该理论将关注点由个人直接连带特征转向个人中心网络中其他节点间相互联系的方式,结构洞存在于两两间没有联系的节点之中,而个体处于这样的位置是有利的。Burt(1992)认为,相较于弱连带理论,结构洞更加明确地指出了作为桥的连带的特征,夯实了理论基础,为实证研究提供了清晰的指导。结构洞的一大优势在于能够帮助个人及时地获得差异化信息(Burt,1992,1997),提高产生新想法、新观点的可能性,促进个人创新绩效(Burt,2000)。创造即应用现有知识产生新的观点(Drucker,1993;Cho & Pucik,2005),是具有不同背景、资源、偏好、直觉的个体和组织间的互动(Hu & Racherla,2008),因此差异化知识与创造力之间紧密联系(Rodan & Galunic,2004;Smith et al. 2005;Laursen & Salter,2006)。从彼此间不相互联系的个体中获取信息将迫使个人接受不一样的想法(Granovetter,1993),并刺激个人将不同的观点结合起来,促进了知识创造(Aral & Van Alstyne,2011; Hemphala & Magnusson,2012;Rodan & Galunic, 2004),很多研究均支持了这一观点,例如:Burt(2004)在对一家跨国电子公司负责运行供应链的管理人员的研究当中发现,占据网络中介位置比封闭网络中个体能产生更多有价值的主意;同样,Fleming(2002)在对惠普公司的研究中发现,占据横跨不同项目的网络中介位置,能够帮助工程师发展创新技术;Rodan 和 Galunic(2004)研究发现,占据结构洞位置有助于提高高级管理者的创新绩效。可见,占据结构洞(网络中心性高)有助于个体进行人力资本更新,进而降低贬值程度。

(二) 社会网络中心性与人力资本使用

占据结构洞的个体拥有谈判的权利(Burt,1992,1997),掌控着资源及产

出，能够避免由于资源不足导致的人力资本未充分使用。另外，占据结构洞有助于个体建立与组织高层(纵向)和其他部门(横向)间的联系，从而获得异质化的社会资源(Seibert et al. 2001)。首先，通过与高层的联系可以受到更多的职业帮助(Career Sponsorship)，而在组织内，高层象征着权威(March & Simon，1958；Massie，1965)，对组织相关事务有着更全面的观点，同时掌握更丰富的信息(Galbraith，1977)，因此通常由高层担任"导师"，向"学员"提供职业指导、训练以及参与挑战性任务的机会(Kram，1985；Noe，1988)，这有助于个人晋升和收入(Dreher & Ash，1990)，并能提升内部工作满意度(Chao & Gardner，1992)。其次，组织内各个部门拥有不一样的观点和看法，这种跨部门的横向联系能帮助个体获得自己所处群体以外的其他信息(Seibert et al. 2001)，促进高水平的动机与工作表现(Hackman & Oldham，1980；Spreitzer，1996)，提高个人的职业产出(Burt，1992；London & Stumpf，1983)；同时，当个体掌握了各个部门的工作信息后，能对自身知识、技能于组织的价值做出更为准确的评价，从而更为合理地制定人力资本配置计划。因此笔者认为，占据结构洞(网络中心性高)能提高人力资本使用效率，降低因人力资本未充分使用产生的贬值问题。

二、社会网络密度对人力资本贬值的影响

网络密度是社会网络中真实连带数和最大可能连带数之比(Hamill & Gilbert，2009)，用以描述一个社会网络内，个体间直接联系的程度。直接联系越多表示网络越为密集；反之则代表网络相对疏松。

(一) 社会网络密度与人力资本更新

网络密度影响着个体所获取知识的质量(Jen，2004)。高密度网络降低了个人对不同机会、需求及观点的开放性(Nahapiet & Ghoshal，1998)，限制了人们通过更多样化的途径去收集知识和信息(Jansen et al. 2005)，削弱了个体改善及更新知识基础的能力(Hansen et al. 2001；Sheremata，2000)。另外，在密集网络中，人们通过重复互动或相互间连带加深了彼此间了解(Gulati，1995；Gulati et. al. 2000)，同时也使得其中传递的信息和资源具有高度相似性或重复性，因此密集网络降低了个人获得差异化知识的可能性。另一方面，网络密度影响着知识创造。Mom 等(2009)认为，密集网络中存在着约束力较强的规范，建立起了共享行为期望，产生了一种主导思维模式，而这不利于知识创造(Bettis & Wong，2003；Miller，1993；Rowley et al. 2000)。个人为避免与群体出现明显的不一致，通常会避免提出不一样的观点。对于个人而言，领域内相关知识越是丰富，创新行为出现的概率也就越高(Mumford & Gustafson，1988；Simonton，1999)。接触不同方法和观点有助于加强创新

相关的认知过程，如发散思维、灵活思维(Coser，1975；Granovetter，1982)。此外，研究发现知识的多样性有助于发展胜任力(Floyd 和 Lane，2000)、追求完全创新(Subramaniam & Youndt，2005)、找到解决问题的新方法(Sheremata，2000)。因此密集网络所带来知识、信息的重复性阻碍了知识创造。可见，网络密度越高越不利于人力资本更新。

(二) 社会网络密度与人力资本使用

在组织内部，个体通过与权力拥有者建立强连带，获取影响力，从而实现人力资本的重新配置。Bian(1997)认为，强连带产生了一种被称为非授权活动(unauthorized activities)的社会基础，在这种情况下，个体间的交换或交易可能是非法、不被社会所认可的。一个典型的例子是：在中国，通过非正式手段提拔下属可能被视作"任人唯亲"。在密集网络中，由于个体间直接连带数较多，此类信息一旦被识别，容易迅速传播，从而引发网络中成员对权利拥有者的负面感知，不利于组织绩效(Khatri & Tsang，2003)。另外，人们在相互交流、观察以及评论中形成对彼此的印象与感知(Cross & Borgatti，2000)，这将影响个体向他人寻求信息的可能性(Borgatti & Cross，2003)。当人们意识到社会网络内存在通过非正式途径获得晋升或岗位调动的情况时，会根据所掌握的信息判断谁是权力拥有者，甚至可能会提出同样的要求。但若这种需求得不到满足，他们会认为权力拥有者是"偏心"的，进而降低了公平感及归属感，削弱了社会网络存在的基础。事实上，组织是一个供影响力、控制、权力交换的内部市场(Pfeffer and Salancik，1978)，个人掌握越多信息及资源，也就拥有越多组织声誉(Kilduff & Krackhardt，1994；Tsui，1984)，而这有助于个体获得独立于其绩效表现之外的，更稳定的组织回报(Ferris & Judge，1991)。因而从个体利益考虑，权力拥有者自然期望从稳定的社会关系中摄取更多利益，然而维护庞大、密集的社会网络往往需要花费大量的时间和精力(Hansen et al. 2001；Uzzi，1997)。出于对风险及成本的考虑，在密集网络中，理性的权力拥有者倾向于减少或不采取非正式手段，从而平衡各方的利益。因此，网络密度越高，人力资本越能得到充分的使用。

综合上述分析，未来研究可利用整体社会网络数据，结合实证研究的方法，系统考察社会网络其他属性——网络位置、网络密度等，对人力资本贬值的影响。此外，社会网络理论区分了工具型和情感型两类网络，前者产生于工作表现中，后者主要提供了友情和社会支持(Tichy et al. 1974；Lincoln & Miller，1979)。

第三节 人力资本贬值对个体行为影响的后续研究

目前关于人力资本贬值对员工个人行为影响的研究并不多。事实上，不同个体在遭遇人力资本贬值后采取的应对手段也着很大差异。有些员工能够正视这一问题，主动寻求人力资本更新，弥补自身知识、技能与工作要求间差距，不断提高岗位适应力，降低贬值的影响。还有的员工表现得相对消极被动，不采取任何措施进行应对，放任贬值问题的存在，较为常见的包括转岗、降级甚至是离职。可见，同样是贬值问题，不同员工的反应和表现会有如此大差异，这当中究竟是什么因素起到了决定性影响，人力资本贬值与个人行为间作用机制如何，这些问题都需要进一步研究。

一、人力资本贬值后的员工行为

人力资本贬值发生后，员工采取的对应措施大致可分为两类：一是进行知识技能更新，即积极手段；二是选择转岗离职，即消极手段。

（一）人力资本贬值与知识更新行为

有研究表明，人力资本更新策略可分为两类。第一类是按照采取更新行为的时间，分为了立即更新和延迟更新（Joseph 等，2010；Joseph 和 KuanKoh，2011），也称之为任务聚焦的更新和情绪聚焦的更新（Joseph 和 Ang，2010；Setor 等，2015）。前者指遭遇人力资本贬值后立即寻求工作所需的新知识和技能，后者指先观察周围同样遭遇人力资本贬值的员工如何反应，再进行对应决策。Joseph 等（2010）以及 Joseph 和 KuanKoh（2011）以 IT 员工为研究样本，发现员工在遭遇人力资本贬值时更多采用立即更新策略。但 Joseph 和 Ang（2010）的研究结果却截然相反，结果表明选择延迟更新的员工多于立即更新的员工。

第二类是根据更新的意图，将知识更新分为了“以玩的方式更新（Update-as-play）”和“以工作的方式更新（Update-as-work）”（Joseph 等，2011）。前者是员工的自发行为，后者是被动对应的结果。Joseph 等（2011）研究表明，当人力资本贬值程度高时，员工更多会采取以工作的方式更新。

（二）人力资本贬值与离职行为

人力资本贬值的消极应对即离开当前的岗位。目前对员工离职的研究主要基于工作满意理论和组织承诺理论，学术界关于两者对离职的研究主要有三种观点：①工作满意度产生组织承诺进而对离职产生影响。该观点认为与工作满意相比，组织承诺需要长时间的发展，且更为稳定（Porter 等，1974）。②组织承诺产生工作满意度进而对离职产生影响。该观点认为组织承诺通过合理化过程（Rationalization Process）产生对工作的正面态度（Bem，1967；Salancik & Pfeffer，1978），而人们对于工作的感受决定了他们的去留（Tett & Meyer，1993）。③工作满意与组织承诺分别对离职产生影响。该观点认为，工作满意与组织承诺尽管相互联系，但构成不同（Dougherfy et al.，1985）。Tett 和 Meyer（1993）的研究证实了第三种观点，并指出工作满意与离职意愿间相关性更强，是目前应用最广的离职预测变量（Holtom et al. 2008；Swider et al. 2011）。

人力资本贬值与员工离职间有着紧密联系。第一，工作内容是影响离职的重要因素，研究证明（Kraut，1975；Koch & Steers，1978），工作内容满意度越高，员工离职意愿越低。根据 Maslow（1943）需求层次理论，自我实现是最高层次需要，追求能力的最大发挥，只有当个人感知到工作能够满足自身需求时，才能获得工作满意感（Kuhlen，1963）。因此若人力资本未得到充分使用，个体会降低对工作内容的满意度，并进一步寻求能最大化个人价值的岗位。此外，对任务相关能力的自我感知程度与离职意愿负面相关（Ufot，1976），当个体认为自身不具备与工作相对应的知识和技能时，离职意愿会升高。第二，关于人力资本贬值与薪酬间负向关系已得到了诸多研究（Mincer & Polachek，1974；Blechinger & Pfeiffer，2000）的证实，因此人力资本贬值不可避免地会降低薪酬满意度，而后者已被证实与离职间存在负向关系（Mangione，1973）。第三，多数企业将个人的绩效表现与晋升机会挂钩，绩效的提升有助于个体获得更好的职业结果（Medoff & Abraham，1981；London & Stumpf，1983）。显然，人力资本贬值将不利于工作绩效，导致个人对未来晋升机会的负面感知，增加了离职意愿（Marsh & Mannari，1977）。

结合已有研究不难发现，人力资本贬值与知识技能更新以及员工离职行为间均有紧密联系。但现实中，个人究竟会选择哪种行为却不得而知，目前也很少有这方面的研究。

二、人力资本贬值感知对员工行为的影响

理性行为理论（Theory of Reasoned Action，TRA）指出，个体行为在某种程度上可以由行为意向合理推断，而行为意向又是由对行为的态度和主观准则决定的。行为意向是人们打算从事某一特定行为的量度，而态度是人们对从事某一目标行为所持有的正面或负面的情感，它是由对行为结果的主要信念以及对这种结果重要程度的估计所决定的。可见，对某一事物的态度或

感知是决定个人后续行为的重要因素。面对人力资本贬值，有的员工将其视为一种机会或挑战，能够正面回应这一问题，采取的手段也更为积极；而有的员工将其视作一种困境或威胁，面对该问题时表现得更为悲观，采取的手段也颇为消极。因此，对人力资本贬值的感知（简称：贬值感知）会影响员工后续行为的选择。

什么是人力资本贬值感知？根据本书前文所述，人力资本贬值是个人的知识、技能、能力与工作任务、职责要求等由匹配变为不匹配的过程。人力资本贬值的发生会影响员工对自身能力需求和工作生活需求的满足。前者是指贬值后的人力资本不足以支撑员工解决工作问题，体现了员工对能力本身的追求；后者是指员工的职业发展、生活质量以及地位、成就感等会由于人力资本的贬值而受损，体现员工对能力价值的重视。人力资本贬值正是通过影响员工能力与能力价值这两条途径影响着员工的感知。而由于员工间需求不同，他们对人力资本贬值的感知是存在差异的。

基于上述分析，笔者将人力资本贬值感知具体定义为：个体感知到的，人力资本贬值影响其满足自身能力需求和工作生活需求的程度。人力资本贬值对员工需求满足的影响程度越大，员工的贬值感知越强；反之，员工的贬值感知越弱。一般来说，员工人力资本贬值程度越高，对员工满足需求的影响就越大，员工的贬值感知越强。

上文已经指出，正是由于员工间人力资本贬值感知存在差异，他们对人力资本贬值的应对手段也不相同。自我决定理论认为，心理需求的满足会促进内在动机。因此，贬值感知越强的员工，采取行动（学习行为或岗位流动）来缓解人力资本贬值带来的负面影响的可能性越大；而贬值感知较弱的员工，更可能放任人力资本贬值的发生。

三、人力资本贬值感知的影响因素

（一）关系对人力资本贬值与贬值感知关系的调节

中国是一个关系社会。扎根于中国传统文化的“关系”，指的是人与人之间的相互联系，描述了在社会活动过程中人与人在心理上的作用和距离。不同于西方研究中由身份所决定、情感只是锦上添花的人际关系，在中国式关系中情感才是维系一段关系的关键纽带。而情感作为人的心理感受或活动，对人的行为决策起着决定性作用。因此，关系也会在很大程度上影响了人的行为活动。

有“关系”的人之间会相互帮助，这说明“关系”隐含了一层互利互惠的含义。在组织管理中，这种关系有时就体现为上下级之间的“走后门”和掩盖在团队合作下的“搭便车”。对于“走后门”获得工作机会的员工，他们可能不需要拥有过人的工作技能，也不需要付出太多努力，就能轻而易举地获得与其他员工相同、甚至优于其他员工的资源和待遇。因此，与领导之间的关系成为员工最有价值的资源。此外，同事关系也是员工的重要资源之一。在如今的组织活动中，大部分工作都具有复杂性，一名员工很难具有单独完成任务所需的能力和精力。因此，团队合作成为最重要的工作方式，绩效考核的对象也由员工个人变为了整个团队。在团队中，能力更强的员工所承担的责任往往更重。出于彼此间的社会关系，有能力的员工会帮助他人完成对方的一些工作。因而，关系在一定程度上加剧了团队中的"搭便车"现象，降低了员工对于能力本身的需求。

当"走后门"和"搭便车"的员工对工作所需的能力本身没有需求时，关系就成为他们满足自我需求的最有价值的资源。因此，当这些员工遭遇人力资本贬值时，虽然他们的个人技能满足工作要求的程度降低了，但对于员工本身的需求没有影响，进而导致员工的人力资本贬值感知较弱。

（二）个人特征对人力资本贬值与贬值感知关系的调节

研究指出，不同性别、年龄、教育水平个体间，人力资本贬值程度存在很大差异。因此，个人特征也有可能对人力资本贬值与贬值感知间关系存在影响。笔者认为，相较于浅层的人口统计学变量，人格、品质等深层次特征对个体态度与行为更具有预测力。其中，犬儒主义是一个值得研究的切入点。

犬儒主义是公元前5世纪产生于古希腊的一个重要哲学流派，对当时人们追逐权力、财富和物质享受的行为进行了无情的嘲讽。到公元前3世纪，犬儒主义在罗马复兴，新的犬儒主义学派不再强调独立、抑制欲望和修炼，而是远离被认为充斥着权利欲和控制欲的罪恶社会。犬儒主义对美国、欧洲和亚洲的组织乃至社会都产生了重要的影响。

目前，学者们对犬儒主义的认识分为两类。一类认为犬儒主义是一种个人特质，具有相对稳定性。例如，Barefoot 等（1989）指出犬儒主义是一种对人性的负面看法，认为他人是可恶的、具有欺骗性的、自私的。Abraham（2000）提出了人格犬儒主义这一概念，用以表示一种内在稳定的特质，具有这种特质的个体总是对人的行为抱有一种负面认识。

另一类被更多学者认同的观点认为犬儒主义产生于具体情境，且会受到外部环境因素的影响。现有研究表明，较高的组织政治感（Davis 和 Gardner，2004）、较低的组织支持感（James，2005）、低质量的领导成员交换关系（Davis 和 Gardner，2004）以及工作负荷的增加（Meyerson，1990）都会引起员工高水平的犬儒主义。

在组织行为学和人力资源管理研究领域，犬儒主义有特定的对象，如工作、变革、特定行业、公司或者管理层等等。例如 Stern 等（1990）指出，工作犬儒主义是对工作的一种特殊态度，认为工作是令人压抑的、没有回报的以及不值得努力的。Wanous 等(1994)认为,具有组织变革犬儒主义的员工为变革努力的意愿和对个人成功的期待较低,并感受到的内部、外部奖励较少且价值较低。

可以看出,犬儒主义使员工对他人产生怀疑。此时,员工不认为工作能换来精神及物质所需,在很大程度上削弱了人力资本对于满足员工工作生活需求的价值。如果员工对能力本身也没有需求,那么人力资本就成为员工的无价值资源。因此,当作为犬儒主义者的员工遭遇人力资本贬值时,其贬值感知也相对较弱。

图 8-1 是对本节提出的未来研究设想的总结。一方面,人力资本贬值的客观发生会使员工产生相对应的感知,该过程受到组织内关系与犬儒主义等个体特征的调节。另一方面,人力资本贬值感知又会对个体的后续行为产生影响,感知较强的员工可能会选择学习培训以更新人力资本,也可能选择岗位流动以降低贬值程度;而感知较弱的员工则更倾向于不采取任何措施。该模型需要在未来研究中得到进一步验证。

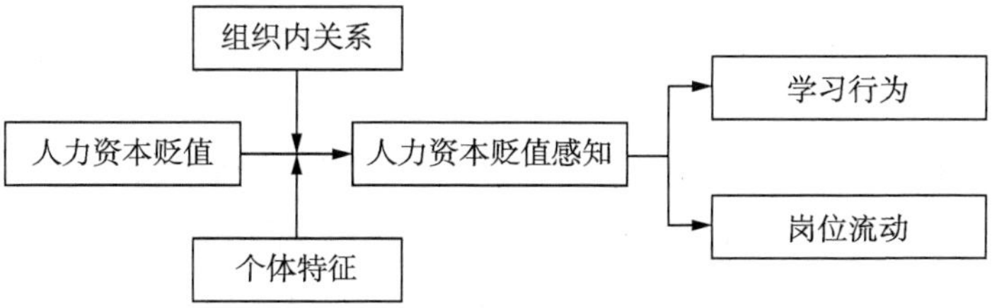

图 8-1　人力资本贬值——员工行为模型

至此,《人力资本贬值与组织管理》一书的主要内容全部结束。本书在介绍、回顾现有人力资本贬值背景、理论的基础上,从管理学视角分析了高绩效工作系统及其包含的具体人力资源管理实践对人力资本贬值的作用机制,提出了一系列应对贬值问题的管理手段和方法。当然,本书相关研究存在一定局限性:首先,受制于截面数据的使用,变量间因果关系难以证实。本书对人力资本贬值影响因素的作用机理进行了理论演绎,然而单一时期的调研数据使得变量间逻辑顺序变得模糊,难以判断。例如,同本章第三节所述,可能是个人感知到人力资本贬值威胁后主动采取各类应对措施,抑或是两者间存在相互影响。未来应进行纵向研究设计,利用面板数据对理论进行证实。其次,本书未使用成熟量表测量人力资本贬值。由于目前无权威方法,笔者自行开发测量工具。在建构量表时,充分借鉴了现有研究及访谈内容,并进行了预测试,确保了量表的信度与效度。但是对人力资本贬值的测量是主观评判的,受社会称许性等影响,结果可能存在偏差。未来可考虑采用认知测评、心理实验等手段,更加客观地进行衡量,或是寻找与人力资本贬值相关的代理变量。再次,本书研究对象主要为金融、信息技术等知识密集型服务行业知识员工，相关研究结论能否推广到其他行业值得商榷。未来需进一步扩大样本来源，提高研究结论的普适性。最后，本书研究侧重于员工本身，对组织层面的影响考虑不足。事实上，如组织结构、文化、制度等，均可能对人力资本贬值程度有潜在影响，需要在研究中加以关注和控制。

本书最后一张内容是笔者基于所在课题组已有成果基础上，从管理学视角提出的有关人力资本贬值未来研究的可行方向。事实上，该主题涉及多个学科，各自领域均有值得进一步探究的内容。首先在经济学方面，现有人力资本贬值率计量研究均从微观个体入手，未来是否可以考虑对一个国家总体人力资本贬值情况进行量化；其次在教育学方面，可探索如何进一步完善相关资源在各级各类教育上的合理配置，避免人力资本投资的浪费和贬值；之后在心理学方面，作为反映员工心理健康的心理资本，它与人力资本贬值间存在什么形式的关系，对知识、技能的使用和维护有什么潜在影响，这些问题要在未来研究中解析和挖掘。最后甚至在医学方面，已有科学家开发出可植入的大脑芯片，能够促进长期记忆，其能否适用于人类以降低因身体技能老化产生的人力资本衰退和流失，值得持续研究和关注。相信随着研究的开展，人力资本贬值的内容边界将不断拓展，人们对贬值问题的认识也将更加清晰而深刻。

最后，笔者希望本书的出版能引起社会各界，特别是组织管理者对人力资本贬值问题的重视。党的十九大报告指出，“人才是实现民族振兴、赢得国际竞争主动的战略资源。”政府与企业都深刻认识到，人力资本是取得核心竞争力的关键因素，是实现可持续发展的根本保障。在此背景下，资源的竞争已从对物质资本的争夺转向对人力资本的占有。地方陆续出台如“快速落户”、“购房补贴”、“项目资助”等优惠措施，吸引各类人才不断前往，一场“没有硝烟的人才争夺战”已然打响。对此，人民日报指出，人才的争夺不能只靠红利，不能仅体现在物质上。当前，许多组织的用人观念十分功利，只关注现有价值，不考虑未来发展，既没有给予对应的才华施展空间，又没有跟进落实后续支持政策。人才外流、大材小用等现象频频出现，结果便是人力资本的贬值和浪费。因而相较于如何吸引人才，管理者更应该冷静地思考选人用人问题，认清人力资本的形成、使用、发展的客观规律，科学合理地配置及使用这些引进人才，以实现人力资本价值最大化，提高对经济、社会发展的贡献。相信当全社会真正地尊重人力资本、珍视人力资本时，我国一定能实现从“人力资源大国”向“人力资源强国”的迈进。

附注一 人力资本存量计算——教育年限法

附注表1中，作者利用教育年限法对我国人力资本总量进行了粗略估算。计算口径方面，考虑到14岁及以下和65岁及以上人群不属于适龄劳动力人口，未参与到生产经营活动当中，故未将其纳入人力资本存量计算范围。

教育年限法假设个体人力资本存量与教育水平呈正比，采用教育年限近似替代人力资本存量，具体计算公式为：人力资本总量＝15至64岁适龄劳动人口数×(不识字人口占比×0＋小学学历人口占比×6＋初中学历人口占比×9＋高中及中专学历人口占比×12＋大专及以上学历人口占比×15)。

所有数据均源于1999～2017年历年《中国统计年鉴》，其中包含历年我国人口受教育程度组成数据及人口年龄组成数据。具体计算结果详见下表。

附注表1 我国历年人口教育水平组成与人力资本存量

时间	小学(%)	初中(%)	高中(%)	大专及以上(%)	平均受教育年限(年)	适龄劳动人口(万人)	人力资本存量(万人·年)	增长率(%)
1998	39.79%	33.04%	10.67%	2.79%	7.06	84 338	595 411.75	—
1999	38.50%	34.33%	10.71%	3.09%	7.15	85 157	608 738.27	2.24%
2000	38.18%	36.52%	11.95%	3.81%	7.60	88 910	675 533.64	10.97%
2001	36.57%	37.08%	12.20%	4.26%	7.63	89 849	685 989.49	1.55%
2002	34.96%	37.65%	12.45%	4.71%	7.69	90 302	694 167.00	1.19%
2003	33.42%	38.04%	13.37%	5.49%	7.86	90 976	714 712.49	2.96%
2004	32.38%	39.29%	13.40%	5.77%	7.95	92 184	733 044.05	2.56%
2005	33.28%	38.35%	12.44%	5.56%	7.78	94 197	732 399.80	−0.09%
2006	33.07%	38.99%	12.93%	6.22%	7.98	95 068	758 440.17	3.56%
2007	31.80%	40.22%	13.41%	6.56%	8.12	95 833	778 204.37	2.61%
2008	31.17%	40.94%	13.69%	6.70%	8.20	96 680	793 049.24	1.91%
2009	30.13%	41.67%	13.80%	7.29%	8.31	97 484	809 778.50	2.11%

续表

时间	小学(%)	初中(%)	高中(%)	大专及以上(%)	平均受教育年限(年)	适龄劳动人口(万人)	人力资本存量(万人·年)	增长率(%)
2010	30.03%	41.54%	14.03%	8.93%	8.12	99 938	811 596.50	0.22%
2011	27.57%	41.41%	15.46%	10.06%	8.75	100 283	876 984.59	8.06%
2012	26.88%	41.11%	16.12%	10.59%	8.84	100 403	887 207.27	1.17%
2013	26.36%	40.81%	16.52%	11.32%	8.93	100 582	898 648.87	1.29%
2014	26.25%	40.15%	16.70%	11.53%	8.92	100 469	896 339.61	−0.26%
2015	26.22%	38.32%	16.44%	13.33%	9.08	100 361	910 969.01	1.63%
2016	25.61%	38.84%	16.91%	12.94%	9.08	100 260	910 185.95	−0.09%

注：2002年《中国统计年鉴》中人口受教育程度组成数据实源于2000年人口普查，故实际缺少2001年相关数据，表附1中2001年数据由插值法计算得到。

附注二　物质资本存量的估算

作者利用单豪杰(2008)的方法对我国1990—2014年的物质资本存量进行了估算。其中基期(1990年)固定资本存量等于1991年实际固定资本形成额除以平均折旧率与1991～1995年间固定资本投资增长率的平均值之和，为18 466.73亿元。历年新增的固定资本存量采用固定资本形成额作为计算依据，它是指常住单位在一定时期内获得的资产减去处置的固定资产和存货之后的净额，包括固定资本形成总额和存货增加两部分。在此基础上，利用固定资本形成价格指数对每年新形成的固定资本存量作价格平减处理，均折算至1990年价。固定资本折旧率统一取10.96%。

最后，基于永续盘存法(PIM)基本公式，对历年固定资本存量进行估算。具体计算公式为：$K_t = K_{t-1}(1-\delta)+I_t$。其中，$K_t$是$t$期固定资本总量，$\delta$为固定资本折旧率，$I_t$为t期的固定资本形成额。具体关于指标选取和计算方法的说明可参见单豪杰(2008)的《中国资本存量K的再估算：1952～2006年》一文。

所有数据均来源于《中国固定资产投资统计数典：1952～2000》《新中国五十五年统计资料汇编》《中国国内生产总值核算历史资料：1952～1995》《全国各省、自治区、直辖市历史统计资料汇编1949～1989》《中国国内生产总值核算历史资料：1996～2002》《中国国内生产总值核算历史资料：1952～2004》及1985～2017年《中国统计年鉴》，下表为具体计算结果。

附注表2　1990～2015年我国固定资本总量(1990年价格)

年份	固定资本存量(单位：亿元)	年份	固定资本存量(单位：亿元)	年份	固定资本存量(单位：亿元)
1990	18 466.73	1999	78 730.09	2008	241 565.6
1991	22 038.2	2000	87 844.55	2009	281 097.7
1992	26 566.73	2001	97 929.57	2010	325 829.6
1993	32 334.91	2002	109 925.3	2011	373 888

续表

年份	固定资本存量（单位:亿元）	年份	固定资本存量（单位:亿元）	年份	固定资本存量（单位:亿元）
1994	39 024.6	2003	125 129.4	2012	425 171
1995	46 393.34	2004	142 645.9	2013	480 507.5
1996	54 212.21	2005	162 798	2014	536 433.3
1997	61 974.16	2006	185 520.5	2015	592 760
1998	70 255.76	2007	212 210.5		

附注三 物质资本与人力资本对经济发展贡献率的计算

本文利用柯布—道格拉斯生产函数估算物质资本、人力资本对国内生产总值(GDP)的产出弹性，其基本形式为：

$$Y=AK^{\alpha}H^{\beta}$$

其中，Y 为 GDP；A 为综合技术水平，即全要素生产率；K 为物质资本投入，即固定资本存量，数据来源详见附注二；H 为人力资本存量，本文在附注一的基础上，利用彭国华(2005)的方法对我国历年的人力资本存量数据进行了修正，下文将详细介绍；α 与 β 分别是物质资本和人力资本的产出弹性，为待估参数。

GDP 方面，所有数据来源于《中国统计年鉴》，并利用 GDP 指数将历年 GDP 数据均折算至 1990 年价格；物质资本存量方面，直接采用附注二计算的数据；人力资本存量方面，在附注一的基础上，利用彭国华(2005)的方法对历年数据进行修正。计算公式为：

$$H_i=e^{\Phi(Ei)}L_i$$

H_i 是人力资本存量，$\Phi(E_i)$ 是 Mincer 收入方程估计得到的教育回报率，指多受一年教育使劳动者生产效率提高的比率，当 $\Phi(E_i)=0$ 时，$H_i=L_i$，即没有接受正规教育的个人只能提供一单位简单劳动力。具体取值方面，L_i 是接受各级各类教育的劳动力人口总数，由历年《中国统计年鉴》《中国人口统计年鉴》《中国劳动统计年鉴》相关数据估算得到。

劳动力平均受教育程度分别为文盲半文盲、小学、初中、高中、大专及以上，对应的各级平均受教育年数分别为：1.5、6、3、3、3.5 年；$\Phi(E_i)$ 采用 Psacharopoulos 等人(2004)的研究成果，中国教育回报率在初级教育阶段(教育年数在 0—6 年之间)为 0.18，中等教育阶段(教育年数在 6—12 年之间)为 0.134，高等教育阶段(教育年数在 12 年以上)为 0.151。在此基础上，计算得到我国 1990—2014 年人力资本存量。人力资本存量计算的具体方法可参见彭国华(2005)的《中国地区收入差距、全要素生产率及其收敛分析》一文。附注表 3 为各变量具体取值。

附注表3　1990—2014年我国GDP、物质资本存量、人力资本存量

时间	GDP（亿元）	GDP增长率	物质资本存量（亿元）	物质资本存量增长率	人力资本存量（万人・年）	人力资本存量增长率
1990	18 774.30	—	18 466.73	—	225 613.53	−1.90%
1991	20 517.90	9.29%	22 038.20	19.34%	221 335.09	2.05%
1992	23 445.00	14.27%	26 566.73	20.55%	225 878.76	1.90%
1993	26 712.50	13.94%	32 334.91	21.71%	230 165.54	4.50%
1994	30 210.70	13.10%	39 024.60	20.69%	240 528.33	9.73%
1995	33 527.80	10.98%	46 393.34	18.88%	263 932.82	5.37%
1996	36 855.10	9.92%	54 212.21	16.85%	278 102.24	3.83%
1997	40 256.60	9.23%	61 974.16	14.32%	288 755.01	0.78%
1998	43 416.00	7.85%	70 255.76	13.36%	291 006.16	1.74%
1999	46 725.30	7.62%	78 730.09	12.06%	296 069.02	0.60%
2000	50 664.70	8.43%	87 844.55	11.58%	297 832.41	8.94%
2001	54 861.86	8.28%	97 929.57	11.48%	324 453.11	1.69%
2002	59 849.31	9.09%	109 925.33	12.25%	329 933.10	3.89%
2003	65 846.19	10.02%	125 129.39	13.83%	342 774.79	4.19%
2004	72 480.62	10.08%	142 645.86	14.00%	357 121.62	−2.09%
2005	80 708.90	11.35%	162 798.01	14.13%	349 669.41	2.53%
2006	90 949.43	12.69%	185 520.51	13.96%	358 520.42	3.50%
2007	103 859.67	14.19%	212 210.54	14.39%	371 078.39	2.98%
2008	113 854.47	9.62%	241 565.57	13.83%	382 120.32	3.60%
2009	124 367.29	9.23%	281 097.74	16.36%	395 859.82	6.69%
2010	137 589.65	10.63%	325 829.62	15.91%	422 341.42	9.54%
2011	150 639.35	9.48%	373 887.97	14.75%	462 630.23	2.11%
2012	162 314.35	7.75%	425 171.05	13.72%	472 405.68	3.11%
2013	174 786.28	7.68%	480 507.46	13.02%	487 078.83	2.58%
2014	187 490.64	7.27%	536 433.33	11.64%	499 643.50	−1.90%

进行回归分析前，考虑到物质资本与人力资本均呈逐年递增趋势，因此自变量间可能存在多重共线性问题，在此情况下，若利用普通最小二乘法（OLS），参数估计的方差较大，结果可能会存在较大偏差，使得模型的估计效果不理想，故决定采用岭回归（Ridge Regression）方法，以克服多重共线性问

题。普通最小二乘法下，自变量系数 $C=(X^{T}X)^{-1}X^{T}y$。当存在多重共线性问题时，$|X^{T}X|\approx 0$，导致自变量系数 C 很不稳定。岭回归是一种改良的最小二乘估计法，通过加入一个正常数矩阵 kI（k 为岭参数），使得 $C'=(X^{T}X+kI)^{-1}X^{T}y$。尽管估计结果是有偏的，由于 $X^{T}X+kI$ 非奇异，C′比 C 要更加稳定。岭回归放弃了普通最小二乘法的无偏性，使得回归系数更为符合实际、更加可靠，对病态数据的拟合作用力更强。

在对自变量和因变量做对数化处理的基础上，利用统计软件 NCSS 12.0 对数据进行岭回归分析。通过观察方差膨胀因子（VIF）的变化确定岭参数 k。一般认为，当 VIF≥10 时，模型存在严重的多重共线性问题。由表附 4 可知，当岭参数 $k=0$ 时，即为普通最小二乘估计，此时自变量的 VIF 值远大于 10，说明多重共线性问题确实存在。VIF 值随着岭参数 k 的增加慢慢减小，至岭参数 $k=0.02$ 时，VIF 值降至 5.468 2，属于可接受水平。但为进一步确保回归结果的稳定性，本文取岭参数 $k=0.03$，此时 VIF 值已降至 5 以下，表明回归结果已不受到多重共线性的影响。相对应的，物质资本与人力资本的产出弹性分别为 0.6102 与 0.3735，最终回归结果如下：

$$\ln Y=-7.235\,3+0.610\,2\ln K+0.373\,5\ln H$$

$$F=518.776, R^{2}=0.979\,2$$

附注表 4　岭参数的选择

岭参数 k	物质资本存量 VIF	人力资本存量 VIF	物质资本产出弹性 α	人力资本产出弹性 β
0.000 000	59.361 2	59.361 2	1.037 3	−0.038 7
0.001 000	47.523 2	47.523 2	0.980 1	0.017 9
0.003 000	32.461 1	32.461 1	0.895 7	0.101 4
0.005 000	23.598 7	23.598 7	0.836 2	0.159 9
0.007 000	17.947 4	17.947 4	0.791 9	0.203 1
0.009 000	14.124 3	14.124 3	0.757 7	0.236 4
0.010 000	12.661 4	12.661 4	0.743 3	0.250 2
0.030 000	3.103 1	3.103 1	0.610 2	0.373 5
0.050 000	1.476 5	1.476 5	0.564 9	0.409 2
0.070 000	0.921 4	0.921 4	0.540 3	0.424 3
0.090 000	0.666 1	0.666 1	0.523 9	0.431 5
0.100 000	0.587 2	0.587 2	0.517 4	0.433 4
0.300 000	0.234 1	0.234 1	0.448 7	0.419 2
0.500 000	0.176 8	0.176 8	0.408 0	0.390 1

续表

岭参数 k	物质资本存量 VIF	人力资本存量 VIF	物质资本产出弹性 α	人力资本产出弹性 β
0.700 000	0.145 9	0.145 9	0.375 9	0.363 0
0.900 000	0.124 2	0.124 2	0.348 9	0.338 9
1.000 000	0.115 4	0.115 4	0.336 9	0.327 9

在确定物质资本与人力资本的产出弹性后，本文进一步计算两类资本对经济增长的贡献份额。计算公式为：

物质资本对经济增长的贡献＝物质资本增长率×物质资本产出弹性÷GDP 增长率

人力资本对经济增长的贡献＝人力资本增长率×人力资本产出弹性÷GDP 增长率

根据表附 3 相关数据计算可以得到，1990 年至 2014 年 GDP 年均复合增长率为10.06％，物质资本年均复合增长率为 15.07％，人力资本年均复合增长率为 3.37％。因此，物质资本对经济增长的贡献＝15.07％×0.610 2÷10.06％＝91.41％；人力资本对经济增长的贡献率＝3.37％×0.373 5÷10.06％＝12.52％。

利用相同方法，作者又计算了历年物质资本与人力资本对经济增长的贡献份额，结果如附注表 5 所示。

附注表 5　物质资本、人力资本对经济发展的贡献

年份	物质资本贡献	人力资本贡献	年份	物质资本贡献	人力资本贡献
1991	127.07％	−7.63％	2003	84.23％	14.51％
1992	87.89％	5.37％	2004	84.78％	15.52％
1993	95.06％	5.09％	2005	75.94％	−6.87％
1994	96.40％	12.84％	2006	67.12％	7.45％
1995	104.94％	33.10％	2007	61.84％	9.22％
1996	103.63％	20.21％	2008	87.71％	11.55％
1997	94.66％	15.50％	2009	108.15％	14.54％
1998	103.90％	3.71％	2010	91.33％	23.50％
1999	96.56％	8.53％	2011	94.89％	37.57％
2000	83.79％	2.64％	2012	107.99％	10.18％
2001	84.56％	40.30％	2013	103.36％	15.10％
2002	82.22％	6.94％	2014	97.71％	13.26％

附注四 我国各省区人力资本存量的估算

人力资本存量计算方法同附注三，即采用彭国华(2005)的方法进行估算，此处不再赘述。相关数据源于：历年《中国统计年鉴》《中国人口统计年鉴》《中国劳动统计年鉴》以及《1990全国人口普查》《2000全国人口普查》，附注表6为具体结果。

附注表6 我国各省人力资本存量(单位：万人·年)

地区	1990	1995	2000	2005	2010	2014
北京	3 273.7	3 732.3	3 761.2	6 733.4	8 503.0	11 289.8
天津	2 240.3	2 553.9	2 598.3	3 356.5	4 854.1	6 806.8
河北	11 588.6	13 537.1	15 241.7	18 333.1	21 205.8	24 976.0
上海	3 899.1	4 259.3	4 603.0	6 560.2	7 882.1	11 909.3
江苏	16 579.5	18 870.7	20 315.2	23 365.6	27 226.0	29 677.0
浙江	9 647.3	10 531.7	11 895.5	14 879.0	19 882.0	23 261.1
福建	5 074.5	6 036.1	7 325.0	8 941.5	12 271.6	16 221.2
山东	15 590.5	21 302.4	24 140.8	28 095.0	34 638.7	40 739.5
广东	12 850.1	15 337.2	18 900.6	27 551.9	34 869.2	39 687.5
海南	1 235.8	1 436.8	1 502.7	1 962.2	2 445.2	3 403.4
山西	5 463.6	6 391.4	6 553.8	8 194.0	9 791.5	11 854.5
安徽	9 791.9	12 624.6	14 124.9	15 562.4	19 689.3	23 258.6
江西	6 859.1	8 229.1	9 102.2	10 717.9	13 199.7	14 994.5
河南	15 960.4	18 689.5	25 170.2	28 015.9	32 169.2	38 600.7
湖北	12 056.4	13 300.9	15 380.9	16 908.9	19 685.7	22 594.3
湖南	12 608.7	14 077.0	16 325.1	18 910.0	21 908.0	25 429.1
内蒙古	3 744.8	4 371.5	4 819.9	5 383.7	6 587.4	9 130.4

续表

地区	1990	1995	2000	2005	2010	2014
广西	8 315.9	9 639.1	11 370.1	13 025.2	15 152.2	15 909.6
重庆	5 862.9	6 716.0	7 077.1	6 515.4	7 906.5	9 567.3
四川	15 934.4	18 149.4	19 281.6	19 447.0	23 095.6	26 682.6
贵州	5 570.1	6 505.8	6 821.8	7 422.1	7 770.6	9 600.9
云南	6 424.7	7 500.5	8 615.0	9 490.7	12 368.9	14 813.6
西藏	289.9	327.0	297.6	353.3	555.7	815.2
山西	6 261.5	7 321.7	8 169.2	9 839.2	11 412.2	13 597.6
甘肃	4 494.6	5 403.3	5 690.7	5 679.0	6 999.8	8 266.4
青海	857.6	946.7	1 041.5	1 180.0	1 405.8	1 753.6
宁夏	792.3	966.7	1 132.4	1 353.8	1 705.8	1 911.0
新疆	2 549.5	2 955.8	3 036.1	4 122.0	4 993.9	6 767.5
辽宁	8 466.7	9 286.5	10 156.6	11 747.2	13 737.4	16 025.1
吉林	5 096.3	5 958.7	5 631.8	6 615.2	7 447.8	8 655.8
黑龙江	6 232.5	6 974.0	7 750.0	9 408.3	10 980.6	11 443.7

附注五　我国人力资本基尼系数的估算

利用教育基尼系数衡量人力资本分布的不平等性，具体计算公式为：

$$G^{h}=\frac{1}{2H}\sum_{i=0}^{n}\sum_{j=0}^{m}|TX_{i}-TX_{j}|n_{i}n_{j}$$

其中，H 为相应人口平均接受教育年数；n_i、n_j 代表既定教育水平中的人口份额；TX_i、TX_j 为各个教育水平的平均积累受教育年数；X_i 定义为各个教育层次 i 的平均受教育年数。

参照 Barro 和 Lee(2001)的研究，将教育水平分为四个层次：文盲、初等教育、中等教育、高等教育。另 $n=3,m=3$，则 $TX_0=X_0=0$，$TX_2=X_1+X_2$，$TX_3=X_1+X_2+X_3$，将其代入上式，得到人力资本基尼系数计算公式：

$$G^{h}=n_{0}+\frac{n_{1}X_{2}(n_{2}+n_{3})+n_{3}X_{3}(n_{1}+n_{2})}{n_{1}X_{1}+n_{2}(X_{1}+X_{2})+n_{3}(X_{1}+X_{2}+X_{3})}$$

取值方面，$X_0=0$；$X_1=6$；$X_2=6$；$X_3=3$。在此基础上，利用我国各年人口教育水平组成数据(详见附注一)，计算得到我国人力资本基尼系数，如下表所示。

附注表 7　我国人力资本基尼系数

时间	文盲(%)	初等教育(%)	中等教育(%)	高等教育(%)	基尼系数
1998	13.71%	39.79%	43.71%	2.79%	0.283 7
1999	13.37%	38.50%	45.04%	3.09%	0.279 1
2000	9.54%	38.18%	48.47%	3.81%	0.244 8
2001	9.88%	36.57%	49.29%	4.26%	0.245 7
2002	10.23%	34.96%	50.10%	4.71%	0.246 3
2003	9.68%	33.42%	51.41%	5.49%	0.239 2
2004	9.16%	32.38%	52.69%	5.77%	0.232 1
2005	10.37%	33.28%	50.78%	5.56%	0.245 5
2006	8.79%	33.07%	51.92%	6.22%	0.231 3

续表

时间	文盲(%)	初等教育(%)	中等教育(%)	高等教育(%)	基尼系数
2007	8.01%	31.80%	53.63%	6.56%	0.221 3
2008	7.50%	31.17%	54.63%	6.70%	0.214 9
2009	7.12%	30.13%	55.47%	7.29%	0.209 5
2010	5.47%	30.03%	55.57%	8.93%	0.196 5
2011	5.50%	27.57%	56.87%	10.06%	0.191 4
2012	5.29%	26.88%	57.23%	10.59%	0.188 1
2013	4.99%	26.36%	57.33%	11.32%	0.184 8
2014	5.37%	26.25%	56.85%	11.53%	0.188 5
2015	5.69%	26.22%	54.76%	13.33%	0.194 4
2016	5.70%	25.61%	55.75%	12.94%	0.191 9

附注六 人力资本贬值初始量表

附注表 8 人力资本贬值初始量表

序号	题项
HCD1	以前掌握的一些当前工作需要的知识和技能，我已经遗忘了
HCD2	以前掌握的一些当前工作需要的知识和技能，我已经生疏了
HCD3	以前掌握的一些当前工作需要的知识和技能，我不能运用自如了
HCD4	我所掌握的一些知识技能已经过时了
HCD5	工作要求发生了变化，我掌握的一些知识技能用不上了
HCD6	工作提出了新要求，我掌握的知识技能不够用了
HCD7	我所掌握的知识技能没有在当前工作中充分利用
HCD8	我所掌握的知识技能水平高于当前工作要求
HCD9	我所掌握的一些知识和技能与当前工作不对口
HCD10	工作所需资源支持不完备，限制了我的发挥
HCD11	我对当前工作没有太大热情
HCD12	以前在学校和培训中所学的知识技能，现在基本都过时了
HCD13	以前在学校和培训中所学的知识技能，使我能足够胜任目前的工作
HCD14	以前在学校和培训中所学的知识技能，为我今后工作发展奠定坚实基础
HCD15	由于以前学得不够，我现在需要参与培训充电
HCD16	由于现在工作发展的需求，我必须参与培训以获得新的知识技能
HCD17	如果有更多知识技能，我就能更好地完成工作
HCD18	我比以前更频繁出现如疲劳、乏力等不适状况
HCD19	我比以前更频繁出现如焦虑、动怒、不易抗压等状况
HCD20	我对参与家人聚餐、同事议会和朋友出游的兴趣逐渐减少
HCD21	我越来越无所谓得看待公共利益、公平公正及诚实守信的问题

续表

序号	题项
HCD22	近年来,我总体健康状况处于下降中
HCD23	我在高等教育期间获得的知识和技能现在过时了
HCD24	由于我目前工作领域的发展,我学习期间获得的知识过时了,我需要进一步的培训
HCD25	由于我学习期间获得的知识不足,我需要进一步的培训
HCD26	我在高等教育期间获得的知识技能为我开展目前的工作打下了坚实的基础
HCD27	即使未来工作要求有进一步的提高,我在高等教育期间获得的知识技能也能使我满足要求
HCD28	我在高等教育期间获得的知识技能使我有足够的能力完成目前的工作
HCD29	如果我具有更多的知识技能,我可以更好地完成工作
HCD30	目前工作中有许多机会提高我的知识技能水平
HCD31	我的知识技能储备可以支撑做好当前工作
HCD32	我的知识技能储备要高于本领域其他人员
HCD33	我的知识技能储备较过去有所提升

附注七 题项内容效度系数(I-CVI)与调整后Kappa值的计算

内容效度指数(content validity index, CVI)是一个量表实际测到的内容与所要测量的内容之间的吻合程度(史静琤等,2012),包括单题项内容效度指数(I-CVI)与量表整体内容效度指数(S-CVI)(Davis, 1992)。实际操作中邀请被试专家对各个量表的题项内容与所测变量之间的相关性作出判断与打分,采用 Likert 四点式,从 1 至 4 分别代表“没有关联”“有较弱关联”“有较强关联”“完全相关”。当专家对某一题项的打分为 1 或 2 时,代表其不认可题项内容;打分为 3 或 4 时,则表示认可。计算公式为:I-CVI=认可某一题项的专家数量÷专家总数。判断标准方面,Lynn(1999)认为,当专家人数少于或等于 5 人时,I-CVI 应该为 1;当专家人数大于或等于 6 人时,I-CVI 最好不低于 0.78。

然而,两个或多个专家对条目与相应维度的关联性评价一致的意见还可能是由于他们对选项的随机选择(即不代表专家的意见)造成的,分析此类数据时,应当对这种随机一致性(Chance Agreement)进行校正(史静琤等,2012),Polit 等(2007)给出了具体调整方法,即调整后 Kappa 值的计算。首先要计算随机一致性的概率,公式如下:

$$P_c = \left[\frac{n!}{A!\ (n-A)!}\right] 0.5^n$$

其中,n 为专家总数,A 为认可某一题项的专家人数。在此基础上,结合对应题项的内容效度系数即可计算得到调整后 Kappa 值:

$$\text{Kappa} = \frac{\text{ICV}I - P_c}{1 - P_c}$$

判断标准方面,通常要求调整后 Kappa 值不小于 0.5。其中,0.40 至 0.59 为一般水平;0.60 至 0.74 为良好水平,大于 0.74 为优秀水平。

附注八 研究数据来源与收集方法

本书第四章至第七章采用的研究数据是笔者所在课题组于前期调研中收集的相关信息。本书的研究对象仅限于知识员工，即在一定知识储备基础上从事知识创造、应用和传播的人。知识工作者对经济发展越来越重要，在外部环境变化对人力资本不断造成冲击的今天，如何管理好知识员工成为热门话题，相关人力资本贬值研究更具有理论意义与现实意义。此外，被调查者均来自信息技术、金融等高人力资本专用性行业，且对外部环境变化敏感，较为契合研究背景与主题，在人力资本贬值问题上具有一定代表性。

被调查者来自江浙沪地区。为了避免共同方法偏差的潜在影响，调研采取多轮调查，根据被调查者意愿，结合纸质及电子问卷的形式收集数据。此外，所有题项被全部打乱，并承诺做好保密工作。数据收集分二阶段进行，共得到 810 份有效样本。样本分布方面来看，被调查者平均年龄为 35 岁，以本科及硕士研究生学历为主，主要处于企业中、低层级。具体信息如下：男性占比为 52.5%；年龄在 25 岁以下的占比 10.9%、26～35 周岁占比49.8%、36～45 周岁占比 27.4%、46～55 周岁占比 10.4%、56 岁以上的占比 1.6%；教育程度为高中或中专的 1.0%、大专 15.0%、本科 49.8%、硕士研究生 30.9%、博士研究生 3.4%；从事研发/设计/创意类工作的占比 27.8%、管理类工作 26.4%、业务类工作 28.2%、行政类工作 10.0%、其余 7.6%；层级方面，基层人员占 67.7%、中层 27.4%、高层 4.9%；工作年限 5 年以下的占比 55.1%、6～15 年 29.1%、16～25 年 12.3%、26 年以上 3.5%。

需要指出的是，本书研究所涉及变量中，高绩效工作系统为组织层变量，由被调查企业人力资源部门的一名负责人填写；其余变量为个体层变量，由员工个人填写。为保证之后的统计分析能顺利进行，调查时每家被调查企业的 1 份组织层问卷配对至少 5 份个体层问卷。所有问卷统一编码，组织层问卷依次编码为 01、02、03……，各自对应的个体层问卷分别编码为 0101、0102、0103……0201、0202、0203……。

附注九 测量工具介绍

首先，本书凡是涉及人力资本贬值的测量，均采用自编量表，具体信息参见本书第三章第三节内容。除此以外，涉及第四章研究的相关测量工具包括：

高绩效工作系统。采用 Jiang 等的量表测量，包含能力管理实践、动机管理实践和机会管理实践 3 个维度，共 16 个题项。能力管理实践维度的题项如“公司同时采用多种员工甄选手段”、“公司给员工提供丰富的培训”等；动机管理实践维度的题项如“公司采用激励性薪酬”、“公司福利灵活多样”等；机会管理实践维度的题项如“公司有正式的员工申诉和抱怨程序”、“公司允许员工参与相关决策”等。

员工学习。采用 Rowden 的研究。其中，正式学习有 4 个题项，如“参加公司提供的专业培训”，“参加公司组织的工作会议”等；非正式学习有 3 个题项，如“私下与同事交流工作经验”，“自行搜索学习工作相关知识”等。

知识隐性。采用 Hansen(1999)的研究，共包含 4 个题项，如“所得知识书面化的程度”、“所得知识明白易懂的程度”。原量表测量知识的显性程度，故在进行统计分析之前，须先进行反向计分，以反映知识的隐性程度。

涉及第五章研究的相关测量工具包括：

胜任素质。量表基于 Spencer(1993)的研究，已在正文中具体介绍，此处不加赘述。

激励机制。量表源于王达明的研究，已被证实具有较好的信度与效度。其中，薪酬激励共 3 个题项，包括“组织所提供的基本薪金与我的工作付出相称”；“我满意组织的福利，如实物、基础设施、休假”等；发展激励共 5 个题项，包括：“我对组织的发展前景充满信心”“组织让我预见到其内部存在发展与成长的机会”等；工作激励共 3 个题项，包括“我能自主安排工作时间和方法”；“完成企业安排的工作任务，我很有成就感”等。

知识创造。量表借鉴蒋天颖的研究，共 4 个题项，包括：“我对工作提出许多新见解和思路”；“我对周围同事提出的措施提出进一步改进方法”等。

涉及第六章研究的相关测量工具包括：

社会关系强度。采用个人中心网络问卷中社会关系强度题项进行测量。原量表要求被调查者单独评估所列示每一条社会关系的强度。但考虑到问卷总题项较多,为避免被调查者产生厌烦情绪,确保数据准确性,适度简化了测量方法,从交往时间、亲密话题、亲密行为、互动频率四个方面,让个人评估在工作中"认识时间较长"、"相互间可以谈论私密话题"、"私下里发生一起吃饭、娱乐、借钱等亲密行为"、"互动频繁"的人员占比情况,以衡量社会关系的总体强度。

知识获取。借鉴蒋天颖的研究[37],根据研究需要作出略微修改,共四个题项,包括:"我紧密关注专业领域的发展动态";"我充分利用公司提供的各种培训和学习机会";"我主动搜寻和学习工作所需知识技能";"我注重积累工作过程中的知识和经验"。

工作压力。共三个题项,分别借鉴马剑虹、陈志霞、Ehrnrooth 等的研究,具体包括:"工作给我的精神和思想造成了负担"(测量工作压力的心理体验);"我常因工作上的事情而心情压抑或烦躁"(测量工作压力的情绪反应);"一天工作之后,我常有疲劳乏力之感"(测量工作压力的生理反应)。

涉及第七章研究的相关测量工具包括:

知识隐性。同第四章测量工具。

知识获取。同第六章测量工具。

媒介丰富性。借鉴 Vickery 的研究,利用单一题项测量对应媒介的丰富性,如"在组织内部获取信息时,我经常采用书面文件形式"等。由于媒介种类繁多,若全部引入会使得量表内容庞大,使被调查者产生厌烦情绪,不利于信息准确。因此,本文选取了具有代表性的书面文件、电话沟通、面对面沟通三种媒介作为研究对象。

附注十　测量工具信度、效度检验

一、第四章测量工具的信、效度检验

为保证测量的可靠性和有效性，正式调研之前先通过预调研检测量表信度和效度，结果如附注表 9 所示。所有量表的 Cronbach's α 系数都大于 0.8，表明量表均具有良好的信度。所有变量测量模型的各项指标均达到可接受标准，表明量表均具有良好的效度。

附注表 9　各变量量表的信度与效度检验结果

变量	信度检验结果	效度检验结果						
	Cronbach's α 系数	χ^2/df	GFI	CFI	IFL	TLI	SRMR	RMSEA
人力资本贬值	0.830	2.568	0.97	0.98	0.98	0.97	0.038	0.087
高绩效工作系统	0.915	2.244	0.90	0.92	0.92	0.90	0.065	0.024
员工学习	0.848	2.467	0.97	0.98	0.98	0.97	0.036	0.082
知识隐性度	0.841	2.815	0.99	0.99	0.99	0.97	0.022	0.084

由于个体层变量数据由被调查独自提供，可能存在共同方差偏差，因此通过 Harman 单因素方差检验法进行检测。结果显示，将所有变量的测项同时进行未旋转的因子分析后，一共析出 4 个因子，总变异解释量 72.76%，其中第一个因子解释的变异量为33.74%，表明数据不存在严重的共同方法偏差。考虑到 Harman 单因素检验具有局限性，进一步采用控制未测潜因子法检验共同方法偏差：在原有模型中加入方法潜因子，将所有题项在该因子上负载，比较原有模型与具有方法潜因子模型的拟合程度，若后者未在拟合程度上有明显提高，表明共同方法偏差的影响不显著。数据检验结果表明，加入方法潜因子后，模型主要拟合指标——χ^2/df、GFI、CFI、RMSEA 等，较原六维度模型变动在 0.002～0.020 之间，变化不

明显，模型未得到改善，因此共同方法偏差对变量间关系不具有显著影响。

二、第五章测量工具的信、效度检验

利用预调研数据检验量表信度。数据显示，人力资本贬值量表内部一致性系数为 0.855。胜任素质量表内部一致性系数为 0.764。薪酬激励、发展激励、工作激励量表内部一致性系数分别为 0.827、0.818、0.704，激励机制总量表内部一致性系数为 0.872。知识创造量表内部一致性系数为 0.735。上述结果表明量表信度较好，符合研究所需。此外，各量表探索性因子分析结果表明，所有题项均与各自维度相对应，且因子载荷在 0.55 以上，不存在交叉载荷现象，说明量表具有较好结构效度。

利用正式调研数据进行验证性因子分析。结果显示，六维度模型（人力资本贬值、胜任素质、薪酬激励、发展激励、工作激励、知识创造各为一维度）拟合情况最好（$\chi^2/df=4.13$、GFI＝0.90、CFI＝0.96、NNFI＝0.95、RMSEA＝0.061、PGFI＝0.73），且所有题项的因素载荷均在 0.4 以上，并在 $p<0.01$ 条件下显著，说明变量间有较好的区分效度。

共同方法偏差方面，尽管采用的是两阶段数据收集方法，一定程度上降低了共同方法偏差的影响，但从单一被试进行问卷调查所得的数据不可避免会出现共同方法偏差问题，为确保研究结果的可靠性，进行共同方法偏差检验。利用 Harman 单因素检验对所有题项进行主成分分析，结果显示，KMO＝0.901，巴特利特球形检验 χ^2 值为 7305（$p<0.01$）。其中，第一个主成分解释的变异为 14.58%，未占到总解释变异量 58.94%的一半，初步判断共同方法偏差不严重。进一步采用控制未测潜因子法检验共同方法偏差，检验结果表明，加入方法潜因子后，模型主要拟合指标——χ^2/df、GFI、CFI、RMSEA 等，较原六维度模型变动在 0.002～0.026 之间，变化不明显，模型未得到改善，因此共同方法偏差对变量间关系不具有显著影响。

三、第六章测量工具的信、效度检验

探索性因子分析结果显示，KMO 值为 0.724，巴特利特球形检验 χ^2 值为 789.14（$p<0.001$），表明数据适合做因子分析。采用主成分分析法共提取 4 个因子，方差贡献率为66.37%，结果如附注表 10 所示。所有题项均与各自构念相对应，且题项间不存在因子载荷过小或交叉载荷等现象，初步表明各量表具有较好的的内容效度。信度分析结果显示，量表的 Cronbach α 值均在 0.75 以上，具有较好的内部一致性，满足研究所需。但在社会关系强度中，CS1“认识时间较长”一项剔除后，量表信度显著增加，表明该题项信度较整体显著偏低，是否应剔除将结合效度分析结果决定。其余量表不存在这一情况。

附注表 10 因子载荷矩阵与量表信度分析

题项	因子 1	因子 2	因子 3	因子 4	剔除后信度	量表信度
HCD1	0.841	0.194	0.121	0.000	0.835	0.869
HCD2	0.904	0.057	0.148	−0.015	0.816	
HCD3	0.885	−0.007	0.014	−0.109	0.828	
HCD4	0.780	−0.022	0.186	−0.134	0.836	
HCD5	0.625	−0.170	0.240	−0.121	0.870	
HCD6	0.500	0.072	0.258	−0.107	0.888	
CS1	0.317	0.627	−0.108	0.076	0.851	0.818
CS2	−0.033	0.827	−0.117	−0.078	0.750	
CS3	−0.066	0.891	0.019	0.119	0.722	
CS4	−0.016	0.846	−0.059	0.112	0.755	
JS1	0.130	−0.078	0.816	−0.120	0.783	0.810
JS2	0.252	−0.103	0.855	0.032	0.664	
JS3	0.273	−0.077	0.751	−0.147	0.766	
KA1	−0.006	0.034	0.042	0.775	0.735	0.775
KA2	−0.227	−0.002	−0.045	0.718	0.738	
KA3	−0.162	0.140	−0.103	0.835	0.638	
KA4	0.017	0.044	−0.154	0.713	0.758	

注：HCD=人力资本贬值；CS=关系强度；JS=工作压力；KA=知识获取。

利用验证性因子分析（CFA）对变量结构效度进行检验，比较不同模型间的拟合程度。附注表 11 结果显示，四维度模型的各项拟合指标均要优于其他模型，说明变量间具有良好的区分效度。需要指出的是，CS1 的题项载荷只有 0.29，剔除后四维度模型拟合指标进一步优化。综合信度、效度分析，决定剔除社会关系强度中 CS1 一项。该结果可能与题项表述有关，“认识时间较长”并不能代表关系强度，可能彼此间早就相识，但接触较少。除 CS1 外，其余题项对应的因素载荷均在 0.4 以上。综合数据拟合与验证性因子载荷结果来看，量表的聚合效度较好。

附注表 11 变量区分效度的验证性因子分析结果

模型	因子	χ^2/df	GFI	CFI	NNFI	RMSEA	PGFI
一维度模型	HCD+JS+KA+CS	24.51	0.69	0.69	0.64	0.182	0.53
二维度模型	HCD+ JS +KA、CS	18.33	0.75	0.79	0.75	0.157	0.57

续表

模型	因子	χ^2/df	GFI	CFI	NNFI	RMSEA	PGFI
三维度模型	HCD+ JS、KA、CS	11.35	0.83	0.86	0.84	0.121	0.62
四维度模型	HCD、JS、KA、CS	5.06	0.91	0.94	0.93	0.076	0.67
四维度模型 *	HCD、JS、KA、CS	3.94	0.93	0.96	0.95	0.068	0.67

注：+表示两个因子合并为一个因子；* 为剔除 CS1 后的四维度模型验证性因子分析结果。

共同方法偏差方面，首先利用 Harman 单因素检验对所有题项进行主成分分析，结果显示第一个主成分解释的变异为 23.83%，未占到总解释变异量 68.00%的一半，初步说明数据中同源方法偏差问题不严重。进一步采用控制未测潜因子法检验共同方法偏差，检验结果表明，加入方法潜因子后，模型主要拟合指标——χ^2/df、GFI、CFI、RMSEA 等，较表 2 中四维度模型（不含 CS1）变动在 0.000～0.001 之间，变化不明显，模型未得到改善，因此共同方法偏差对变量间关系不具有显著影响。

四、第七章测量工具的信、效度检验

探索性因子分析结果显示，KMO 值为 0.766，巴特利特球形检验 χ^2 值为 771.20（$p<0.001$），表明数据适合做因子分析。采用主成分分析法共提取 4 个因子，方差贡献率为66.44%。附注表 12 显示，所有题项均与各自构念相对应，且题项间不存在因子载荷过小或交叉载荷等现象，初步表明各量表具有较好的的内容效度。信度分析结果表明，人力资本贬值、知识隐性、知识获取的 Cronbach α 值均在 0.75 以上，具有较好的内部一致性；媒介方面，由于使用的是单一题项度量对应媒介的丰富性，故而未对该量表进行信度分析。

附注表 12　因子载荷矩阵与量表信度分析

题项	因子 1	因子 2	因子 3	因子 4	剔除后信度	量表信度
HCD1	0.843	−0.104	0.034	−0.141	0.835	0.869
HCD2	0.908	−0.124	0.001	0.000	0.816	
HCD3	0.857	−0.114	−0.100	−0.006	0.828	
HCD4	0.809	0.039	−0.144	−0.161	0.836	
HCD5	0.659	0.004	−0.160	−0.085	0.870	
HCD6	0.552	−0.138	−0.099	0.308	0.888	

续表

题项	因子 1	因子 2	因子 3	因子 4	剔除后信度	量表信度
TK1	0.103	0.872	−0.033	0.117	0.852	0.875
TK2	−0.172	0.838	0.027	0.119	0.835	
TK3	−0.142	0.890	0.127	0.108	0.799	
TK4	−0.246	0.669	0.041	0.397	0.868	
KA1	0.033	0.187	0.760	−0.045	0.735	0.810
KA2	−0.246	0.019	0.717	−0.185	0.738	
KA3	−0.183	−0.025	0.858	0.075	0.638	
KA4	−0.012	−0.042	0.709	0.181	0.758	
MR1	0.083	0.370	0.022	0.621	—	—
MR2	−0.063	0.205	−0.131	0.758	—	
MR3	−0.153	0.067	0.179	0.744	—	

注：HCD＝人力资本贬值；TK＝知识隐性；KA＝知识获取；MR1－3＝书面文件、电话沟通；MR3＝面对面沟通。

利用验证性因子分析(CFA)，通过比较不同模型间的拟合程度以检验变量的结构效度，附注表 13 为具体结果。数据线束，四维度模型的各项拟合指标均要明显优于其他模型，说明变量间具有良好的区分效度，且四维度模型中所有题项对应的因素载荷均在 0.4 以上。综合数据拟合与验证性因子载荷结果来看，量表的聚合效度较好。

附注表 13　验证性因子分析结果

模型	因子	χ^2/df	GFI	CFI	NNFI	RMSEA	PGFI
一维度模型	HCD＋TK＋KA＋MR	26.88	0.63	0.62	0.57	0.200	0.49
二维度模型	HCD＋TK ＋KA、MR	24.46	0.66	0.64	0.59	0.190	0.51
三维度模型	HCD＋TK、KA、MR	18.49	0.72	0.72	0.68	0.164	0.55
四维度模型	HCD、TK、KA、MR	3.49	0.93	0.95	0.94	0.062	0.69

注：＋表示两个因子合并为一个因子。

共同方法偏差方面，利用 Harman 单因素检验对所有题项进行主成分分析，结果显示第一个主成分解释的变异为 19.23%，未占到总解释变异量 57.93%的一半，初步说明数据中同源方法偏差问题不严重。进一步采用控制未测潜因子法检验共同方法偏差，检验结果表明，加入方法潜因子后，模型主要拟合指标——χ^2/df、GFI、CFI、RMSEA，与附注表 13 中四维度模型相比，仅 χ^2/df 一项增加了 0.022，其余均未发生变化，表明模型未得到改善，共同方法偏差对变量间关系不具有显著影响。

附注十一 回归分析结果

下述表格控制变量中：性别为虚拟变量，1代表男性；年龄为顺序变量，从1至4分别表示25岁及以下、26～35岁、36～45岁、46岁及以上；教育程度为顺序变量，从1至5分别表示高中或中专、大专、本科、硕士研究生、博士研究生；工作种类采用虚拟变量，职业1为研发/设计/创意类工作、职业2为管理类工作、职业3为业务类工作、职业4为行政类工作；岗位层级为顺序变量，从1至3分别表示基层、中层、高层；工作年限为顺序变量，从1至3分别表示5年及以下、6～15年、16年及以上。

一、第五章相关回归分析结果

附注表14 知识创造在胜任素质和人力资本贬值中的中介作用及激励机制的调节作用

变量	知识创造			
	M1	M2	M3	M4
常数	−0.143	−0.142	−0.215+	−0.210
控制变量				
性别	−0.029	−0.029	−0.025	−0.014
婚姻	0.008	0.008	0.012	−0.015
年龄	0.038*	0.038*	0.048**	0.036*
教育程度	0.031	0.031	0.031	0.037
层级	0.006	0.006	−0.009	−0.007
职业1	−0.030	−0.029	−0.032	−0.033
职业2	−0.068+	−0.068+	−0.077+	−0.070+
自变量				
胜任素质	0.614**	0.611**	0.557**	0.532**

续表

变量	知识创造			
	M1	M2	M3	M4
中介变量				
知识创造				
调节变量				
薪酬激励		0.005		
发展激励			0.094**	
工作激励				0.124**
交互项				
胜任素质×薪酬激励		−0.011		
胜任素质×发展激励			0.041	
胜任素质×工作激励				0.090*
F	45.11**	36.84**	38.62**	39.76**
R^2	0.328	0.328	0.339	0.345
Adjust R^2	0.321	0.319	0.330	0.336

附注表 15　知识创造在胜任素质和人力资本贬值中的中介作用及激励机制的调节作用(续)

变量	人力资本贬值					
	M5	M6	M7	M8	M9	M10
常数	−0.238	−0.268	−0.268	−0.254	−0.242	−0.244
控制变量						
性别	0.107*	0.100*	0.092*	0.091*	0.092*	0.088+
婚姻	0.021	0.023	0.018	0.009	0.014	0.011
年龄	0.043+	0.051*	0.044+	0.043+	0.043+	0.040
教育程度	−0.017	−0.010	−0.009	−0.008	−0.015	−0.011
层级	−0.039	−0.037	−0.039	−0.036	−0.038	−0.034
职业 1	0.013	0.007	0.005	0.006	0.007	0.007
职业 2	−0.095+	−0.109+	−0.108+	−0.106+	−0.108+	−0.105+
自变量						
胜任素质	−0.374**	−0.246**	−0.210**	−0.203**	−0.199**	−0.191**
中介变量						

续表

变量	人力资本贬值					
	M5	M6	M7	M8	M9	M10
知识创造		−0.208**	−0.202**	−0.197**	−0.195**	−0.192**
调节变量						
薪酬激励			−0.068*			−0.031
发展激励				−0.084*		−0.042
工作激励					−0.080+	−0.045
交互项						
胜任素质×薪酬激励			0.077			−0.031
胜任素质×发展激励				0.147*		0.202+
胜任素质×工作激励					0.013	−0.087
知识创造×薪酬激励			0.055			0.068
知识创造×发展激励				0.048		−0.104
知识创造×工作激励					0.155*	0.185*
F	8.94**	10.04**	8.66**	9.03**	8.92**	6.61**
R^2	0.088	0.108	0.120	0.124	0.123	0.132
Adjust R^2	0.078	0.097	0.106	0.110	0.109	0.112

二、第六章相关回归分析结果

附注表 16　工作压力对人力资本贬值的 U 型作用

变量	工作压力	人力资本贬值		
	M1	M2	M3	M4
常数	−0.831**	−0.569**	−0.561**	−0.551**
控制变量				
性别	0.148*	−0.027	−0.026	−0.021
年龄	0.066	0.101*	0.108*	0.100 *
教育程度	0.138**	0.095*	0.098**	0.091*
职业 1	0.062	0.143	0.135	0.151
职业 2	−0.024	0.018	0.016	0.023

续表

变量	工作压力	人力资本贬值		
	M1	M2	M3	M4
职业 3	0.093	0.173+	0.170	0.177+
职业 4	0.003	0.000	0.000	0.000
层级	−0.003	−0.002	−0.001	0.005
工作年限	0.077	−0.024	−0.028	−0.027
主变量				
关系强度	−0.129**			−0.047
工作压力		0.376**	0.371**	0.363**
工作压力×工作压力			−0.040	−0.028
工作压力×关系强度				0.055
F 值	4.764**	20.306**	18.655**	16.135**
R^2	0.064	0.225	0.227	0.232
Adjust R^2	0.050	0.214	0.215	0.217

附注表 17　工作压力、知识获取在社会关系强度和人力资本贬值中的中介作用

变量	工作压力	知识获取		
	M1	M2	M3	M4
常数	−0.831**	−0.907**	−0.182	−0.125
控制变量				
性别	0.148*	0.154*	0.006	0.001
年龄	0.066	0.085	−0.034	−0.049
教育程度	0.138**	0.139**	0.064*	0.063*
职业 1	0.062	0.030	−0.179*	−0.155+
职业 2	−0.024	−0.051	−0.137	−0.117
职业 3	0.093	0.066	−0.154+	−0.134
职业 4	0.003	−0.010	−0.235*	−0.226*
层级	−0.003	−0.003	0.084**	0.083**
工作年限	0.077	0.071	0.002	0.007
主变量				
关系强度	−0.129**	−0.182**	0.125**	0.164**

续表

变量	工作压力	知识获取		
	M1	M2	M3	M4
关系强度×关系强度		0.087*		−0.065**
F 值	4.764**	4.849**	5.120**	5.305**
R^2	0.064	0.071	0.068	0.077
Adjust R^2	0.050	0.056	0.055	0.063

附注表 18　工作压力、知识获取在社会关系强度和人力资本贬值中的中介作用(续)

变量	人力资本贬值				
	M5	M6	M7	M8	M9
常数	−0.859**	−0.933**	−0.989**	−0.614**	−0.693**
控制变量					
性别	0.030	0.036	−0.015	0.045	−0.004
年龄	0.120*	0.139**	0.108*	0.120**	0.098*
教育程度	0.141**	0.142**	0.090*	0.169**	0.116**
职业 1	0.168	0.137	0.138	0.075	0.093
职业 2	0.013	−0.014	0.007	−0.052	−0.025
职业 3	0.208+	0.181	0.163	0.140	0.134
职业 4	−0.005	−0.017	−0.007	−0.093	−0.065
层级	−0.002	−0.001	0.006	0.032	0.029
工作年限	0.007	0.001	−0.028	0.000	−0.025
主变量					
关系强度	−0.097**	−0.149**	−0.086*	−0.088*	−0.049
关系强度×关系强度		0.085*	0.060+	0.065*	0.047
工作压力			0.360**		0.316**
工作压力×关系强度			0.071+		0.058
知识获取				−0.399**	−0.291**
知识获取×关系强度				−0.123*	−0.078
F 值	5.516**	5.627**	16.406**	10.631**	17.669**
R^2	0.073	0.082	0.235	0.166	0.277
Adjust R^2	0.060	0.067	0.221	0.150	0.261

附注表 19　社会关系强度对人力资本贬值 U 型关系检验

变量	人力资本贬值				
	M1	M2	M3	M4	M5
常数	−0.786***	−0.948***	−0.989***	−0.974***	−0.870***
控制变量					
性别	0.049	0.051	0.134*	0.070	0.056
年龄	0.076	0.114*	0.113*	0.122**	0.119**
教育程度	0.132***	0.140***	0.139***	0.155***	0.140***
工作种类	0.194+	0.136	0.133	0.178*	0.138
岗位层级	0.093+	0.093+	0.090+	0.070	0.120
工作年限	−0.026	−0.038	−0.036	−0.045	−0.041
主变量					
关系强度	−0.124***	−0.217***	−0.232***	−0.248***	−0.199***
关系强度×关系强度		0.188***	0.273***	0.255***	0.199***
关系强度×性别			0.031		
关系强度×关系强度×性别			−0.148*		
关系强度×工作类型				0.120	
关系强度×关系强度×工作类型				−0.153*	
关系强度×工作层级					−0.059
关系强度×关系强度×工作层级					−0.049
F 值	6.890	8.985	8.000	9.183	7.626
R^2	0.097	0.133	0.139	0.125	0.134
Adjust R^2	0.083	0.118	0.122	0.111	0.116

附注表 20　社会关系强度对人力资本贬值影响的分组检验

变量	人力资本贬值					
	男性	女性	创意类	常规类	低层	中、高层
常数	−0.656***	−0.740***	−0.838***	−0.687***	−0.597***	−0.912***
控制变量						
年龄	0.093	0.155*	0.070	0.133*	0.097+	0.173*
教育程度	0.165**	0.133*	0.203**	0.131**	0.110*	0.220**

续表

变量	人力资本贬值					
	男性	女性	创意类	常规类	低层	中、高层
工作年限	0.003	−0.104	0.136	−0.086	−0.044	−0.068
调节变量						
性别	—	—	0.117	0.087	0.095	0.094
工作类型	0.150+	0.050	—	—	0.064	0.236+
岗位层级	0.102	0.095	0.197	0.081	—	—
自变量						
关系强度	−0.194***	−0.210***	−0.102	−0.229***	−0.198***	−0.210**
关系强度^2	0.119*	0.326***	0.077	0.278***	0.213***	0.162*
F 值	5.363	8.212	5.310	8.419	5.768	5.853
R^2	0.099	0.168	0.178	0.115	0.086	0.172
Adjust R^2	0.081	0.147	0.144	0.101	0.071	0.143

三、第七章相关回归分析结果

附注表 21 知识隐性、媒介丰富度对人力资本贬值的影响

变量	人力资本贬值				
	M1	M2	M3	M4	M5
常数	−0.940***	−0.781***	−0.929***	−0.941***	−0.898***
控制变量					
性别	0.055	0.040	0.050	0.051	0.053
年龄	0.135**	0.131**	0.130**	0.136**	0.119*
教育程度	0.139***	0.127***	0.131***	0.140***	0.132***
职业 1	0.120	0.088	0.109	0.118	0.132
职业 2	−0.116	−0.126	−0.120	−0.114	−0.074
职业 3	0.102	0.085	0.091	0.106	0.121
职业 4	−0.059	−0.100	−0.042	−0.062	−0.045
层级	0.119*	0.117*	0.132*	0.122*	0.134*

续表

变量	人力资本贬值				
	M1	M2	M3	M4	M5
工作年限	−0.012	−0.012	0.000	−0.014	−0.021
主变量					
知识隐性	0.064+	0.087*			
知识隐性^2		−0.146***			
文件			−0.090**		
电话				−0.032	
面对面					−0.101***
F 值	6.816	7.810	7.594	6.614	7.712
R^2	0.096	0.119	0.106	0.094	0.108
Adjust R^2	0.082	0.103	0.092	0.079	0.094

附注表 22　知识隐性、媒介丰富度对人力资本贬值的影响(续)

变量	人力资本贬值				
	M6	M7	M8	M9	M10
常数	−0.897***	−0.788***	−0.791***	−0.713***	−0.718***
控制变量					
性别	0.049	0.036	0.036	0.029	0.031
年龄	0.117*	0.123**	0.133**	0.117*	0.115*
教育程度	0.127***	0.121***	0.126***	0.112**	0.108**
职业 1	0.121	0.088	0.090	0.080	0.078
职业 2	−0.086	−0.132	−0.121	−0.105	−0.112
职业 3	0.106	0.080	0.089	0.089	0.079
职业 4	−0.035	−0.089	−0.105	−0.102	−0.095
层级	0.142*	0.135*	0.122*	0.142*	0.147**
工作年限	−0.009	0.002	−0.013	−0.023	−0.011
主变量					
知识隐性		0.070+	0.086*	0.084*	0.071
知识隐性^2		−0.124**	−0.137***	−0.144***	−0.122**
文件	−0.071*	−0.103**			−0.073*

续表

变量	人力资本贬值				
	M6	M7	M8	M9	M10
电话	0.008		−0.034		0.006
面对面	−0.083*			−0.154***	−0.141***
调节变量					
知识隐性×文件		0.037			0.041
知识隐性×电话			0.015		0.010
知识隐性×面对面				−0.033	−0.048
知识隐性²×文件		0.052			0.021
知识隐性²×电话			0.024		0.014
知识隐性²×面对面				0.096*	0.092*
F 值	6.945	8.070	6.348	7.136	6.722
R^2	0.116	0.151	0.123	0.136	0.176
Adjust R^2	0.099	0.132	0.103	0.117	0.150

附注表 23　知识获取对媒介选择调节作用的影响

变量	人力资本贬值			
	M1	M2	M3	M4
截距项	−0.828***	−0.819***	−0.768***	−0.757***
控制变量				
性别	0.051	0.057	0.048	0.064
年龄	0.110*	0.113*	0.113*	0.096*
教育程度	0.147***	0.155***	0.143***	0.139***
职业 1	0.028	0.021	0.046	0.049
职业 2	−0.158	−0.168	−0.124	−0.129
职业 3	0.044	0.031	0.080	0.078
职业 4	−0.166	−0.172	−0.133	−0.148
层级	0.132*	0.130*	0.133*	0.124*
工作年限	0.015	0.001	−0.022	0.015
自变量				

续表

变量	人力资本贬值			
	M1	M2	M3	M4
知识隐性	0.017	0.017	0.032	0.029
知识隐性^2	−0.112**	−0.133***	−0.154***	−0.145***
调节变量				
文件	−0.073*			−0.065+
电话		−0.015		0.016
面对面			−0.125**	−0.113**
知识获取	−0.352***	−0.377***	−0.314***	−0.323***
交互项				
知识隐性×文件	0.042			0.021
知识隐性×电话		0.048		0.048
知识隐性×面对面			−0.041	−0.046
知识隐性^2×文件	0.066+			0.060
知识隐性^2×电话		0.015		0.000
知识隐性^2×面对面			0.074+	0.060
知识隐性×知识获取	−0.009	0.078	0.096	0.105
知识隐性^2×知识获取	0.074	−0.035	−0.087	0.002
知识获取×文件	−0.130+			−0.091
知识获取×电话		−0.081		−0.048
知识获取×面对面			−0.209**	−0.210**
知识隐性×知识获取×文件	0.223**			0.301***
知识隐性×知识获取×电话		−0.093		−0.084
知识隐性×知识获取×面对面			−0.236**	−0.288**
知识隐性^2×知识获取×文件	0.049			−0.044
知识隐性^2×知识获取×电话		0.171*		0.147+
知识隐性^2×知识获取×面对面			0.256**	0.310**
F 值	8.279	7.481	8.765	6.379
R^2	0.208	0.192	0.218	0.248
Adjust R^2	0.183	0.166	0.193	0.209

附注十二　全效应调节模型介绍

第六章中，笔者采用 Edwards 等提出的一般路径分析框架中的调节路径分析方法来检验假设。附注图 1 左为直接路径与二阶段路径调节模型（Direct Effect and Second Stage Moderation Model）验证工作压力对人力资本贬值的曲线作用；附注图 1 右为全效应调节模型（Total Effect Moderation Model）验证社会关系强度对工作压力、知识获取及人力资本贬值的曲线作用。

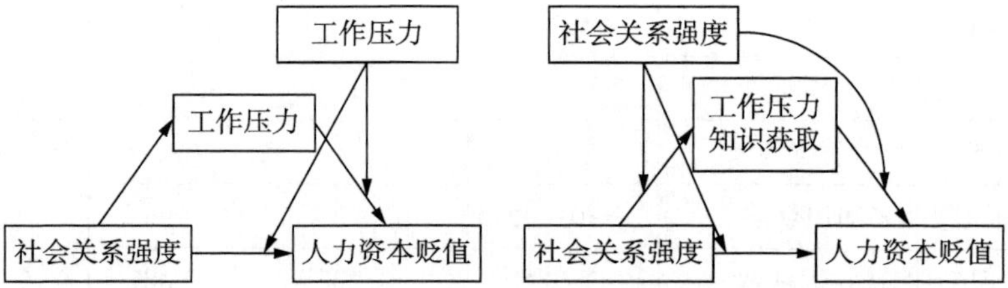

附注图 1　直接路径与二阶段路径调节效应模型和全效应调节模型

直接路径与二阶段路径调节效应模型包括两个一般回归方程：

方程一：$M=\alpha_0+\alpha_1 X+\varepsilon$

方程二：$Y=\beta_0+\beta_1 X+\beta_2 M+\beta_3 Z+\beta_4 XZ+\beta_5 MZ+\mu$

方程一用来证明自变量 X（社会关系强度）对中介变量 M（工作压力）有显著影响；方程二检验中介变量（工作压力）在自变量（社会关系强度）与因变量（人力资本贬值）之间的中介效应，又检验调节变量 Z（工作压力）对中介变量（工作压力）与因变量（人力资本贬值）之间关系的调节效应（实为检验工作压力与人力资本贬值间 U 型关系），以及对自变量（社会关系强度）与因变量（人力资本贬值）之间关系的调节效应。

全效应调节模型包括两个一般回归方程：

方程一：$M=\alpha_0+\alpha_1 X+\alpha_2 Z+\alpha_3 XZ+\varepsilon$

方程二：$Y=\beta_0+\beta_1 X+\beta_2 M+\beta_3 Z+\beta_4 XZ+\beta_5 MZ+\mu$

方程一检验调节变量 Z（社会关系强度）对自变量 X（社会关系强度）与中介变量 M（工作压力、知识获取）之间关系的调节效应，实为检验社会关系强度对工作压力 U 型关系以及对知识获取倒 U 型关系影响。方程二检验中介变量(工作压力、知识获取)与自变量(社会关系强度)与因变量(人力资本贬值)之间的中介效应,又检验了调节变量(社会关系强度)对中介变量(工作压力、知识获取)与因变量(人力资本贬值)之间关系的调节效应,以及对自变量(社会关系强度)与因变量(人力资本贬值)之间关系的调节效应(实为检验社会关系强度与人力资本贬值间 U 型关系)。

参考文献

[1] Acemoglu D. Technical Change, Inequality, and the Labor Market [J]. Journal of Economic Literature, 2002, 40(1): 7-72.

[2] Allen J, De Grip A. Does Skill Obsolescence Increase the Risk of Employment Loss? [J]. Applied Economics, 2012, 44 (25): 3237-3245.

[3] Altonji J G, Dunn, T A. The Effects of Family Characteristics on the Return to Education[J]. The Review of Economics and Statistics, 1996, 78(4):692-704.

[4] Ambrosini V, Bowman C. Tacit Knowledge: Some Suggestions for Operationalization[J]. Journal of Management Studies, 2001, 38(6): 811-829.

[5] An M, Ahmad H S. Knowledge Management in Construction Projects: A Way Forward in Dealing with Tacit Knowledge[J]. International Journal of Information Technology Project Management, 2010, 1(2):16-42.

[6] Arrazola M, de Hevia J. More on the Estimation of the Human Capital Depreciation Rate[J]. Applied Economics Letters, 2004, 11(3): 145-148.

[7] Athanassiou N, Nigh D. Internationalization, Tacit Knowledge and the Top Management Teams of MNCs[J]. Journal of International Business Studies, 2000, 31(3):471-487.

[8] Azariadis C, Drazen A. Threshold Externalities in Economic Development[J]. The Quarterly Journal of Economics, 1990, 105(2):501-526.

[9] Bapna R, Langer N, Mehra A, et al.. Human Capital Investments and Employee Performance: An Analysis of IT Services Industry[J]. Management Science, 2013, 59(3):641-658.

[10] Barro R. Economic Growth in a Cross Section of Countries[J]. Quar-

terly Journal of Economics, 1991, 106(2):407 - 443.

[11] Battilana J, Casciaro T. Overcoming Resistance to Organizational Change: Strong Ties and Affective Cooptation[J]. Management Science, 2013, 59(4):819 - 836.

[12] Becker B E, Huselid M. A. Strategic Human Resource Management: Where Do We Go From Here? [J]. Journal of Management, 2006, 32(6):898 - 925.

[13] Becker G S. Human Capital: A Theoretical and Empirical Analysis, with Special Reference to Education[M]. New York: NBER, 1964.

[14] Becker G S, Investment in Human Capital: a Theoretical Analysis[J]. Journal of Political Economy, 1962,70(5, Supplement):9 - 49.

[15] Bloice L, Burnett, S. Barriers to Knowledge Sharing in Third Sector Social Care: A Case Study[J]. Journal of Knowledge Management, 2016, 20(1):125 - 145.

[16] Borges R. Tacit Knowledge Sharing between IT Workers: The Role of Organizational Culture, Personality, and Social Environment [J]. Management Research Review, 2013, 36(1):89 - 108.

[17] Bosma H, Boxtel, M. P. J. van Ponds, R. W. H. M, et al.. Education and Age-Related Cognitive Decline: The Contribution of Mental Workload[J]. Educational Gerontology, 2003, 29(2):165 - 173.

[18] Bui H, Zeng Y, Higgs M. The Role of Person-job Fit in the Relationship Between Transformational Leader and Job Engagement[J]. Journal of Managerial Psychology, 2017, 32(5):373 - 386.

[19] Butcher K F, Case A. The Effect of Sibling Composition on Women's Education and Earnings[J]. The Quarterly Journal of Economics, 1994, 109(3):531 - 563.

[20] Butt T E, Camilleri M, Paul P, Jones, K G. Obsolescence Types and the Built Environment-definitions and Implications[J]. International Journal of Environment and Sustainable Development, 2015, 14(1): 20 - 39.

[21] Cabellc-Medina C, Lopez-Cabrales A, Valle-Cabrera R. Leveraging the Innovative Performance of Human Capital Through HRM and Social Capital in Spanish Firms[J]. International Journal of Human Resource Management, 2011, 22(4): 807 -828.

[22] Card D, Krueger A B. Does School Quality Matter? Returns to Education and the Characteristics of Public Schools in the United States[J]. The Journal of Political Economy, 1992, 100(1):1 - 40.

[23] Carleton K. How to Motivate and Retain Knowledge Workers in Organizations: A Review of the Literature[J]. International Journal of Management, 2011, 28(2):459-468.

[24] Carliner G. The Wages of Older Men[J]. Journal of Human Resources, 1982, 17(1):25-38.

[25] Carnabuci G, Diószegi, B.. Social Networks, Cognitive Style, and Innovative Performance: A Contingency Perspective[J]. Academy of Management Journal, 2015, 58(3):881-905.

[26] Castillo J. A Note on the Concept of Tacit Knowledge[J]. Journal of Management Inquiry, 2002, 11(1):46-57.

[27] Chauhan S P, Chauhan, D.. Are You on the Verge of Obsolescence? [J]. Indian Journal of Industrial Relations, 2009, 44(4): 646-659.

[28] Chauhan S P, Chauhan D. Human Obsolescence: A Wake-up Call to Avert a Crisis[J]. Global Business Review, 2008, 9(1): 85-100.

[29] Chuang C H, Jackson S E, Jiang Y. Can Knowledge-Intensive Teamwork Be Managed? Examining the Roles of HRM Systems, Leadership, and Tacit Knowledge[J]. Journal of Management, 2013 , 42(2):524-554.

[30] Ciccone A, Papaioannou E. Human Capital, the Structure of Production and Growth[J]. The Review of Economics and Statistics, 2009, 91(1):66-82.

[31] Daft R, Lengel R. Organizational Information Requirements, Media Richness and Structural Design[J]. Management Science, 1986, 32(5):554-571.

[32] Davis L L. Instrument Review: Getting the Most from a Panel of Experts[J]. Applied Nursing Research, 1992, 5(4):194-197.

[33] Dawson K M, O'Brien K E, Beehr, T. A.. The Role of Hindrance Stressors in the Job Demand-control-support Model of Occupational Stress: A Proposed Theory Revision[J]. Journal of Organizational Behavior, 2015, 37(3): 397-415.

[34] De Grip A. Evaluating human capital obsolescence[R]. Brussels: Human Capital and Labour Market Performance, 2004.

[35] De Grip A, Van Loo, J.. The Economics of Skills Obsolescence: A Review[J]. Research in Labor Economics, 2002, 21(21):1-26.

[36] De-Alwis-Seidler R, Hartmann E. The Use of Tacit Knowledge Within Innovative Companies: Knowledge Management in Innovative Enterprises[J]. Journal of Knowledge Management, 2008, 12(1):133

- 147.
[37] De Church L A, Mesmer-Magnus J R. The Cognitive Underpinnings of Effective Teamwork: A Meta-Analysis[J]. Journal of Applied Psychology, 2010, 95(1): 32 - 53.
[38] Delamare Le Deist F, Winterton J. What is Competence? [J]. Human Resource Development International, 2005, 8(1):27 - 46.
[39] Edwards J R, Lambert L S. Methods for Integrating Moderation and Mediation: A General Analytical Framework Using Moderated Path Analysis[J]. Psychological Methods, 2007, 12(1):1 - 22.
[40] Ehrnrooth M, Björkman I. An Integrative HRM Process Theorization: Beyond Signalling Effects and Mutual Gains[J]. Journal of Management Studies, 2012, 49(6):1109 - 1135.
[41] Feldmann H. Technological Unemployment in Industrial Countries [J]. Journal of Evolutionary Economics, 2013, 23(6):1099 - 1126.
[42] Fleisher B M, Li H Z, Zhao M Q. Human Capital Economic Growth, and Regional Inequality in China[J]. Journal of Development Economics, 2010, 92(2):215 - 231.
[43] Foos T, Schum G, Rothenberg S. Tacit Knowledge Transfer and the Knowledge Disconnect[J]. Journal of Knowledge Management, 2006, 10(1):6 - 18.
[44] Fossum J A, Arvey R D, Paradise C A, Robbins, N. E.. Modeling the Skills Obsolescence Process: A Psychological and Economic Integration[J]. Academy of Management Review, 1986, 11(2): 362 - 374.
[45] Frick D E. Motivating the Knowledge Worker[J]. Defense Intelligence Agency Research Journal: A Publication of the Defense Acquisition University, 2010, 18(4):368 - 387.
[46] Ganster D C, Rosen C C. Work Stress and Employee Health: A Multidisciplinary Review[J]. Journal of Management, 2013, 39(5):1085 - 1122.
[47] Gerhart B, Wright P M, Mcmahan G C. Measurement Error in Research on the Human Resources and Firm Performance Relationship: Further Evidence and Analysis[J]. Personnel Psychology, 2000, 53 (4):855 - 872.
[48] Gerich J. Effects of Social Networks on Health from a Stress Theoretical Perspective[J]. Social Indicators Research, 2014, 118(1):349 - 364.

[49] Gluckler J. Economic Geography and the Evolution of Networks[J]. Journal of Economic Geography, 2007, 7(5):619 - 634.
[50] Gong Y P, Huang J C, Farh J L. Employee Learning Orientation, Transformational Leadership and Employee Creativity: the Mediating Role of Employee Creativity Self-efficacy[J]. Academy of Management Journal, 2009, 52(4): 765 - 778.
[51] Gonzálezmorales M G, Neves P. When Stressors Make You Work: Mechanisms Linking Challenge Stressors to Performance[J]. Work and Stress, 2015, 29(3):213 -229.
[52] Granovetter M S. The Strength of Weak Ties[J]. American Journal of Sociology, 1973, 78(6): 1360 - 1380.
[53] Gu R, Higa K, Moodie D R. A Study on Communication Media Selection: Comparing the Effectiveness of the Media Richness, Social Influence, and Media Fitness[J]. Journal of Service Science and Management, 2011, 4(3):291 - 299.
[54] Guan Y J, Deng H, Bond M H, et al.. Person-Job Fit and Work-Related Attitudes Among Chinese Employees: Need for Cognitive Closure as Moderator[J]. Basic & Applied Social Psychology , 2010 , 32 (3) :250 - 260.
[55] Guinot J, Chiva R, Roca-Puig, V. Interpersonal Trust, Stress and Satisfaction at Work: An Empirical Study[J]. Personnel Review, 2014, 43(1):96 - 115.
[56] Hambrick D C, Mason P A. Upper Echelons: The Organization as a Reflection of Its Top Managers[J]. Academy of Management Review, 1984, 9(2):193 - 206.
[57] Hansen M T, Podolny J M, Pfeffer J. So Many Ties, so Little Time: A Task Contingency Perspective on the Value of Social Capital in Organizations[J]. Social Capital of Organizations, 2001, 18(3):21 - 57.
[58] Hansen M T. The Search-transfer Problem: The Role of Weak Ties in Sharing Knowledge across Organization Subunits[J]. Administrative Science Quarterly, 1999, 44(1):82 - 111.
[59] Hargrove M B, Becker, W. S. , Hargrove, D. F.. The HRD Eustress Model: Generating Positive Stress With Challenging Work[J]. Human Resource Development Review, 2015, 14(3):279 - 298.
[60] Hau Y S, Kim B. Lee H, Kim Y G. The Effects of Individual Motivations and Social Capital on Employees' Tacit and Explicit Knowledge Sharing Intentions[J]. International Journal of Information Man-

agement, 2013, 33(2):356 - 366.

[61] Heredia A, Garcia-Guzman J, Amescua-Seco A, Sanchez-Segura M I. Interactive Knowledge Asset Management: Acquiring and Disseminating Tacit Knowledge[J]. Journal of Information Science & Engineering, 2013, 29(29):133 - 147.

[62] Hinds P J, Weisband S P. Knowledge Sharing and Shared Understanding in Virtual Teams[A]. In: Gibson, C. B., Cohen, S. G.. (eds.) Virtual Teams that Work: Creating Conditions for Virtual Team Effectiveness[C]. San Francisco: Jossey-Bass, 2003:21 - 36.

[63] Hislop D. Knowledge Management in Organizations: A Critical Introduction, 2nd edn[M]. New York: Oxford University Press, 2009.

[64] Holste J S, Fields D. Trust and Tacit Knowledge Sharing and Use [J]. Journal of Knowledge Management, 2010, 14(1):128 - 140.

[65] Hsieh C T, Klenow P J. Misallocation and Manufacturing TFP in China and India[J]. The Quarterly Journal of Economics, 2009, 124(4): 1403 - 1448.

[66] Huysman M, Wulf V. The Role of Information Technology in Building and Sustaining the Relational Base of Communities[J]. The Information Society, 2005, 21(2):81 - 89.

[67] Jiang K, Lepak D P, Han K. et al. Clarifying the Construct of Human Resource Systems: Relating Human Resource Management to Employee Performance [J]. Human Resource Management Review, 2012, 22(2): 73 - 85.

[68] Jiang K, Takeuchi R, Lepak D. Where do We Go From Here? New Perspectives on the Black Box in Strategic Human Resource Management Research [J]. Journal of Management Studies, 2013, 50(8): 1448 - 1480.

[69] Jones N B, Mahon J F. Nimble Knowledge Transfer in High Velocity/Turbulent Environments[J]. Journal of Knowledge Management, 2012, 16(5):774 - 788.

[70] Joseph D, Ang S. Threat of Professional Obsolescence and Mobility Intentions: The Mediating Role of Coping Strategies[A]. Proceedings of the sixteenth Americas conference on information systems[C]. Lima, Peru, 2010: 527.

[71] Joseph D, Kuan Koh C S, Hao Foo A C. Sustainable IT-specific Human Capital Coping with the Threat of Professional Obsolescence[A]. Proceedings of the thirty-first international conference on information

systems[C]. St. Louis, 2010: 46.
[72] Joseph D, Tan M L Ang S. Is Updating Play or Work?: The Mediating Role of Updating Orientation in Linking Threat of Professional Obsolescence to Turnover/turnaway intentions[J]. International Journal of Social and Organizational Dynamics in IT, 2011, 1(4): 37-47.
[73] Kaufman H G. An Integrated Talent Management System for Maintaining an Up-to-date Technical Workforce[A]. Akhilesh, K. B.. Emerging Dimensions of Technology Management[M]. India: Springer, 2013: 73-86.
[74] Kaufman H G. Obsolescence and Professional Career Development [M]. New York: AMACOM, 1974.
[75] Kikoski C K, Kikoski J F. The Inquiring Organization: Tacit Knowledge, Conversation, and Knowledge Creation Skills for 21st-Century Organizations[M]. Westport, CT: Praeger, 2004.
[76] Kim L. Crisis Construction and Organizational Learning: Capability Building in Catching-up at Hyundai Motor[J]. Organization Science, 1998, 9(4):506-521.
[77] Kirkman B L, Cordery J L, Mathieu, J. , et al.. Global Organizational Communities of Practice: The effects of Nationality diversity, Psychological Safety, and Media Richness on Community Performance [J]. Human Relations, 2013, 66(3):333-362.
[78] Krackhardt D. The Strength of Strong Ties: The Importance of Philos in Organizations[A]. In N. Nohria & R. G. Eccles (Eds.), Networks and Organizations: Structure, Form, and Action[M]. Boston: Harvard Business School Press, 1992.
[79] Lambert E G, Minor K I, Wells J B, Hogan N L. Social Support's Relationship to Correctional Staff Job Stress, Job Involvement, Job Satisfaction, and Organizational Commitment[J]. Social Science Journal, 2016, 53(1):22-32.
[80] Le T, Gibson J, Oxley L. Cost-and income-based measures of human capital[J]. Journal of Economic Surveys, 2003, 17(3):271-307.
[81] Lecuona J R, Reitzig M. Knowledge Worth Having in 'Excess': the Value of Tacit and Firm-specific Human Resource Slack[J]. Strategic Management Journal, 2014, 35(7):954-973.
[82] Lepak D P, Liao H, Chung, Y. , Harden, E. E.. A Conceptual Review of Human Resource Management Systems in Strategic Human Resource Management Research[J]. Research in Personnel and Hu-

man Resource Management, 2006, 25(6): 217 -271.
[83] Lin C P. To Share or not to Share: Modeling Tacit Knowledge Sharing Its Mediators and Antecedents[J]. Journal of Business Ethics, 2007, 70(4):411 - 428.
[84] Liu M S. Impact of Knowledge Incentive Mechanisms on Individual Knowledge Creation Behavior-An Empirical Study for Taiwanese R&D Professionals[J]. International Journal of Information Management, 2012, 32(5):442 - 450.
[85] Liu D, Gong Y, Zhou J, Huang J C. Human Resource Systems, Employee Creativity, and Firm Innovation: The Moderating Role of Firm Ownership[M]. Academy of Management Journal, 2017, 60(3):1164 - 1188.
[86] López-bazo E, Moreno R. Does Human Capital Stimulate Investment in Physical Capital? Evidence from a Cost system Frame Work[J]. Economic Modelling, 2008, 25(6):1295 - 1305.
[87] Lynn M R. Determination and Quantification of Content Validity[J]. Nursing Research, 1986,35(6):382 - 385.
[88] Martínez-Cañas R, Sáez-Martínez F J, Ruiz-Palomino, P.. Knowledge Acquisition's Mediation of Social Capital-firm Innovation[J]. Journal of Knowledge Management, 2012, 16(1):61 - 76.
[89] Martinsen Ø L, Kaufmann G, Furnham A. Cognitive Style and Creativity[A]. in Runco, M. A. , Pritzker, S. R. (Eds), Encyclopedia of Creativity[M]. New York: Academic Press, 2011:214 - 221.
[90] McFadden D. Human Capital Accumulation and Depreciation[J]. Review of Agricultural Economics, 2008, 30(3):379 - 285.
[91] Mincer J. Investment in Human Capital and Personal Income Distribution[J]. Journal of Political Economy, 1958, 66(4):281 - 302.
[92] Moreh J. Human Capital Deterioration and Net Investment[J]. Review of Income & Wealth, 1973, 19(3):279 - 302.
[93] Murillo I P. Human Capital Obsolescence: Some Evidence for Spain [J]. International Journal of Manpower, 2011, 32(4): 426 - 445.
[94] Nakano D, Muniz. Jr, J, Batista Jr E D.. Engaging Environments: Tacit Knowledge Sharing on the Shop Floor[J]. Journal of Knowledge Management, 2013, 17(2):290 - 306.
[95] Nelson R, Winter S. An Evolutionary Theory of Economic Change [M]. Massachusetts: Harvard University Press, 1982.
[96] Ng T W, Feldman D C. A Comparison of Self-ratings and Non-self-re-

port Measures of Employee Creativity[J]. Human Relations, 2012, 65(8):1021-1047.
[97] Nonaka I, von Krogh G. Tacit Knowledge and Knowledge Conversion: Controversy and Advancement in Organizational Knowledge Creation Theory[J]. Organization Science , 2009 , 20 (3) :635-652.
[98] Nordhaug O. Competence Specificities in Organizations[J]. International Studies of Management & Organization, 1998, 28(1):8-29.
[99] Olesen C. White, D. , Lemmer, I.. Career Models and Culture Change at Microsoft[J]. Organization Development Journal, 2007, 25 (Summer):31-36.
[100] Panahi S, Watson J, Partridge H. Conceptualising Social Media Support for Tacit Knowledge Sharing: Physicians' Perspectives and Experiences[J]. Journal of Knowledge Management, 2016, 20(2):344-363.
[101] Panahi S, Watson J, Partridge H. Towards Tacit Knowledge Sharing over Social Web Tools[J]. Journal of Knowledge Management, 2013, 17(3):379-397.
[102] Park S. H. , Huh S Y, Oh W, Han S P. A Social Network-based Inference Model for Validating Customer Profile Data[J]. Mis Quarterly, 2012, 36(4):1217-1237.
[103] Pastore F, Verashchagina A. Private Returns to Human Capital over Transition: A Case Study of Belarus[J]. Economics of Education Review, 2006, 25:91-107.
[104] Pazy A. Actual and Attributed Schemas of Professional Obsolescence and Updating: A Comparison of Managers and Technical Professionals[J]. The Journal of High Technology Management Research, 1997, 8(1): 21-35.
[105] Pazy A. Updating in Response to the Experience of Lacking Knowledge[J]. Applied Psychology, 2004, 53(3):436-452.
[106] Perry-Smith J E. Social Network Ties Beyond Nonredundancy: An Experimental Investigation of the Effect of Knowledge Content and Tie Strength on Creativity[J]. Journal of Applied Psychology, 2014, 99(5):831-846.
[107] Pinder W C C. Work Motivation in Organizational Behavior (2nd ed.)[M]. New York, NY: Psychology Press, 2011.
[108] Pisano G P. Knowledge, Integration, and the Locus of Learning: An Empirical Analysis of Process Development[J]. Strategic Management

Journal. 1994, 15(S1):85 - 100.
[109] Polachek S W. Occupational Self-selection: A Human Capital Approach to Sex Differences in Occupational Structure[J]. The Review of Economics and Statistics, 1981, 63(63):60 - 69.
[110] Polanyi M. The Tacit Dimension[M]. Garden City, New York: Doubleday, 1966.
[111] Polit, D. F. , Beck, C. T. , Owen, S. V. . Is the CVI an Acceptable Indicator of Content Validity? Appraisal and Recommendations[J]. Research in Nursing & Health, 2007, 30(4):459 - 467.
[112] Reiche B S, Harzing, A. W. , Kraimer, M. L. . The Role of International Assignees' Social Capital in Creating Inter-Unit Intellectual Capital: A Cross-Level Model[J]. Journal of International Business Studies, 2009, 40(3):509 - 526.
[113] Repetti R L, Taylor S, Seeman T. Risky Families: Family Social Environments and the Mental and Physical Health of Offspring[J]. Psychological Bulletin, 2002, 128(2):330 - 366.
[114] Rice R. Task Analyzability, Use of New Media, and Effectiveness: A Multi-site Exploration of Media Richness[J]. Organization Science, 1992, 3(4):475 - 500.
[115] Rishipal D, Jain N. Employee Obsolescence and Counterproductive Work Behaviour among Employees of Government Organizations and Departments[J]. European Journal of Business and Management, 2013, 5 (27): 82 - 86.
[116] Ryan S, O'Connor R V. Acquiring and Sharing Tacit Knowledge in Software Development Teams: An Empirical Study. Information and Software Technology, 2013, 55(9):1614 - 1624.
[117] Ryan S, O'Connor R V. Development of a Team Measure for Tacit Knowledge in Software Development Teams[J]. Journal of Systems & Software, 2009, 82(2):229 - 240.
[118] Sandhawalia B S, Dalcher D. Developing Knowledge Management Capabilities: A Structured Approach[J]. Journal of Knowledge Management, 2011, 15(2):313 -328.
[119] Schmitt D P, Realo A, Voracek M, Allik J. Why Can't a Man Be More Like a Woman? Sex Differences in Big Five Personality Traits Across 55 Cultures[J]. Journal of Personality and Social Psychology, 2008, 94(1):168 - 182.
[120] Schultz T W. Investment in Human Capital[J]. American Economic

Review, 1961, 51(1):1-17.

[121] Scott B A, Barnes C M. A Multilevel Field Investigation of Emotional Labor, Affect, Work Withdrawal, and Gender[J]. Academy of Management, 2011, 54(1):116-136.

[122] Seibert S E, Kraimer M L, Liden R C. A Social Capital Theory of Career Success[J]. Academy of Management Journal, 2001, 44(2):219-237.

[123] Shamsie J, Mannor M J. Looking Inside the Dream Team: Probing Into the Contributions of Tacit Knowledge as an Organizational Resource[J]. Organization Science, 2013, 24(2):513-529.

[124] Shearer R L, Steger J A. Manpower Obsolescence: A New Definition and Empirical Investigation of Personal Variables[J]. Academy of Management Journal, 1975, 18(2): 263-275.

[125] Sheremata W A. Centrifugal and Centripetal Forces in Radical New Product Development under Time Pressure[J]. Academy of Management Review, 2000, 25(2):389-408.

[126] Short J, Williams E, Christie B. The Social Psychology of Telecommunications[M]. New York: Wiley, 1976.

[127] Solow R M. A Contribution to the Theory of Economic Growth[J]. Quarterly Journal of Economics, 1956, 70(1):65-94.

[128] Spencer L, Spencer S. Competence at Work: Modeling for Superior Performance[M]. New York: John Wiley & Sons, 1993.

[129] Tampoe M. Motivating Knowledge Worker: The Challenge for the 1990s[J]. Long Range Planning, 1993, 26(3):49-55.

[130] Teerajetgul W, Chareonngam C. Tacit Knowledge Utilization in Thai Construction Projects[J]. Journal of Knowledge Management, 2008, 12(1):164-174.

[131] Tsoukas H. Do We Really Understand Tacit Knowledge? [A]. In: Easterby-Smith, M., Lyles, M., eds. The Blackwell Handbook of Organizational Learning and Knowledge Management[M]. Oxford, UK: Blackwell, 2003:410-427.

[132] ÜrüSanı F O, Yozgat U, Çakarel T Y. How Employees' Perceptions of Competency Models Affects Job Satisfaction? Mediating Effect of Social Exchange[J]. Academy of Strategic Management Journal, 2016, 15(2):36-46.

[133] Van den Berg, H A. Three Shapes of Organizational Knowledge[J]. Journal of Knowledge Management, 2013, 17(2):159-174.

[134] Venkitachalam K, Busch P. Tacit Knowledge: Review and Possible Research Directions[J]. Journal of Knowledge Management, 2012, 16(2):356-371.

[135] Visser V A, Knippenberg D V, Kleef G A V, Wisse B. How Leader Displays of Happiness and Sadness Influence Follower Performance: Emotional Contagion and Creative versus Analytical Performance[J]. Leadership Quarterly, 2013, 24(1):172-188.

[136] Wadman R, Durkin K, Conti-Ramsden G. Social Stress in Young People with Specific Language Impairment[J]. Journal of Adolescence, 2011, 34(3):421-431.

[137] Wang H, Wong K F E. The Effect of Managerial Bias on Employees' Specific Human Capital Investments[J]. Journal of Management Studies, 2012, 49(8):1435-1458.

[138] Wang J. Knowledge Creation in Collaboration Networks: Effects of Tie Configuration[J]. Research Policy, 2016, 45(1):68-80.

[139] Wasmer E. General versus Specific Skills in Labor Markets with Search Frictions and Firing Costs[J]. The American Economic Review, 2006, 96(3):811-831.

[140] Weber S. Human Capital Depreciation and Education Level[J]. International Journal of Manpower, 2014, 35(5): 613-642.

[141] Wright P M, Boswell W R. Desegregating HRM: A Review and Synthesis of Micro and Macro Human Resource Management Research[J]. Journal of Management, 2002, 28(3): 247-276.

[142] Wright P M, McMahan G C. Theoretical Perspectives for Strategic Human Resource Management [J]. Journal of Management, 1992, 18(2): 295-320.

[143] Zhang X, Ryan S D, Prybutok V R, Kappelman L. Perceived Obsolescence, Organizational Embeddedness, and Turnover of IT Workers: An empirical study[J]. Advances in Information Systems Databases, 2012, 43(4): 12-32.

[144] Zingheim P K, Schuster J R. Winning the Talent Game: Total Rewards and the Better Workforce Deal[J]. Compensation & Benefits Management, 2001, 17(3):33-39.

[145] Zmud R, Lind M, Young F. An Attribute Space for Organization Communication Channels[J]. Information Systems Research, 1990, 1(4):440-457.

[146] 蔡昉. 中国的人口红利还能持续多久[J]. 经济学动态, 2011, (6):3-7.

[147] 陈笃升. 高绩效工作系统研究述评与展望:整合内容和过程范式[J]. 外国经济与管理, 2014, 36(5): 50-60.
[148] 陈晓迅,夏海勇. 中国省际经济增长中的人力资本配置效率[J]. 人口与经济, 2013, (6):86-92.
[149] 陈志霞, 廖建桥. 知识员工工作压力源的主成分因素结构分析[J]. 工业工程与管理, 2005, 10(4):26-30.
[150] 冯晓,朱彦元,杨茜. 基于人力资本分布方差的中国国民经济生产函数研究[J]. 经济学(季刊), 2012, 11(1):559-594.
[151] 黄维德,柯迪. 社会关系强度对人力资本贬值的影响:工作压力与知识获取的中介作用[J]. 南开管理评论, 2017, 20(5):94-104.
[152] 黄维德,郗静. 人力资本贬值研究评介[J]. 外国经济与管理, 2009, 31(12):16-24.
[153] 贾建锋,闫佳祺,王男. 高管胜任特征与企业文化的匹配对企业绩效的影响[J]. 管理评论, 2016, 28(7):188-199.
[154] 贾建锋,赵希男,温馨. 胜任特征模型构建方法的研究与设想[J]. 管理评论, 2009, 21(11):66-73.
[155] 蒋天颖. 员工知识学习绩效模型研究[J]. 科学学研究, 2009, 27(10): 1551-1556.
[156] 金辉. 内、外激励因素与员工知识共享:挤出与挤入效应[J]. 管理科学, 2013, 26(3):31-44.
[157] 寇跃,贾志永. 战略人力资源管理"黑箱"机理研究:溯源、现状述评与未来展望[J]. 外国经济与管理, 2013, 35(7): 43-51.
[158] 寇跃,贾志永,白云. 整合视角的战略人力资源管理研究述评[J]. 管理评论, 2014, 26(12): 110-120.
[159] 李广科,李录堂. 人力资本区域集聚机制分析[J]. 华南理工大学学报(社会科学版), 2009, 11(5):23-27.
[160] 李永周, 刘小龙, 刘旸. 社会互动动机对知识团队隐性知识传递的影响研究[J]. 中国软科学. 2013, (12): 128-137.
[161] 廖楚晖. 中国人力资本和物质资本的结构及政府教育投入[J]. 中国社会科学, 2006, (1):23-33.
[162] 陆大道. 中国区域发展的新因素与新格局[J]. 地理研究, 2003, 22(3):261-271.
[163] 罗家德. 社会网络分析讲义. 2 版. [M]. 北京:社会科学文献出版社, 2010.
[164] 吕微,唐伟. 国有企业知识型员工激励机制研究[J]. 经济问题. 2012, (12):57-60
[165] 马剑虹, 梁颖. 管理者工作压力高阶因素结构分析[J]. 应用心理学,

1997，3(2)：21－26.
[166] 南旭光. 知识获取性视角下隐性知识的转化和流动[J]. 科学学与科学技术管理，2010，31(3)：107－112.
[167] 彭国华. 我国地区全要素生产率与人力资本构成[J]. 中国工业经济，2007，(2)：54－61.
[168] 钱雪亚，王秋实，刘辉. 中国人力资本水平再估算：1995—2005[J]. 统计研究，2008，25(12)：3－10.
[169] 人力资本结构研究课题组. 人力资本与物质资本的匹配及其效率影响[J]. 统计研究，2012，29(4)：33－38.
[170] 沈汉溪. 中国经济增长源泉分解[D]. 杭州：浙江大学，2007.
[171] 史静琤，莫显昆，孙振球. 量表编制中内容效度指数的应用[J]. 中南大学学报(医学版)，2012，37(2)：152－155.
[172] 汤超颖，艾树，龚增良. 积极情绪的社会功能及其对团队创造力的影响：隐性知识共享的中介作用[J]. 南开管理评论，2011，14(4)：129－137.
[173] 田立法. 高承诺工作系统驱动知识共享：信任关系的中介作用及性别的调节作用[J]. 管理评论，2015，27(6)：148－159.
[174] 汪伟. 经济增长、人口结构变化与中国高储蓄[J]. 经济学(季刊)，2009，9(1)：29－52.
[175] 王达明. 知识员工激励机制对人力资本贬值的影响研究——基于员工学习和胜任素质的视角[D]. 上海：华东理工大学，2013.
[176] 王旭辉. 我国区域人力资本配置方式优化的探析[J]. 学术交流，2011，(4)：72－75.
[177] 文魁，吴冬梅. 异质人才的异常激励——北京市高科技企业人才激励机制调研报告[J]. 管理世界，2003，(10)：110－114.
[178] 许岩，曾国平，曹跃群. 中国人力资本与物质资本的匹配及其时空演变[J]. 当代经济科学，2017，39(2)：21－30.
[179] 颜士梅，颜士之，张曼. 企业人力资源开发中性别歧视的表现形式——基于内容分析的访谈研究[J]. 管理世界，2008，(11)：110－118.
[180] 姚伟. 面向社会化推荐的隐性知识交流研究[J]. 图书情报工作，2012，56(16)：42－47.
[181] 张德茗. 企业隐性知识沟通的动力机制研究[J]. 中国软科学，2011，26(10)：176－184.
[182] 张婕，樊耘，张旭. 前摄性行为视角下的员工创新——前摄型人格、反馈寻求与员工创新绩效[J]. 南开管理评论，2014，17(5)：13－23.
[183] 张鹏程. 团队知识整合机制的实证研究—基于媒介丰富度与联结强度的视角[J]. 科学学研究，2010，28(11)：1705－1716.

[184] 张术霞,范琳洁,王冰. 我国企业知识型员工激励因素的实证研究[J]. 科学学与科学技术管理, 2011, 32(5):144－149.

[185] 张文勤,孙锐. 知识员工目标取向与知识团队反思对知识活动行为的交互影响研究[J]. 南开管理评论, 2014, 17(5):33－41.

[186] 张学英. 人力资本存量贬损及应对策略研究[M]. 北京, 人民出版社, 2010.

[187] 张正堂,李瑞. 企业高绩效工作系统的内容结构与测量[J]. 管理世界, 2015, 31(5): 100－116.

[188] 中国经济增长与宏观稳定课题组. 资本化扩张与赶超型经济的技术进步[J]. 经济研究, 2010, (5):43－47.

[189] 周其仁. 市场里的企业:一个人力资本与非人力资本的特别合约[J]. 经济研究, 1996, (6):71－79.

[190] 邹士年,李震海. 应对我国人口红利消失的挑战[J]. 宏观经济管理, 2014, (12):28－29.

关键词索引

第一章关键词

1. 人力资本理论
2. 人口老龄化
3. 资本配比
4. 人力资本配置
5. 人力资本结构

第二章关键词

6. 技术性贬值
7. 经济性贬值
8. 人力资本贬值率
9. 收益能力

第三章关键词

10. “降低”观
11. “不足”观
12. 人力资本未充分利用
13. 人力资本岗位适用性降低

第四章关键词

14. 人力资本更新
15. AMO 理论
16. 高绩效工作系统
17. 正式学习
18. 非正式学习

第五章关键词

19. 胜任素质
20. 知识创造
21. 激励机制

第六章关键词

22. 社会关系强度

23. 工作压力
24. 知识获取

第七章关键词

25. 知识隐性
26. 媒介丰富性
27. 媒介契合

第八章关键词

28. 员工敬业度
29. 社会网络中心性
30. 社会网络密度
31. 人力资本贬值感知